Lai

SHUKRI

JESTEM ŻONĄ TERRORYSTY

Prószyński i S-ka

Projekt okładki
Sylwia Turlejska
Agencja Interaktywna Studio Kreacji
(www.studio-kreacji.pl)

Zdjęcie na okładce
© Lena Balk/Stock.adobe.com

Redaktor prowadzący
Michał Nalewski

Redakcja
Maria Talar

Korekta
Maciej Korbasiński

Łamanie
Alicja Rudnik

ISBN 978-83-8123-359-0

Warszawa 2018

Wydawca
Prószyński Media Sp. z o.o.
02-697 Warszawa, ul. Gintrowskiego 28
www.proszynski.pl

Druk i oprawa
CPI Moravia

Rozdział I

Czar Maroka

Promieniująca świetlistym blaskiem wielka, jasna kula zachodzącego słońca odbijała się długim refleksem w lekko pomarszczonych wodach Oceanu Atlantyckiego. Klaudia wsłuchiwała się w majestatyczny szum fal rozbijających się rytmicznie o piasek malowniczej plaży i upajała się ciepłym, afrykańskim wieczorem. Miała nadzieję, że dwutygodniowy pobyt w Agadirze, atrakcyjnie położonym marokańskim kurorcie, pomoże jej się podnieść po niespodziewanym ciosie, który spotkał ją kilka tygodni temu.

* * *

– Przykro mi – powiedziała Anna, jej koleżanka z biura, kiedy lotem błyskawicy rozeszła się wiadomość, że Klaudię zwolniono z pracy. – Jednak Nikola dopięła swego – dodała, mając na myśli asystentkę szefa.

Nikola, wysoka, pewna siebie pociągająca brunetka o idealnej figurze i zawsze perfekcyjnym makijażu, fryzurze i stroju, pojawiła się w firmie pół roku temu, wprowadzając w niej spore zamieszanie. Zastąpiła na stanowisku cieszącą się powszechną sympatią Kingę, która wykazywała się dużą kompetencją i w miarę możliwości pomagała pracownikom w kontaktach z wymagającym szefem, trzydziestoośmioletnim Arturem. Nagła zmiana zaskoczyła wszystkich i od razu zaczęły krążyć plotki, że Artura i Nikolę łączy romans. Podejrzenia zamieniły się w prawie pewność, kiedy niespodziewanie z firmy odszedł Igor, główny informatyk i dobry kolega Artura.

– Słyszałyście?! – Pewnego dnia Anna wpadła do pokoju z wypiekami na twarzy.

– Co się stało? Znowu Nikola coś namąciła? – zapytała Klaudia, nie ukrywając swojej niechęci do nowej asystentki, która od momentu objęcia stanowiska powoli wznosiła mur oddzielający szefa od pracowników, co znacznie utrudniało wszystkim pracę. Pewien stabilny układ sił w firmie zaczął się kruszyć, bo jedni zaczęli na wyścigi starać się zaskarbić sobie łaski Nikoli, a inni ostentacyjnie pokazywali, że nowa pracownica jest zaledwie asystentką, która w dodatku dołączyła do całkiem zgranego zespołu dopiero niedawno. Do tych ostatnich należał Igor. Jego odejście udowodniło zatem, że Nikola jest tak naprawdę aż asystentką. I do tego bardzo wpływową.

– Igor odchodzi! – wypaliła Anna.

– Co?! – Klaudia krzyknęła zdumiona.

– Igor już z nami nie pracuje.

– Skąd o tym wiesz? – Dreszcz niepokoju przeszył Klaudię, bo przypomniała sobie niedawną poufną rozmowę z Igorem, który zapewniał, że zrobi wszystko, żeby jak najszybciej pozbyć się Nikoli z firmy.

– Nie ma go dzisiaj w pracy…

– Może po prostu wziął wolny dzień lub poszedł na urlop… – Klaudia chwytała się każdej nitki nadziei.

– Rzeczywiście wziął cały niewykorzystany urlop, ale później już do nas nie wróci. – Głos Anny brzmiał ponuro.

– Czyli ta suka jednak wygrała... – wyrwało się Klaudii, a Anna spiorunowała ją wzrokiem, bo w pokoju znajdowało się jeszcze kilka osób, z których niejedna mogłaby donieść Nikoli nieopatrznie wypowiedziane słowa. – Wygryzła Igora... – ciągnęła Klaudia, nie zważając na ostrzegawcze spojrzenie koleżanki. – Mimo tego, że to był dobry kolega szefa...

– Nie mimo tego, tylko właśnie dlatego. – Do rozmowy włączyła się Iwona, która też nie lubiła nowej asystentki. – Nikola nie mogła znieść, że Igor zupełnie ją ignoruje i we wszystkich sprawach zwraca się bezpośrednio do Artura – wyjaśniła. – I dlatego pierwszy wyleciał... – zakończyła złowieszczo, dając tym samym do zrozumienia, że to nie koniec raptownych zwolnień.

Niestety miała rację. Wkrótce po Igorze wypowiedzenie złożyła kierowniczka biura, stwierdziwszy, że nie jest w stanie dalej pracować w takiej atmosferze. Nikola tak potrafiła swoim wrogom uprzykrzyć życie, utrudniając im wykonywanie codziennych obowiązków, że wiele osób zaczęło się rozglądać za nową pracą. Kierowniczka biura, doskonały specjalista, jako pierwsza z nich w niedługim czasie dostała kilka interesujących ofert, z których wybrała najkorzystniejszą.

– Życzę wam powodzenia – żegnała się z zespołem, opuszczając firmę bez cienia żalu.

Wtedy Klaudia postanowiła zacisnąć zęby i bez względu na stosunki próbować jakoś przetrwać. Za dużo energii i czasu poświęciła wcześniej na zbudowanie swojej aktualnej pozycji, żeby teraz miała się tak łatwo poddać. I kiedy wydawało się, że już jej nic nie zagraża, bo nawet Nikola zrobiła się dla niej w miarę miła, dostała wypowiedzenie; okazało się oczywiście później, że to, co wzięła za rozejm ze strony Nikoli, było tylko perfidną grą triumfującej wszechwładnej asystentki. Na Klaudię likwidacja jej stanowiska pracy spadła jak grom z jasnego nieba. Z trudem powstrzymywała łzy, żeby nie rozkleić się w biurze, ale kiedy tylko wróciła do swojego niewielkiego, wynajmowanego mieszkanka, wybuchnęła niepohamowanym płaczem.

Głębokie poczucie krzywdy potęgował fakt, że właśnie przez pracę w korporacji rozstała się rok wcześniej ze swoim partnerem, z którym tworzyła udany związek przez kilka lat. Zdruzgotana niespodziewaną utratą dobrej posady, żałośnie popijając w samotności czerwone wino, mimowolnie wróciła myślami do wieczoru, którego romantyczny początek nie zapowiadał jego dramatycznego końca. Tego dnia pojechała do mieszkania Adama prosto z biura, bo właśnie zaczynali nowy projekt i jego omawianie przeciągnęło się długo poza godziny pracy. Adam przywitał ją przygotowaną przez siebie kolacją i butelką schłodzonego szampana.

– Co to za święto? – spytała Klaudia, z przyjemnością siadając do pięknie nakrytego stołu.

– Nasza każda wspólna chwila jest świętem – odpowiedział Adam, z hukiem otwierając szampana. – Za naszą przyszłość. – Wzniósł toast po napełnieniu kieliszków złocistym, musującym płynem.

Klaudia skosztowała wykwintnego trunku.

– Wyborny! – pochwaliła, zabierając się za sałatkę z rukoli, truskawek i łososia. – Hmm... Sałatka też fantastycznie ci wyszła.

– Cieszę się. – Adam ponownie wzniósł kieliszek. – To jeszcze raz za naszą przyszłość. – Położył nacisk na ostatnie słowo.

– Chcesz mi coś powiedzieć? – Klaudia wyczuła szczególny ton w jego głosie.

– Raczej porozmawiać... – Mężczyzna patrzył prosto w oczy Klaudii.

– O czymś ważnym?

– Bardzo ważnym... – Adam upił parę łyków szampana.

– To znaczy?

– O nas...

* * *

Przeżywająca zawodową porażkę Klaudia dolała sobie czerwonego wina i wypiła cały kieliszek prawie do dna. „O nas..." – w głowie zabrzmiały jej słowa wypowiedziane z czułością przez Adama. A teraz nie było żadnego „nas..." – myślała. Gdyby wtedy... – dopiła resztki wina z kieliszka i ponownie go od razu napełniła. Gdyby wtedy ta rozmowa potoczyła się inaczej... To teraz... – poczuła bolesny ucisk w sercu. To teraz on by tu był... Pocieszał ją i wspierał... Pewnie by mówił, że to nawet dobrze, bo już nic nie stoi na przeszkodzie, żeby wreszcie, nareszcie... żeby mieli dziecko... – po policzkach Klaudii spłynęły wielkie łzy.

* * *

Tamtego pamiętnego wieczoru miała pracę i jego.

– O nas? – zapytała zdziwiona. – Przecież wszystko między nami świetnie się układa.

– No właśnie! – Adam przytaknął entuzjastycznie. – I wiesz dobrze, jak bardzo cię kocham...

– Ja też cię bardzo kocham... – Klaudia uśmiechnęła się ciepło.

– W takim razie... – Adam wziął dłoń Klaudii i mocno ją ścisnął. – Myślę, że nic nie stoi na przeszkodzie, żebyśmy... – wzruszenie sprawiło, że na chwilę zamilkł. Po minucie ciszy ponownie podjął temat, a na jego twarzy odmalował się wyraz silnego napięcia. – Sądzę, że już najwyższy czas, żebyśmy razem zamieszkali.

Klaudia wpadła w panikę. To nie był ani najwyższy, ani najlepszy, ani żaden czas, żeby razem zamieszkali. Owszem, zdarzało się im spędzać razem dwie czy nawet trzy noce z rzędu u niego lub u niej, ale wspólne mieszkanie to zupełnie co innego.

– Nie wiem, czy... – Klaudia chciała wyrazić swoje wątpliwości, ale Adam jej przerwał.

– Posłuchaj mnie do końca. – Cały czas trzymał jej dłoń w swojej dłoni. – Ja myślę o nas poważnie... Bardzo chciałbym... To znaczy gdybyśmy wzięli ślub, to wtedy...

– To są oświadczyny? – nieco szorstko zapytała Klaudia, wysuwając swoją dłoń z ręki mężczyzny.

– Oficjalne oświadczyny jeszcze będą, i to w zdecydowanie lepszej oprawie – zapewnił Adam. – Teraz chcę tylko omówić pewne istotne dla nas sprawy, a później wybierzesz sobie taki pierścionek, o jakim tylko marzysz.

Klaudia w tym momencie nie marzyła o żadnym pierścionku, a tym bardziej zaręczynowym. Jeżeli podobał jej się jakiś pierścionek, to go sama sobie kupowała, bo zarabiała tyle, że było ją na to stać. Kompletnie zaskoczona starała się tak dobierać słowa, żeby nie urazić Adama.

– Może odłożymy tę rozmowę na kiedy indziej? – zaproponowała. – Miałam dzisiaj ciężki dzień, bo zaczęliśmy nowy projekt i...

– Projekt, projekt, zawsze te twoje projekty! – Adam uniósł głos. – Wiesz dobrze, tak samo jak ja, że one były, są i będą! Zawsze będzie jakiś projekt! A prawdziwe życie to nie tylko praca!

Wybuch Adama sprawił Klaudii ogromną przykrość.

– Ale dzięki tej pracy mogę się rozwijać, nabywać doświadczenia i właśnie żyć na przyzwoitym poziomie! – rzuciła rozdrażniona. – Przecież ty też dużo pracujesz i nie zawsze masz dla mnie czas!

Wieczór, który z założenia miał umocnić ich związek, przeobraził się w scenę wzajemnych oskarżeń. Adam, który zdał sobie sprawę z tego, że rozmowa zmierza w złym kierunku, starał się ratować sytuację.

– Kochanie, nie unoś się, tylko mnie uważnie posłuchaj… – powiedział pojednawczym tonem. – Bardzo proszę…

– Dobrze – zgodziła się, bo miała nadzieję, że dojdą jakoś do porozumienia i przełożą rozmowę o ślubie na później. Wcześniej rzeczywiście zdarzyło im się wspominać w jakichś luźnych rozmowach o wspólnym życiu, ale dla Klaudii była to nieokreślona przyszłość. I to raczej dalsza niż bliższa.

– Kochamy się… – zaczął Adam, podkreślając tym samym, że to jest dla niego najważniejsze – więc nie widzę powodu, żebyśmy mieli czekać w nieskończoność na założenie rodziny. Pomyśl tylko… – objął Klaudię tkliwym spojrzeniem. – Będziemy wracali do wspólnego domu, odpadnie nam problem z ciągłym umawianiem się i dostosowywaniem wolnego czasu, będę ci przynosił świeże bułeczki na śniadanie… – Ostatniemu zdaniu towarzyszył szeroki uśmiech Adama, który chciał w ten sposób rozładować wciąż unoszącą się w powietrzu dość ciężką atmosferę.

– To wszystko brzmi wspaniale, ale…

– Nie widzę tu żadnego ale – wtrącił.

– Wspólne mieszkanie wiąże się z mnóstwem obowiązków… – Klaudia użyła pierwszego argumentu, który przyszedł jej do głowy. – A przy moim trybie pracy…

– Kochanie, nie chcę się z tobą ożenić po to, żebyś mnie obsługiwała! – Adam się żachnął. – Przecież kiedy pomieszkujemy razem, niezależnie od tego, czy u mnie, czy u ciebie, to zawsze wszystko robimy wspólnie albo na zmianę, prawda?

Klaudia nie mogła zaprzeczyć, bo Adam świetnie gotował i częściej przyrządzał dla nich posiłki, a w dodatku zawsze sam po sobie dokładnie sprzątał.

– Kochanie, uwierz mi, że to najlepszy czas, żeby zacząć budować wspólne życie. – Adam wziął milczenie Klaudii za dobrą monetę. – Przy dziecku też ci pomogę...

– Dziecku?! – Klaudia przeraziła się nie na żarty. Nie zgodziła się jeszcze na ślub, a Adam już planuje dziecko?!

– Co cię tak dziwi? – Uśmiech nie schodził z twarzy Adama. – Przecież tam gdzie jest rodzina, są też dzieci... To zupełnie normalne.

Może normalne, ale nie dla mnie. Klaudia myślała gorączkowo. Na pewno nie teraz... To jest dopiero początek mojej kariery i na pewno nie zamienię dobrze płatnej, satysfakcjonującej pracy na kaszki, pieluszki i nieprzespane przez płaczące dziecko noce...

– Nie, nie rozmawiajmy o tym teraz – powiedziała stanowczo. – Zrozum, że naprawdę miałam bardzo wyczerpujący dzień w pracy, nowy projekt wymaga pełnego zaangażowania i dużej koncentracji, może nawet popracuję nad nim dzisiaj w nocy, żeby jutro pójść do pracy ze świeżymi pomysłami...

– Praca i praca... – Adam się zirytował. – A gdzie w tym wszystkim my?

– Przecież jesteśmy razem i jak sam przyznałeś, świetnie się między nami układa, więc po co to zmieniać?

– I do kiedy tak zamierzasz żyć? – odpowiedział pytaniem. – Myślisz, że za rok będziesz miała mniejszą presję w pracy? Czy za pięć lat? Za dziesięć? Zawsze będzie tak samo, o ile nie gorzej – mężczyzna skwitował z rozgoryczeniem.

Rozmowa utknęła w martwym punkcie. Klaudia zastanawiała się, jak wybrnąć z niezręcznej sytuacji, bo zależało jej na Adamie, ale nie czuła się gotowa na założenie rodziny, a tym bardziej posiadanie dziecka.

– Proszę cię, zostawmy to na razie. – Klaudia sięgnęła po kieliszek szampana. – Cieszmy się tym wspólnym wieczorem, a do tematu wrócimy za jakiś czas.

– Tylko co to zmieni? – zapytał Adam poważnym tonem. – Ja znam dobrze te duże korporacje i wiem, że jeśli zaczniesz się piąć po szczeblach kariery, to za rok powiesz mi to samo, i za pięć lat, i za dziesięć... A zapewniałaś, że mnie kochasz...

– Bo kocham cię, ale...

– Jeżeli się kogoś naprawdę kocha, to nie ma żadnego ale... – Z głosu mężczyzny przebijał wielki żal.

– Obiecuję ci, że kiedy tylko skończę projekt, to...

– To zaczniesz następny... – Adam nie pozwolił Klaudii dokończyć zdania.

– Nie przerywaj mi, tylko mnie wysłuchaj i postaraj się zrozumieć...

– Kochanie, bardzo cię proszę, chociaż zamieszkajmy razem. – Adam nie zamierzał odstąpić od swoich planów.

Klaudia poczuła się jak przyciśnięta do muru. Wspólne mieszkanie? To oznacza przeprowadzkę, a wcześniej szukanie nowego lokum, załatwianie formalności, pakowanie rzeczy, a później ich przewóz, urządzanie się w nowym miejscu... Kiedy ja mam znaleźć na to czas? – myśli jedna za drugą pędziły w głowie Klaudii. Przecież dopiero zaczęliśmy projekt, trzeba będzie pracować po godzinach... A gdy zamieszkamy razem, to wkrótce Adam z pewnością będzie naciskał na ślub, a później na dziecko...

– Nie, Adam, jeszcze nie teraz – powiedziała Klaudia, spodziewając się, że to zakończy niezbyt przyjemną rozmowę.

Twarz mężczyzny stężała. Z niemym wyrzutem obrzucił Klaudię pełnym zawodu spojrzeniem, wstał od stołu i zaczął nerwowo krążyć po pokoju.

– Korpoludki, korporacyjne lemingi… – mruczał pod nosem. – Korponiewolnicy, korposucz…

– Teraz to już grubo przesadziłeś! – wzburzona Klaudia podniosła się z krzesła i bez słowa pożegnania opuściła mieszkanie Adama. I już nigdy więcej do niego nie wróciła. Rzuciła się w wir pracy, dając z siebie wszystko przy realizacji nowego projektu, za co została osobiście doceniona i pochwalona przez szefa. Jej przyszłość w firmie rysowała się w różowych kolorach, a Igor w wielkiej tajemnicy wspomniał jej nawet o czekającym ją awansie i podwyżce. Ale wtedy przy boku szefa pojawiła się Nikola i wszystko zrujnowała.

* * *

– Wywalili mnie, po prostu mnie bezczelnie wywalili – użalała się nad sobą Klaudia, opróżniając w samotności do końca butelkę czerwonego wina. – Na bruk, na zbity pysk…

Kiedy minął pierwszy szok związany z nagłym zwolnieniem, Klaudia poprawiła swoje CV i wysłała je do dziesiątek firm, które poszukiwały pracowników. Tylko dwie z nich zaprosiły ją na rozmowę kwalifikacyjną, żadna jednak nie zdecydowała się na jej zatrudnienie. Spore oszczędności i odprawa pozwoliły Klaudii pokrywać bieżące wydatki, ale brak pracy mocno dawał się we znaki. Przyzwyczajona do życia z zegarkiem w ręku, snuła się sfrustrowana po mieszkaniu, nie wiedząc, co ze sobą zrobić. Co drugi dzień biegała albo chodziła do klubu sportowego, lecz intensywny wysiłek fizyczny nie zabijał pustki, która raptownie pojawiła się wokół niej. Przez większość czasu siedziała samotnie w mieszkaniu, przeglądając oferty pracy, popijając wino albo rozpamiętując swój związek z Adamem. Teraz już nie była taka pewna słuszności swojej wcześniejszej decyzji, bo wiedziała, że gdyby Adam w tych czarnych dniach był obok niej, to łatwiej by jej było przez to wszystko przejść. A kiedy na portalu społecznościowym zobaczyła dumnego Adama ze swoją aktualną partnerką obwieszczających z radością, że niedługo zostaną rodzicami, jej serce przeszyła bolesna szpila zazdrości.

Muszę gdzieś wyjechać, postanowiła impulsywnie. Jeśli dłużej będę sama siedzieć w tych czterech ścianach, to zwariuję.

Jej wybór padł na Maroko, i to wcale nie dlatego, że był to popularny kierunek wśród francuskich pracowników korporacji, podróżujących tanio backpackersów, wszelkiego rodzaju artystów, a nawet celebrytów, którzy upodobali sobie w tym kraju organizować ważne dla siebie uroczystości. David Beckham na przykład przybył z żoną Victorią prywatnym jetem do Marrakeszu, aby świętować w nim czterdzieste urodziny. Gośćmi na hucznym party byli między innymi Tom Cruise i Gordon Ramsay, a David Beckham wyraził niezwykłe zadowolenie z najlepszego wydarzenia w swoim życiu, zamieszczając na Instagramie kolekcję fotek z tego miasta.

Klaudia wybrała Maroko, ponieważ przypomniała sobie barwne opowieści, które wcześniej niejednokrotnie słyszała od swojej dobrej koleżanki z czasów szkolnych. Mieszkająca w Londynie Eliza związała się z Marokańczykiem i kiedy odwiedzała z Salahem Polskę, nigdy nie zapominała wpaść z nim do Klaudii. Byli wyjątkowo sympatyczni i Klaudia chętnie ich gościła.

– To jest właśnie słynny Ogród Majorelle, który niektórzy nazywają „rajskim". – Eliza pokazywała Klaudii zdjęcia świetnie zaprojektowanej oryginalnej przestrzeni, w której dominowała zieleń egzotycznych roślin oraz bardzo intensywny odcień niebieskiego.

– Przepiękny kolor – zachwyciła się Klaudia, patrząc na charakterystyczną barwę, która zdobiła ściany budynków, brzegi zbiorników wodnych, porozstawiane w alejkach wielkie donice, schody, kolumny, fontanny i inne elementy architektoniczne unikatowego ogrodu. – Coś jak kobaltowy, a może ultramaryna...

– To blue Majorelle – podpowiedziała Eliza. – Odcień niebieskiego nazwany tak na cześć założyciela ogrodu, francuskiego malarza orientalnego Jacques'a Majorelle[1]. Niektórzy uważają, że ogród ten jest jego najpiękniejszym dziełem sztuki.

– Rzeczywiście wygląda zjawiskowo. – Klaudia oglądała kolejne zdjęcia rozświetlonych słońcem, prezentujących się w artystycznych kompozycjach wymyślnych roślin.

– Jacques Majorelle był botanikiem amatorem – opowiadała Eliza. – Przez prawie czterdzieści lat zbierał ze wszystkich kontynentów rzadkie odmiany drzew i roślin, aby upiększyć nimi swój ogród.

– A później ogród ten należał do samego Yves'a Saint Laurenta, który przywrócił go do dawnej świetności – wtrącił Salah.

– Yves Saint Laurent kochał ten ogród do tego stopnia, że chociaż zmarł w Paryżu, to jego prochy, zgodnie z ostatnią wolą projektanta, zostały rozsypane właśnie w nim – dodała Eliza.

– Chciałabym kiedyś zobaczyć to miejsce. – Klaudia nie mogła napatrzeć się na przecudne kompozycje drzew i krzewów.

– To zapraszamy do Maroka – powiedział z uśmiechem Salah. – Możesz do nas dołączyć, kiedy my będziemy się tam wybierali.

– To świetny pomysł! – podchwyciła Eliza. – Powiemy ci, planując wyjazd.

[1] Jacques Majorelle (1886–1962) – francuski malarz orientalny, syn znanego projektanta mebli secesyjnych Louisa Majorelle, dorastał wśród artystów i projektantów. Początkowo studiował architekturę, jednak później poświęcił się swojej pierwszej pasji – malarstwu. W 1910 roku udał się w podróż do Egiptu, w którym następnie mieszkał prawie cztery lata. Tam zaczęła się jego wielka fascynacja światem arabskim oraz jego kulturą. Kiedy trafił do Marrakeszu, zafascynowały go jego kolory i światło. W 1923 roku postanowił osiąść w nim na stałe i założył słynny Ogród Majorelle.

– Dziękuję. – Klaudia z chęcią odwiedziłaby ten nieznany jej zupełnie kraj.

Kiedy jednak dwa razy Eliza powiadomiła ją o podróży, Klaudia musiała odmówić ze względu na realizację ważnych projektów w pracy. Gdy już jednak nie było ani projektów, ani pracy, ani nawet Adama, Klaudia wykupiła dwa tygodnie wczasów w Agadirze, aby w zupełnie nowym otoczeniu spróbować podnieść się po zawodowej klęsce.

* * *

Siedziała zatem na plaży nad brzegiem Oceanu Atlantyckiego, obserwując chowającą się za horyzontem rozświetloną kulę słońca.

Zanim zapadł zmrok, Klaudia podniosła się i poszła w stronę hotelu. Po drodze kilka razy zaczepiali ją Marokańczycy albo chcąc jej coś sprzedać, albo zaproponować jakąś usługę turystyczną. Zupełnie ich ignorowała, a oni nie byli zbyt natarczywi, po paru nieudanych próbach nawiązania kontaktu szukali wzrokiem innych spacerujących europejskich turystów. Klaudia przeszła obok licznych sklepików z pamiątkami oraz grupy marokańskiej młodzieży, która przy dźwiękach gitary śpiewała nostalgiczne piosenki, po czym dotarła do swojego hotelu, gdzie windą wjechała na dziesiąte piętro, na którym miała pokój. Zrobiła sobie drinka z dżinu i toniku, po czym wyszła na balkon, skąd rozciągał się panoramiczny widok na położone wśród palm i innych drzew białe, podświetlone budynki oraz na bezkresne wody oceanu. Po kilku minutach zadzwoniła do Elizy.

– Cześć, tu Klaudia.

– Cześć, fajnie, że dzwonisz.

– Nie uwierzysz, gdzie jestem.

– Gdzie?

– W Maroku.

– Naprawdę czy mnie wkręcasz? – Eliza nie mogła uwierzyć.

– Naprawdę.

– Co tam robisz?

– Przyjechałam na wczasy.

– Ty i wczasy? – Eliza się zdziwiła. – Zawsze byłaś tak pochłonięta pracą…

– Wywalili mnie…

– Co?!

– W firmie nastąpiły zmiany i mnie zwolnili… – głos się Klaudii lekko załamał.

– Przykro mi. – Eliza współczuła koleżance. – I pojechałaś do Maroka?

– Tylko na dwa tygodnie. Pomyślałam, że to dobre miejsce, żeby jakoś dojść do siebie po tym wszystkim.

– Z pewnością – przyznała Eliza. – To fascynujący kraj. Gdzie dokładnie teraz jesteś?

– W Agadirze.

– Zamierzasz tam spędzić całe dwa tygodnie?

– Chętnie bym pojechała do Marrakeszu albo Casablanki, ale nie wiem, czy mogę tu bezpiecznie sama się poruszać. Dzwonię, żeby cię o to zapytać.

– Hmm… – Eliza zastanowiła się chwilę. – Generalnie w Maroku jest bezpiecznie, ale ty jako atrakcyjna blondynka…

– Oj, przestań! – zaoponowała Klaudia. – Nie taka znów atrakcyjna.

– Z pewnością cię zaczepiali, o ile już sama gdzieś wychodziłaś… – domyśliła się Eliza.

– Masz rację, ale tak samo podchodzili do innych turystów – stwierdziła Klaudia. – Chcieli zarobić parę groszy…

– Dirhamów. – Eliza się zaśmiała. – W Maroku są dirhamy.

– No tak... – Klaudia jej zawtórowała. – Dirhamów...

– Myślę, że jednak lepiej by było, żebyś się sama nie poruszała po Maroku – stwierdziła Eliza. – Tym bardziej że od Marrakeszu dzieli cię około dwustu pięćdziesięciu kilometrów.

– To sporo.

– Casablanca jest jeszcze dalej.

– Czyli?

– O ile dobrze pamiętam, to z Agadiru do Casablanki jest grubo ponad czterysta kilometrów.

– To kawał drogi!

– Sama widzisz, że to poważna wyprawa. Nie myślałaś o wycieczce z jakiegoś lokalnego biura podróży?

– Nie, nie jestem w nastroju do ciągania się z grupą nieznanych mi turystów i dostosowywania się do narzuconych mi reguł. Czyli jestem już w Maroku i nie zobaczę cudnego Ogrodu Majorelle? – W głosie Klaudii pojawiło się rozczarowanie. – Ani słynnej Casablanki? „Zagraj to, Sam. Zagraj: *Jak mija czas*"[1] – zacytowała.

– Tego nie powiedziałam.

– Skoro nie mogę sama podróżować, a na wycieczkę z grupą nie mam ochoty...

– Poczekaj, coś wymyślę.

– Co na przykład?

– Porozmawiam z Salahem. Może ktoś z jego rodziny albo znajomych będzie miał czas, żeby ci towarzyszyć.

– Nie chciałabym wam robić kłopotu...

– Żaden kłopot – zapewniła Eliza. – Marokańczycy to przyjazny i otwarty naród. Jeżeli ktoś będzie mógł, to na pewno z tobą pojedzie.

[1] Słynny cytat z filmu *Casablanca*, kultowego amerykańskiego melodramatu i filmu noir z 1942 roku, którego akcja toczy się w kontrolowanej przez Francję Vichy Casablance.

– Byłabym wdzięczna...

– Spróbuję jak najszybciej to załatwić – obiecała Eliza. – A ty się na razie ciesz Agadirem i oceanem.

– Dziękuję. – W Klaudię wstąpiła nadzieja, że uda jej się zwiedzić ciekawe miejsca w Maroku. – A co u was słychać?

– Odpukać, nie narzekam.

– Z Salahem nadal dobrze się wam układa?

– Tak, jest naprawdę świetnie.

– To bardzo się cieszę – powiedziała Klaudia i mimowolnie, z uczuciem piekącego smutku, pomyślała o Adamie. Gdyby wtedy...

– Przepraszam, ale muszę już kończyć. Kiedy tylko coś będę wiedziała, to się odezwę.

– Super, czekam na wiadomość. Do usłyszenia.

– Do usłyszenia.

Klaudia posiedziała jeszcze trochę na balkonie, wpatrując się w ciemny bezmiar oceanu, a następnie dokończyła drinka i wróciła do pokoju. Włączyła telewizor, żeby znaleźć jakiś program z dobrą muzyką, i zaczęła pilotem przerzucać kolejne kanały. Od razu się zorientowała, że stało się coś poważnego. Niezależnie od tego, czy była to stacja francuska, niemiecka albo marokańska, na ekranie pojawiały się te same obrazy supermarketu z napisem Trèbes i stojących przed nim policyjnych samochodów oraz ubranych na czarno i uzbrojonych po zęby antyterrorystów, którzy w kominiarkach, hełmach i zakrywających całą twarz przezroczystych, kuloodpornych tarczach trzymali w gotowości długie karabiny maszynowe. Klaudia poszukała kanału angielskojęzycznego, żeby usłyszeć najnowsze wiadomości.

Media informowały, że w Trèbes na południu Francji mężczyzna pochodzenia marokańskiego przetrzymywał przez kilka godzin około pięćdziesięciu zakładników w supermarkecie. Wcześniej ten sam uzbrojony w pistolet sprawca na obrzeżach zabytkowego miasteczka Carcassonne zatrzymał przejeżdżający samochód, poważnie ranił kierowcę i strzałem w głowę zabił pasażera. Skradł samochód i podjechał nim pod koszary, gdzie czekał na żołnierzy. Kiedy zobaczył czterech policjantów, zaatakował, strzelając do nich i próbując ich przejechać. Wrzeszcząc „Zemsta za Syrię!", zastrzelił jednego oficera. Później udał się do oddalonego o pięć kilometrów Trèbes, gdzie uzbrojony w nóż, pistolet i granaty wtargnął do supermarketu. Tam krzyknął „*Allahu akbar!*[1]. Zabiję was wszystkich" i zadeklarował, że jest żołnierzem tak zwanego Państwa Islamskiego. Zabił sprzedawcę i jednego z klientów sklepu, a resztę przerażonych ludzi wziął jako zakładników, zmuszając ich do leżenia na podłodze. Niektórym z nich udało się uciec, a kilku schroniło się w chłodni. Terrorysta używał jednej z kobiet jako żywej tarczy, co znacznie utrudniało akcję służb, jednak robiły one wszystko, aby uwolnić przetrzymywanych. W obecności ministra oraz wysokiej rangi członka oddziału antyterrorystycznego Francuskiej Żandarmerii Narodowej próbowano negocjować z zamachowcem, sprowadzając nawet jego matkę i dwie siostry. Dżihadysta żądał uwolnienia głównego podejrzanego o udział w przeprowadzonych ponad dwa lata wcześniej atakach terrorystycznych w Paryżu, w których zginęło sto trzydzieści osób, a trzysta pięćdziesiąt zostało rannych, w tym kilkadziesiąt ciężko. Obecność najbliższej rodziny terrorysty na miejscu dramatycznego zdarzenia w Trèbes nie pomogła niestety w prowadzonych z nim negocjacjach. Wtedy jeden z oficerów żandarmerii zaoferował siebie w zamian za zakładników, na co zamachowiec się zgodził. Włączony telefon zapewnił łączność

[1] *Allahu akbar* (arab.) – tłumaczone zazwyczaj jako „Bóg jest wielki" znaczy jednak „Bóg jest najwyższy".

ze służbami i kiedy usłyszano oddany do oficera strzał, funkcjonariusze grupy interwencyjnej żandarmerii przystąpili do szturmu. Podczas wymiany ognia zastrzelono terrorystę, dwóch funkcjonariuszy zaś zostało rannych. Bohaterski oficer, który sam zgłosił się jako zakładnik w zamian za uwolnienie niewinnych ludzi, zmarł w szpitalu z powodu poważnych obrażeń.

Już nigdzie nie jest bezpiecznie... – pomyślała wstrząśnięta Klaudia, wyłączając telewizor. Nawet w Europie...

* * *

Następnego dnia po śniadaniu Klaudia poszła na basen, gdzie leżaki obok niej zajmowały dwie Polki, których rozmowa toczyła się wokół ostatniego ataku terrorystycznego we Francji.

– Szkoda mi jego matki – wyznała filigranowa szatynka.

– Nawet nie potrafię sobie wyobrazić, co czuła, kiedy próbowała go przekonać, żeby odłożył broń i się poddał, a on jej nie słuchał – z przejęciem odpowiedziała jej koleżanka.

– I pomyśleć, że sąsiedzi opisywali go jako sympatycznego młodego człowieka – kontynuowała szatynka.

– Podobno tego samego dnia rano, tuż przed atakiem, odprowadził swoją młodszą siostrę do szkoły.

– A później z zimną krwią zabił cztery osoby... – stwierdziła zszokowana kobieta. – I nie dość, że strzelał do policjanta, który dobrowolnie oddał się w jego ręce, aby uratować ludzi, to jeszcze zadał mu kilka brutalnych ciosów nożem.

– Słyszałam w dzisiejszych wiadomościach, że zamachowiec planował dużo większą masakrę, bo policjanci znaleźli w supermarkecie trzy ładunki wybuchowe.

– Gdyby eksplodowały, to ofiar mogłoby być nawet kilkadziesiąt... – Szatynka aż się wzdrygnęła.

– Szczęście w nieszczęściu, że do tego nie doszło... Słyszałaś o dziewczynie tego terrorysty?

– Nie...

– To była Francuzka. Aresztowali ją, a podczas zatrzymania krzyczała *Allahu akbar!*

– Francuzka? – zdziwiła się szatynka.

– Tak, i do tego bardzo młoda.

– Ile miała lat?

– Osiemnaście.

– To rzeczywiście bardzo młoda...

– Wyobraź sobie, że przeszła na islam, kiedy miała szesnaście lat, i tak szybko się zradykalizowała.

– Czyli muzułmanką była zaledwie dwa lata... – zauważyła szatynka.

– Tak, ale to wystarczyło, żeby zaczęła myśleć jak dżihadyści... Aż trudno uwierzyć... – Kobieta pokręciła głową z dezaprobatą. – Podawali w wiadomościach, że kilka godzin przed krwawym atakiem swojego partnera umieściła w internecie koraniczny werset, który mówi o tym, że niewiernym obiecano piekło.

– To pewnie ten Marokańczyk zrobił jej wodę z mózgu... – wyraziła swoje zdanie szatynka.

– Nie wiem, gdzie te kobiety mają głowę... Zawsze mówię, że z takimi lepiej się nie zadawać...

– Masz całkowitą rację – przyznała szatynka.

Chyba nie można tak generalizować... – nasunęło się Klaudii, która słyszała każde słowo toczącej się tuż obok niej konwersacji. Przecież Eliza jest już z Salahem kilka lat i według mnie żyją całkiem normalnie... Wszędzie są dobrzy i źli ludzie...

Kobiety przerwały rozmowę, a po paru minutach podniosły się z leżaków i odeszły. Klaudia całe przedpołudnie spędziła na basenie, a następnie zjadła obiad w hotelowej restauracji.

Wróciwszy do pokoju, ucięła sobie krótką drzemkę. Kiedy się obudziła, postanowiła pójść do pobliskiego kantoru wymienić pieniądze, a później na spacer nad ocean. Opuściła hotel i schodzącą lekko w dół ulicą wolnym krokiem dotarła do punktu wymiany walut. Spędziła tam dwa kwadranse, stojąc w kolejce cudzoziemców oraz Marokańczyków, z których wielu miało za granicą pomagających im finansowo krewnych. Po dokonaniu transakcji Klaudia skierowała się w stronę ciągnącej się kilka kilometrów wzdłuż oceanu promenady, przy której wzniesiono liczne hotele, restauracje i kawiarnie.

Agadir przyciąga turystów przede wszystkim swoją znakomitą lokalizacją, przyjaznym klimatem i słońcem, które świeci tu prawie cały rok. Położony nad cichą zatoką i u stóp wysokiego urwiska kurort omijają silne oceaniczne wiatry i groźne, rozbijające się o brzeg skłębione fale, a latem orzeźwiająca bryza znad oceanu ochładza unoszące się nad nim gorące afrykańskie powietrze. Tragiczne w skutkach trzęsienie ziemi, które w tysiąc dziewięćset sześćdziesiątym roku w ciągu zaledwie kilkunastu sekund zrównało miasto z ziemią i spowodowało śmierć około piętnastu tysięcy ludzi, a dwudziestu tysięcy pozbawiło dachu nad głową, sprawiło, że miasto należało prawie w całości odbudować. W związku z tym współczesny Agadir wyróżnia się widoczną spójnością architektoniczną, nowoczesnymi budynkami, szerokimi arteriami i ulicami, harmonijnym rozplanowaniem przestrzeni oraz dużą ilością znakomicie wkomponowanych w przestrzeń miejską terenów zielonych.

Kataklizm zniszczył wiele zabytków, w tym charakterystyczną dla arabskich miast starą medynę oraz wewnętrzną zabudowę wzniesionej w szesnastym wieku na ponaddwustumetrowym wzgórzu kasby – górującej nad miastem obronnej fortecy. Pierwszą, niewielką twierdzę postawili Portugalczycy, a później rozbudowali ją władcy marokańscy. Do dziś zachowała się jedynie część okalających ją murów, a reszta z nich została częściowo zrekonstruowana. Na stoku wzgórza został ułożony z białych kamieni ogromny arabski napis, który odzwierciedla podstawowe wartości Marokańczyków: Allah, al-Watan, al-Malik, czyli Allah, ojczyzna, król. Podświetlone nocą słowa są dobrze widoczne z wielu punktów Agadiru i podkreślają wiarę w jedynego Boga, dumę ze swojego kraju oraz szacunek i wysoki stopień zaufania, którymi Marokańczycy darzą swojego władcę. Panujący od roku tysiąc dziewięćset dziewięćdziesiątego dziewiątego król Muhammad VI z dynastii Alawitów nazywany jest „królem ubogich" ze względu na swoje zaangażowanie w podniesienie poziomu życia najbiedniejszych, zwalczanie korupcji i intensywne działania na rzecz rozwoju edukacji oraz modernizacji sądownictwa i administracji. Portrety króla, również z jego żoną księżną Lallą Salmą i ich dwójką dzieci, wiszą dosłownie wszędzie: w hotelach i urzędach oraz małych sklepikach i na stacjach benzynowych. Król Muhammad VI, wzorem innych dawnych i obecnych arabskich władców, ma zwyczaj opuszczania pałacu i poruszania się po królestwie incognito w ciemnych okularach, aby osobiście z bliska przyjrzeć się codziennemu życiu swoich poddanych.

Klaudia przecięła ulicę i znalazła się na wysadzanej palmami szerokiej promenadzie, z której doskonale widać było górujące nad okolicą wzgórze z kasbą i składający się z trzech arabskich wyrazów olbrzymi napis. Ze wspaniałej pogody i ożywczego powiewu wiatru znad oceanu korzystali nie tylko liczni turyści, ale także Marokańczycy ze swoimi rodzinami. Wśród spacerujących kręcili się sprzedawcy wszelkiego rodzaju towarów i usług, którzy nieustannie zagadywali do cudzoziemców. W pewnym momencie Klaudia poczuła, że ktoś idzie tuż za nią, a kiedy przyspieszyła kroku, nieznajomy zrobił to samo.

– *Something special?*[1] – zaoferował ściszonym głosem.

Klaudia oddaliła się bez odpowiedzi, ale zaczepiający ją młody mężczyzna szybko ją dogonił.

– *Happy cake?*[2] – Marokańczyk nie dawał za wygraną.

Gdyby nie wcześniejsza rozmowa z Elizą i Salahem na temat powszechnie dostępnych w Maroku marihuany i haszyszu, to Klaudia zupełnie nie wiedziałaby, o co chodzi. Teraz świadoma zagrożenia zaczęła biec, żeby uwolnić się od handlarza narkotyków. Zatrzymała się dopiero po kilkudziesięciu metrach, z niepokojem oglądając się za siebie. Zobaczyła nagabującego ją przed momentem mężczyznę stojącego w grupce młodych ludzi z plecakami i prowadzącego z nimi ożywioną konwersację. Po chwili wszyscy opuścili promenadę. Cudzoziemcy podążyli za dilerem, który pewnie oferował im swój nielegalny towar, a może nawet dodatkowo tani hotelik, gdzie w miarę bezpiecznie będą mogli jeść wzbogacone haszyszem ciasteczka, palić jointy lub zażywać narkotyki w innej formie.

Klaudia rozejrzała się wkoło i zdecydowała, że usiądzie na biegnącym wzdłuż promenady murku przy odpoczywającej na nim marokańskiej rodzinie z dwójką dzieci. Miała nadzieję, że ich bliskość uchroni ją od polujących na turystów sprzedawców. Na własnej skórze przekonała się, że narkotyki, dokładnie tak, jak wspominała Eliza, mogą być oferowane w każdym miejscu i o każdej porze.

– Jointa na poprawę humoru może zaproponować ci nawet bagażowy, który odnosi twoje walizki do pokoju – stwierdziła Eliza jednego wieczoru, podczas którego snuła opowieści o Maroku.

[1] *Something special* (ang.) – coś specjalnego.

[2] *Happy cake* (ang.) – szczęśliwe (uszczęśliwione) ciastko. Tu w znaczeniu: ciastko wywołujące przyjemność, szczęście.

– Nie boi się policji? – zdziwiła się Klaudia. – Kiedyś mówiłaś, że marokańskie prawo, jeśli chodzi o narkotyki, jest dość surowe.

– To prawda – potwierdziła Eliza. – Za ich posiadanie grozi kara do dziesięciu lat więzienia i wysoka grzywna.

– I mimo to handel kwitnie?

– Jak najbardziej... Maroko należy do ścisłej światowej czołówki krajów, w których uprawia się konopie indyjskie, i stąd pochodzi ponad osiemdziesiąt procent marihuany i haszyszu dostępnych na rynku europejskim.

– To olbrzymie ilości...

– Olbrzymie... – przyznała Eliza. – Czytałam kiedyś o rozbiciu gangu zajmującego się przemytem narkotyków z Afryki do Europy. Na jachcie, który wypłynął z Maroka i kierował się do Hiszpanii, funkcjonariusze znaleźli ponad trzy tony haszyszu.

– Trzy tony na jednym jachcie? – powtórzyła Klaudia. – Aż trudno uwierzyć...

– Biorąc pod uwagę, że rocznie w Maroku produkuje się około dziewięćdziesięciu tysięcy... tysięcy ton haszyszu... – podkreślił Salah, włączając się do rozmowy – ...to możemy mówić o takich ilościach. Jednak spotyka się i pośledniejszych przemytników, którzy przewożą narkotyki do Hiszpanii w żołądkach.

– Ile można w ten sposób przewieźć? – zainteresowała się Klaudia.

– Do kilograma... – odpowiedział Salah. – Chociaż są i tacy, którzy potrafią połknąć i zmieścić nawet półtora kilo...

– Na tym jachcie załogę stanowiło dwóch Polaków – Eliza wróciła do przerwanego wątku. – Oczywiście ich zatrzymano, a później aresztowano ich szefa, też Polaka... Według doniesień ponaddwudziestoosobowa grupa przemyciła do Europy cztery tony narkotyków.

– I gdzie to rozprowadzali? – dopytywała się Klaudia. – W Polsce?

– Nie tylko... Trafiały też do Niemiec, Szwecji, Wielkiej Brytanii, na Ukrainę...

– Czyli w Maroku uprawy konopi muszą zajmować olbrzymie połacie ziemi – domyśliła się Klaudia.

– Tak, to są dziesiątki tysięcy hektarów upraw – przytaknął Salah. – Pola znajdują się przede wszystkim w górach Rif na północnym zachodzie kraju.

– Trudno zrozumieć skalę tego procederu, jeżeli weźmie się pod uwagę tak ostre kary... – Klaudia nie pojmowała.

– Uprawy zajmują dzikie, trudno dostępne i słabo rozwinięte gospodarczo tereny – wyjaśniał Salah. – Tam od lat całe rodziny i wioski żyją tylko z produkcji narkotyków. Nie można od razu odciąć jedynego źródła dochodu prawie stu tysiącom ludzi.

– Jest popyt, jest i podaż – dodała Eliza. – Istnieje przekonanie, że to hipisi wędrujący po Maroku w latach sześćdziesiątych ubiegłego wieku nauczyli mieszkańców miasteczek i wiosek produkcji haszyszu na szeroką skalę, którą podpatrzyli wcześniej w Libanie. Niektóre marokańskie miejscowości są znane z tego, że kiedyś funkcjonowały w nich międzynarodowe hipisowskie komuny, a inne z odwiedzin gwiazd rocka, które z lokalnej muzyki i kultury narkotykowej czerpały inspiracje do swojej twórczości.

– Najsłynniejsi z nich to Jimi Hendrix, Robert Plant z Led Zeppelin i Mick Jagger z The Rollings Stones... – wtrącił Salah. – Mówi się, że Rif jest rajem dla kifu[1]...

– Co to jest kif? – zapytała Klaudia.

[1] *Kif* (ang.) – 1) inna nazwa dla marihuany; 2) każdy lek lub środek, który podczas palenia jest w stanie wywołać stan euforyczny; 3) euforia wywołana paleniem marihuany. Za: *Collins English Dictionary*. Copyright: HarpersCollins Publishers. Słowo pochodzi z jęz. arabskiego, w którym kaif (kolokwialnie kif) oznacza przyjemność, dobre samopoczucie, dobry humor.

– Marihuana... – wytłumaczył Salah. – Ale handlarze, oferując cudzoziemcom narkotyki, często mówią *something special* lub *happy cake*...

– Albo po prostu „hahaha”... – Eliza głośno się zaśmiała.

Siedząca na murku przy promenadzie Klaudia przypominała sobie rozmowę z przyjaciółmi i jednocześnie uważnie patrzyła, czy zaczepiający ją handlarz narkotyków nie wraca.

Kiedy odpoczywające obok małżeństwo z dziećmi podniosło się, żeby pójść dalej, Klaudia postanowiła wrócić do hotelu. Ledwie wstała, gdy zadzwonił telefon.

– Halo! – Szybko odebrała.

– Cześć, tu Eliza.

– Cześć.

– Mam dla ciebie dobrą wiadomość – powiedziała Eliza z zadowoleniem.

– Zamieniam się w słuch.

– Okazało się, że nasz dobry znajomy akurat pojechał na miesiąc do Maroka i zgodził się pokazać ci Marrakesz.

– To fantastycznie! – Klaudia się ucieszyła. – To ten znajomy mieszka na stałe w Londynie?

– Tak, ma na imię Raszid i zaręczam ci, że to jest bardzo fajny facet. Rozmawialiśmy tylko o Marrakeszu, więc nie wiem, czy będzie miał czas, żeby zabrać cię też do Casablanki...

– Rozumiem, nie ma problemu, najważniejsze, że zobaczę Ogród Majorelle...

– To na pewno... – potwierdziła Eliza. – Już mu podałam twój numer telefonu, ale na wszelki wypadek przyślij mi jeszcze nazwę hotelu, w którym mieszkasz, i numer pokoju.

– Dobrze, zaraz ci prześlę – obiecała Klaudia. – I bardzo wam dziękuję. – Była podekscytowana czekającą ją wkrótce wycieczką. – Koniecznie przekaż moje podziękowania Salahowi – podkreśliła.

– Tak zrobię. Odzywaj się, bo jestem ciekawa twoich wrażeń z Marrakeszu – poprosiła Eliza.

– Jasne, będę dzwonić.

– To do usłyszenia.

– Do usłyszenia.

Po rozłączeniu się Klaudia szybkim krokiem wróciła do hotelu, ignorując nagabujących ją po drodze kilku handlarzy. W pokoju skompletowała ubrania na czekającą ją podróż do Marrakeszu, a później wyszukała informacje na temat tego założonego w jedenastym wieku królewskiego miasta, które często nazywano Perłą Południa. Z zainteresowaniem czytała o jego największej atrakcji, czyli rozsławionym przez ruch hipisowski placu Dżami al-Fana, na którym dzieci kwiaty tłumnie poszukiwały kifu i egzotycznych przeżyć. W magiczny świat mieszanki wielu kultur wprowadzali przybyłych wróżbici czytający przyszłość z dłoni i oczu oraz znachorzy, którzy za pomocą tajemniczych mikstur i ziół obiecywali nagłe wyzdrowienia. Akrobaci popisywali się swoją sprawnością, a kuglarze zadziwiali zręcznością i niezwykłymi sztuczkami. Bardowie i gawędziarze snuli wciągające opowieści i legendy, a mimowie przyciągali widzów pełnymi emocjonalnej ekspresji ruchami. Artyści muzyki gnawa[1] nisko brzmiącymi, rytmicznymi dźwiękami, które pełniły ważną funkcję w wielu rytuałach, w tym w przywoływaniu duchów, wprowadzali słuchaczy w hipnotyczny trans. Zaklinacze węży melodiami z piszczałek zachęcali niebezpieczne gady do miarowego kołysania się, a sprzedawcy szczęścia kusili raptowną odmianą losu.

1 Muzyka gnawa (gnaoua) wywodzi się z muzyki czarnoskórych niewolników subsaharyjskich i jest mieszanką dźwięków afrykańskich, berberyjskich i arabskich. Wierzy się, że muzyka gnawa i często towarzyszący jej taniec mają moc nawiązania kontaktu z dobrymi dżinami lub duchami zmarłych, które mogą wyleczyć chorobę o podłożu psychicznym, odpędzić zło, a nawet wykurować po ukąszeniu skorpiona.

Nagle rozległo się pukanie do drzwi. Klaudia otworzyła je i zobaczyła najprzystojniejszego mężczyznę, jakiego w życiu widziała.

– Dobry wieczór, jestem Raszid – przedstawił się, kierując w stronę Klaudii hipnotyzujące spojrzenie czarnych oczu. – Zapraszam cię na wycieczkę po moim pięknym Maroku.

Rozdział II

Sekrety Marrakeszu

Szeroka droga wiodła przez majestatyczne pasma gór Atlas. Raszid milczał, koncentrując się na prowadzeniu samochodu, a Klaudia obserwowała wyłaniające się zza kolejnych zakrętów potężne masywy górskie, które odcinały się malowniczo na tle błękitnego nieba. Wyniosłe grzbiety kojarzyły się jej z siłą i spokojem, a jednocześnie przywodziły na myśl nowe, fascynujące wyzwania. Jechała tak znikąd, donikąd, od siebie, do siebie, po siebie, po rytmy, po kolor, po słońce. Napawała się przestrzenią i przemierzanymi kilometrami nieznanego jej afrykańskiego lądu.

Raszid od pierwszych chwil zrobił na niej bardzo dobre wrażenie. Z wyjątkową sympatią wypowiadał się o ich wspólnych znajomych, Elizie i Salahu, oraz deklarował, że zabranie jej do Marrakeszu nie jest dla niego żadnym problemem.

– To dla mnie zaszczyt i przyjemność pokazać gościowi jedno z najbardziej atrakcyjnych miast w mojej ojczyźnie – zapewniał nieco kwieciście. – Cieszę się, że mój kraj wzbudził w tobie zainteresowanie i chęć lepszego jego poznania.

Umówili się, że wyjadą rano, bo droga z Agadiru do Marrakeszu mogła zabrać wraz z postojem nawet cztery godziny. Postanowili również, że zanocują w Marrakeszu, żeby mieć więcej czasu na zwiedzanie miasta.

Kiedy następnego dnia po wczesnym śniadaniu Klaudia wyszła przed hotel, Raszid już tam na nią czekał.

– Dzień dobry! – przywitał ją z miłym uśmiechem. – Jak samopoczucie przed podróżą?

– Dzień dobry! Znakomite. – Klaudia cieszyła się na ekscytującą wyprawę.

Raszid zabrał od Klaudii walizkę i włożył ją do bagażnika białej terenowej toyoty. Następnie otworzył drzwi samochodu od strony pasażera.

– Zapraszam! – Obrzucił Klaudię intrygującym spojrzeniem.

– Dziękuję. – Klaudia wsiadła do komfortowego pojazdu.

Ruszyli i zaczęli się przeciskać przez ulice miasta, na których ruch o tej porze był dość duży. Po kilkudziesięciu minutach dojechali do rogatek, na których stał patrol policji zatrzymujący niektóre samochody. Raszidowi udało się przejechać bez kontroli i po wjechaniu na autostradę dodał gazu, żeby nadrobić stracony w korkach czas.

– Może zatrzymamy się na kawę? – zaproponował w połowie drogi, widząc znak stacji benzynowej.

– Chętnie – Klaudia zgodziła się ochoczo.

Raszid zjechał z autostrady i zaparkował przed dużym przeszklonym budynkiem, gdzie znajdowały się sklep i kawiarnia. W środku było gwarno i tłoczno, bo grupy francuskich turystów z dwóch autokarów również zatrzymały się na krótki odpoczynek.

– Co sobie życzysz? Kawa? Herbata? – Raszid zapytał Klaudię, kiedy stanęli w dość długiej kolejce.

– Kawę poproszę.

– Chcesz do tego jakąś kanapkę? Albo croissanta? – Mężczyzna patrzył na prezentowaną w gablocie ofertę lokalu.

– Może być croissant.

– Którego wybierzesz?

– Chcę... – Klaudia powiodła wzrokiem po kilku rodzajach rogalików – ...tego z migdałami – zdecydowała po chwili.

– Dobrze. Jeszcze coś?

– Nie, dziękuję.

Mimo wielu turystów kolejka posuwała się bardzo szybko, ponieważ liczna obsługa błyskawicznie realizowała kolejne zamówienia. Raszid kupił dwie kawy, croissanta i kanapkę, a następnie skierował się do jednego z wolnych stolików.

– Z tego, co mówił Salah, zrozumiałem, że pierwszy raz jesteś w Maroku – zagaił, kiedy Klaudia usiadła naprzeciwko niego.

– Tak, to prawda.

– I jakie wrażenia?

– Niewiele do tej pory widziałam, ale zachód słońca nad oceanem... – Przypomniała sobie chowającą się za horyzontem, odbitą w wodzie i świecącą nieziemskim blaskiem ogromną kulę. – Wyjątkowe przeżycie...

– Zachód słońca... – powtórzył Raszid, lekko mrużąc powieki.

– A ty... – Klaudia nieco się zmieszała pod wpływem jego intensywnego wzroku. – Nie tęsknisz za Marokiem? Nie brakuje ci w Anglii słońca?

– Brakuje... – Mężczyzna zamyślił się na chwilę.

– Długo już tam mieszkasz?

– Parę lat...

– Chcesz zostać na stałe?

– Nie wiem, zależy, jak się wszystko ułoży... – Raszid odpowiedział wymijająco, po czym od razu zmienił temat. – Jak ci smakuje croissant?

– Bardzo dobry – odpowiedziała Klaudia i już więcej nie zadawała mężczyźnie zbyt osobistych pytań.

Po skończonym posiłku i zaopatrzeniu się w parę butelek wody wrócili do samochodu i ruszyli w dalszą podróż. Tym razem Raszid zabawiał Klaudię rozmową, opowiadając jej o swoim kraju.

– Słyszałaś o siedmiu patronach Marrakeszu? – zapytał, kiedy ponownie znaleźli się na autostradzie.

– Nie.

– To siedmiu świętych mężczyzn, marabutów[1], których groby od wieków odwiedzają tłumy wiernych.

– Dlaczego?

– Panuje przekonanie, że odwiedzenie ich grobowców może przyczynić się do uzdrowienia z chorób oraz pomóc w spełnieniu wszystkich życzeń i osiągnięciu wewnętrznego spokoju.

– Czym zasłużyli się ci mężczyźni?

– Wszyscy byli muzułmańskimi uczonymi oraz sufickimi[2] mistykami, ale każdy z nich wsławił się czym innym.

– To znaczy?

– Jeden z nich był pustelnikiem i ascetą, następny medykiem i jurystą, a jeszcze inny poświęcił swoje życie medytacjom... Wśród nich znalazł się też poeta i z nim związana jest historia miłosna... To była prawdziwa miłość...

Klaudia odwróciła głowę w stronę Raszida, bo ostatnie słowo zabrzmiało w jego ustach szczególnie. Niosło w sobie utkaną z marokańskich nitek subtelną tajemnicę, której strzegły przesuwające się za oknem pasma majestatycznych gór. Mężczyzna spojrzał szybko na zaintrygowaną Klaudię i podjął opowieść.

[1] Marabut – termin używany w Afryce Północnej na określenie muzułmańskiego świętego. Marabutem można było zostać z racji swojej pobożności, praktyk ascetycznych, rozległej wiedzy, mocy czynienia cudów lub śmierci w świętej wojnie.

[2] Sufizm – prąd mistyczny w islamie łączący się z ascetyzmem oraz ze społecznym ruchem ludowym. Różne jego nurty czerpały też z obcych wpływów: chrześcijańskich, zaratusztriańskich, hinduskich i buddyjskich.

– Pewnego razu Sidi Al-Suhayli[1], bo tak nazywał się ten poeta, zobaczył jadącą konno nieznaną mu kobietę. Mimo że nieznajoma miała zakrytą twarz, to wydała mu się nieskończenie piękna i od razu zapałał do niej gorącą miłością. Jego uczucie było tak silne, że wyznał kobiecie, iż nieodwzajemniona miłość może doprowadzić go do śmierci. Pod wpływem jego żarliwych słów kobieta obiecała mu, że następnego dnia wróci w to samo miejsce. Sidi Al-Suhayli wyczekiwał swojej ukochanej, a kiedy nazajutrz ponownie ją zobaczył w unoszących się obłokach pyłu, poprosił ją o pokazanie twarzy.

Raszid nagle przerwał, a Klaudia z niecierpliwością czekała na dalszą część historii, bo była ciekawa, czy kobieta odpowiedziała uczuciem na poryw serca poety. Jak trudna i bolesna może być nieodwzajemniona miłość? – zastanawiała się, obserwując zadumanego Raszida. A może on też zaznał cierpkiego smaku niespełnionej miłości? – przeleciało jej przez głowę, gdy mężczyzna nie podejmował opowieści.

– I co było dalej? – zapytała Klaudia, kiedy milczenie się przeciągało.

– Dalej… – Minęła dłuższa chwila, zanim Raszid otrząsnął się ze swoich myśli. – Nieznajoma nie uniosła zasłony, tylko zapytała Sidi Al-Suhayliego, czy potrafi grać na jakimś instrumencie. Poeta wziął więc lutnię i przy jej akompaniamencie zaczął śpiewać swoim cudownym głosem liryczne pieśni. Z oczu wzruszonej do głębi kobiety popłynęły łzy… A później bez słowa odjechała…

Cisza ponownie zaległa w samochodzie.

– I to był koniec miłości? – Klaudia przerwała ją pytaniem.

– Nie… – odpowiedział Raszid. – Zakochany poeta każdego dnia przybywał w to samo miejsce, żeby przy rzewnych

[1] Właściwie Sidi Abu al-Qasim Abd al-Rahman.

dźwiękach lutni rozpaczliwie przywoływać ukochaną swoim śpiewem.

– I udało mu się?

– Tak, ale kiedy nieznajoma kobieta pojawiła się po raz kolejny, to wyszła na jaw straszliwa prawda.

– Jaka prawda?

– Poeta wziął w ramiona swoją ukochaną i zdał sobie sprawę, że jest ona chora na trąd...

Klaudia odruchowo się wzdrygnęła.

– To jednak nie podważyło głębokiego i szczerego uczucia Sidiego Al-Suhayliego do swojej wybranki. – Raszid kontynuował przejmującą historię. – Patrząc jej prosto w oczy, zapewnił, że nic nie jest w stanie zgasić jego wielkiej miłości. Nawet trąd...

– Piękna miłość... – szepnęła Klaudia.

– Prawdziwa... Najprawdziwsza... – Raszid nieznacznie zniżył głos. – Zostali razem... Poeta troszczył się o nią i czule opiekował aż do jej śmierci... Wtedy zamieszkał pod drzewem, a niezwykła miłość, której dane mu było doświadczyć, wzbogaciła w znaczącym stopniu jego mistyczne nauki.

Cisza, która znowu zapanowała, nie była ciszą, tylko pełną emocji baśnią o miłości bezwarunkowej, nieskończonej, dozgonnej. Miłości, która nie wątpi, nie pyta, nie ginie. Rozwija duchowo, zabiera w przestworza, ku górze, wciąż wyżej i wyżej... Do szczęścia, do dobra, do ciepła, do pełni... Najpełniejszej pełni. Doskonałości zaklętej w dwóch złączonych duszach.

To niebo... Takie niebieskie... – myślała Klaudia, patrząc na całkowicie bezchmurny nieboskłon. Niebieskością doskonałą namalowane...

– Słyszałem, że w Marrakeszu chcesz odwiedzić Ogród Majorelle? – Raszid odezwał się pierwszy.

– Tak, Eliza pokazywała mi jego zdjęcia i od tego czasu zawsze marzyłam, żeby go zobaczyć.

– To już niedługo spełnisz to marzenie. – Raszid uśmiechnął się, odwracając na moment głowę w stronę Klaudii. – Tylko ostrzegam, że mogą tam być bardzo długie kolejki po bilety.

– Trudno, to tylko świadczy o tym, że ogród wart jest obejrzenia.

– W mieście jest całe mnóstwo miejsc wartych odwiedzenia – stwierdził mężczyzna. – Przecież w przeszłości Marrakesz był stolicą wielkich imperiów[1].

– Czytałam wczoraj o placu Dżami al-Fana, zwanym „placem cudów", który wydaje mi się absolutnie niezwykły – powiedziała Klaudia. – Mam nadzieję, że tam też się wybierzemy.

– Oczywiście, gdzie tylko chcesz – zapewnił Raszid.

– Eliza kiedyś mówiła mi, że Marrakesz to „czerwone miasto" – przypomniała sobie Klaudia.

– Tak, stare mury wzniesiono z materiału, w skład którego wchodziła przede wszystkim czerwona glina, stąd ten bardzo charakterystyczny kolor.

Zadzwonił telefon i Klaudia spojrzała na ekran.

– To Eliza – powiedziała, zanim odebrała. – Halo!

– Cześć!

– Cześć!

– Dzwonię, żeby zapytać, czy Raszid już się z tobą kontaktował.

– Tak, właśnie z nim jadę i niedługo będziemy w Marrakeszu.

– Naprawdę? – ucieszyła się Eliza. – Mówiłam ci, że to świetny facet i można na nim polegać.

– Tak, fajny jest – przyznała Klaudia.

[1] Marrakesz – założony w latach 1070–1072 przez dynastię Almorawidów (żyjących na pustyni Berberów, rdzennej ludności Afryki Północnej) swoją świetność osiągnął za panowania Almohadów, kiedy był stolicą imperium ciągnącego się od wybrzeży Oceanu Atlantyckiego po Trypolitanię, a później w XVI wieku za panowania Sadytów, których imperium rozciągało się od południowej Portugalii aż do Timbuktu w Mali.

– Pozdrów go ode mnie.

– Dobrze. Pozdrowienia od Elizy. – Klaudia zwróciła się w stronę Raszida.

– Dziękuję. Ja też ją pozdrawiam – odwzajemnił się mężczyzna.

– Raszid cię pozdrawia – przekazała Klaudia.

– Dziękuję, to już wam nie przeszkadzam. Miłej wycieczki.

– Dzięki, do usłyszenia.

– Do usłyszenia.

Klaudia się rozłączyła i wróciła do obserwowania krajobrazu za oknem, gdzie co jakiś czas przesuwały się zlewające się z otoczeniem niewysokie mury w kolorze ochry, które okalały proste domostwa o tej samej barwie.

– Wszystko czerwone... – zauważyła Klaudia.

– Te wioski również zbudowano z czerwonej gliny z niewielką domieszką żwiru i słomy – wyjaśnił Raszid. – Chociaż jeśli chodzi o sam Marrakesz, to istnieje legenda, która mówi o rzece krwi przelanej w straszliwych walkach między założycielami miasta a innymi plemionami berberyjskimi. Krwi, której było tak dużo, że wszystkie mury, domy i drogi przybrały jej barwę... Niektórzy uważają nawet, że plac Dżami al-Fana pełen był zatkniętych na dzidach odciętych głów wodzów wrogich plemion.

– Mroczne tajemnice Marrakeszu... – skwitowała Klaudia, a Raszid zerknął na nią z zagadkowym uśmiechem.

Samochód zbliżał się do miasta i Klaudia zwróciła uwagę na dość chaotycznie rozsiane na czerwonawej ziemi wysokie palmy daktylowe, które dopełniały krajobrazu.

– Zawsze myślałam, że takie palmy uprawia się w gajach. – Klaudię zastanowiły dość duże odległości między pojedynczymi lub skupionymi w zaledwie po kilka sztuk drzewami.

– To prawda, ale uważa się, że te palmy zostały rozsiane przez Berberów, którzy tu kiedyś koczowali, jedli daktyle i wypluwali dookoła siebie pestki.

– Aha... – Klaudia doceniała, że Raszid stara się jak najwięcej powiedzieć jej o swoim kraju.

Nie minął kwadrans, kiedy wjechali do Marrakeszu, gdzie na ulicach, oprócz samochodów i motocykli, dużo było osiołków i mułów, które ciągnęły wozy załadowane różnymi towarami. Miasto charakteryzowała bujna zieleń licznych parków i ogrodów oraz kolor ochry, który miały nawet nowe, współczesne budynki.

– Rzeczywiście całkowicie czerwone miasto... – przyznała Klaudia.

– To wynik obowiązującego prawa, które wymaga, żeby wszystkie domy, włączając nowoczesne wille i apartamentowce, malowano na ten kolor. – Raszid od razu pospieszył z wyjaśnieniem.

– I dzięki temu Marrakesz zachował swój niepowtarzalny charakter. – Klaudia chłonęła wyjątkową atmosferę miasta.

– To prawda... – Raszid wjechał w uliczkę, przy której stało dużo autokarów i samochodów. – Czyli teraz spełniamy marzenia i idziemy do Ogrodu Majorelle?

– Tak. – Klaudia odwdzięczyła się szerokim uśmiechem.

Po zaparkowaniu auta Raszid z Klaudią przeszli wzdłuż długiego muru, na którym widniała ciemnoniebieska tabliczka z wypisaną białymi literami nazwą ulicy w językach arabskim i francuskim – Rue Yves Saint Laurent. Tak jak zapowiadał Raszid, chętnych do obejrzenia słynnego ogrodu było dużo i do kasy stała długa kolejka.

– Poczekaj tu chwilę, a ja zobaczę, co się da zrobić – powiedział Marokańczyk, po czym oddalił się w stronę wejścia.

Klaudia została sama i na chwilę lekko zadarła głowę, bo wyłaniające się zza ceglastego muru wierzchołki egzotycznych roślin dawały przedsmak wizyty w słynnym ogrodzie.

Trudno się dziwić, że ciągną tu takie tłumy, pomyślała, patrząc na przemierzających ulicę ludzi różnych narodowości.

W pewnym momencie jej uwagę przyciągnął zaprzężony w dwa konie, gniadego i białego, wystawny powóz ze składaną budą, która rozłożona mogła chronić pasażerów przed słońcem i wiatrem. Koła z tyłu były większe od przednich, obite bordowym aksamitem siedzenia wyglądały na niezwykle wygodne, a iskrzące się ozdobne elementy w kolorze złota odbijały promienie słoneczne. Bajkowy pojazd zachęcał do niecodziennej przejażdżki i Klaudia zastanawiała się, czyby się na nią później nie skusić. Nagle poczuła silną rękę, która mocnym ruchem chwyciła jej dłoń.

– Chodź! – Raszid pociągnął Klaudię w stronę rajskiego ogrodu.

Szybkim krokiem minęli czekających w kolejce turystów i niezatrzymywani przez strażnika przekroczyli bramę Ogrodu Majorelle.

– Jak to załatwiłeś? – zapytała Klaudia, ale Raszid zamiast odpowiedzi tylko lekko się uśmiechnął.

Przystanęli na niewielkim patio, gdzie wzrok skupiała znajdująca się na środku wyszukana, kwadratowa fontanna, w której wykorzystano techniki układania marokańskiej mozaiki, a większość elementów wyróżniała się słynnym kolorem blue Majorelle.

– Cudny kobaltowy! – Klaudię ogarnął nieukrywany zachwyt, który towarzyszył jej już przez cały czas pobytu w ogrodzie.

Raszid puścił dłoń Klaudii, ale kiedy spacerowali zacienionymi alejkami, zawsze trzymał się bardzo blisko niej. W ogrodzie, pełnym wspaniałych, pyszniących się różnymi odcieniami zieleni roślin oraz fontann i zbiorników wodnych, panował specyficzny, kojący mikroklimat. Z patio Raszid z Klaudią zeszli na dróżkę, przy której królował gaj bambusowy. Przebijające się przez pędy słońce grało światłem, tworząc na ścieżce o barwie ochry i na stojących na niej pękatych, niebieskich i żółtych donicach oryginalne, czasami nieco rozmyte, jasne wzory. Wędrowali wolno wśród egzotycznej zieleni, podziwiając kolejne odsłony stworzonego przez wybitnych artystów ogrodu. Niezależnie od tego, na czym Klaudia na dłużej zatrzymała swój wzrok, to zawsze odnosiła wrażenie, że patrzy na dzieło malarza geniusza. Różne gatunki roślin tworzyły ze sobą niepowtarzalne kompozycje, a gra świetlnych refleksów, cieni i półcieni dodawała całości nuty ekscytującej tajemniczości.

– Stańmy tu na chwilę – poprosiła Klaudia, muskając przy tym delikatnie dłoń Raszida.

Na następnym patio duża fontanna, cała w kolorze blue Majorelle, zapraszała do chwili wytchnienia szemrzącą łagodnie wodą. W jej tle widoczne były maczugowate, wysokie kaktusy, które świetnie współgrały z pierzastymi, rozłożystymi krzewami, pniami i pióropuszami strzelistych palm, seledynem drobnych liści drzew oraz ciemnoróżowymi kwiatami bugenwilli, które oplatały pnie i elementy architektury ogrodowej. W górze rozlegał się melodyjny śpiew ptaków, które niezwykle wyrazistymi, wysokimi dźwiękami potęgowały panujący wkoło rajski nastrój.

– Pięknie tu – szepnęła Klaudia.

– Piękna – szepnął Raszid, mierząc Klaudię olśnionym wzrokiem od stóp do głów.

Poszli dalej, zatrzymując się na chwilę przy basenie z roślinnością wodną, wśród której dominowały kwitnące na biało nenufary. Ich duże zielone liście pływały po powierzchni wody, a w prześwitach odbijały się rośliny, które rosły przy niebieskich krawędziach zbiornika. Dalszy spacer pozwolił Klaudii podziwiać w innych akwenach azjatyckie kwiaty lotosu i złote rybki, które podpływały tak blisko brzegu, jakby tylko czekały na spełnienie ukrytych życzeń oglądających ich ludzi.

Każdy zakamarek rozległego ogrodu oczarowywał żywymi barwami, światłem drgającym, migającym, cieniem sekretnym, dyskretnym, wodą szumiącą, mruczącą, ptaków świergotem, szczebiotem i trelem. Zadziwiały liczne odmiany fikusów, palm i kaktusów, kolekcja innych sukulentów, w tym agawy i aloesy, oraz hibiskusy i inne tropikalne kwiaty, bananowce, cyprysy, a także olbrzymie paprocie.

Uznanie wywoływała zbudowana przez Jacques'a Majorelle willa w stylu mauretańskim z elementami art déco, której zewnętrzne ściany zdobił charakterystyczny dla artysty kolor kobaltowoniebieski oraz biało-żółte dekoracje inspirowane tradycyjnymi marokańskimi zdobieniami. W budynku kiedyś znajdowała się pracownia artystyczna malarza, a aktualnie mieściło się w nim Muzeum Berberyjskie, gdzie zgromadzono orientalne stroje, dywany, broń i ceramikę. Klaudia z zainteresowaniem obejrzała wystawioną tam również ciężką, wspaniałą biżuterię wysadzaną dużymi, kolorowymi kamieniami, której piękno uwypuklał ciekawy sufit w postaci rozgwieżdżonego nieba.

– Chodźmy teraz do rawaq al-hubb[1] – zaproponował Raszid, kiedy opuścili muzeum.

– Słucham? – Klaudia nie zrozumiała.

– Sama zobaczysz – odpowiedział Raszid i poprowadził ją do zakątka, w którym na ścianie znajdowała się tablica ze szczególnym napisem.

– *Galerie love* – przeczytała Klaudia.

– Rawaq al-hubb – przeczytał Raszid po arabsku.

[1] Rawaq al-hubb (arab.) – galeria miłości.

W niewielkim pomieszczeniu wyeksponowano stworzone przez Yves'a Saint Laurenta techniką kolażu plakaty, które łączył wspólny tytuł *LOVE*. Projektant wysyłał je jako życzenia noworoczne do przyjaciół i ważnych klientów swojego domu mody. Klaudia z Raszidem podchodzili do kolorowych kolaży, na których w różnych formach przewijało się słowo *love*.

– Hubb... – cicho powiedział Raszid – po arabsku znaczy „miłość".

– Hubb... – powtórzyła Klaudia ściszonym głosem.

Na koniec poszli obejrzeć prosty w formie pomnik poświęcony pamięci Yves'a Saint Laurenta, który składał się z fragmentu rzymskiej kolumny pochodzącej z jego domu w Tangerze ustawionej na niewielkim postumencie w kolorze ochry. Rozmieszczone w czterech rogach podstawy soczyście zielone kwiaty w doniczkach wspaniale komponowały się z otoczeniem i podkreślały miłość projektanta do swojego ogrodu.

– Podobało ci się? – Raszid zapytał Klaudii, kiedy skierowali się w stronę wyjścia.

– Bardzo – odpowiedziała całkowicie oczarowana artystyczną oazą egzotycznej zieleni.

– To się bardzo cieszę. – Z twarzy mężczyzny biło niekłamane zadowolenie.

Po opuszczeniu ogrodu udali się w kierunku samochodu, ale po drodze Raszid zauważył, że Klaudia z ciekawością spogląda na czekający na turystów okazały powóz, zwany w Maroku z francuskiego *calèche*[1].

– Mała przejażdżka? – zaproponował Raszid.

[1] *Calèche* (fran.) – rodzaj fantazyjnego powozu konnego, który był popularny w dziewiętnastowiecznej Francji jako środek transportu wykorzystywany najczęściej podczas letnich podróży. Maroko w latach 1912–1956 znajdowało się pod protektoratem Francji, w związku z czym do dzisiaj widoczne są w tym kraju wpływy francuskie.

Zaskoczona nagłą propozycją Klaudia nie zdążyła odpowiedzieć, gdy Raszid zamienił kilka słów z woźnicą, a później szerokim gestem wskazał na bordowe siedzenia i pomógł jej wspiąć się na powóz. Kiedy Klaudia zajęła miejsce, mężczyzna usiadł obok niej, po czym dał znak powożącemu, że może ruszać. Woźnica sprawnie wyprowadził pojazd konny z zatłoczonej ulicy, a następnie powiózł ich wiekowymi ulicami Marrakeszu.

Stuk, puk, stuk, puk, stuk, puk, rozlegał się miarowy stukot końskich kopyt po asfalcie.

Raszid siedział tak blisko Klaudii, że jego muskularne ramię dotykało jej ręki, wywołując falę oblewającego ją miłego ciepła. Czuła przyjemne podekscytowanie, mając u swojego boku wyjątkowo atrakcyjnego mężczyznę, który przy tym starał się zapewnić jej ciekawe spędzenie czasu. Raszid co chwilę zerkał na Klaudię i od razu spostrzegł, kiedy dłużej zatrzymała wzrok na wznoszącej się wysoko ponad koronami drzew i pióropuszami palm kwadratowej wieży.

– To minaret Meczetu Księgarzy – pospieszył z wyjaśnieniem. – Budowla pochodzi z dwunastego wieku i jest jednym z najstarszych zabytków Marrakeszu.

– Skąd taka nazwa?

– Związana jest ze sprzedawcami rękopisów, którzy kiedyś rozkładali obok meczetu swoje stragany.

– Rozumiem. – Klaudia odwróciła głowę, aby dobrze przypatrzyć się wspaniale ozdobionemu, wznoszącemu się ku niebu minaretowi.

Kiedy wieża zniknęła z jej pola widzenia, Klaudia zajęła się obserwowaniem marrakeszańskiej ulicy. Kobiety zazwyczaj nosiły długie, luźne, kolorowe dżellaby i głowy zakrywały hidżabami, a mężczyźni ubrani byli w europejskie stroje lub męskie dżellaby o stonowanych kolorach. Turyści z plecakami, ze wzrokiem wbitym w mapy, szukali najsłynniejszych punktów miasta. Samochody i motory hałaśliwie mijały zaprzężony w dwa konie powóz. Niewielkie sklepiki oferowały całą gamę towarów, a przy małych stolikach wystawionych przed kafejkami Marokańczycy popijali bardzo słodką miętową herbatę lub mocną kawę. I wszędzie dominował kolor ochry, który miały również kilkusetletnie, potężne mury obronne okalające starą medynę.

– Spójrz, to brama Bab Agnaou. – Raszid pokazał Klaudii bramę z kamienia wyróżniającą się na tle zbudowanych głównie z gliny historycznych murów. – Uważa się, że jest to najpiękniejsze wejście do medyny.

– Rzeczywiście jest imponująca. – Klaudia powiodła wzrokiem po wykutych w kamieniu bogatych zdobieniach, które tworzyły różnej wielkości łuki nad wejściem z gliny w kształcie podkowy. Przestrzeń między górną krawędzią i narożnikami a największym łukiem wypełniały wzory kwiatowe. – Wspaniałe ornamenty – pochwaliła.

– Kiedyś brama prowadziła do siedziby sułtana, w związku z czym musiała być jak najbardziej reprezentacyjna – stwierdził Raszid.

– A tu są jeszcze dwie bramy – zauważyła Klaudia, patrząc na sąsiadujące z Bab Agnaou proste otwory w formie podków.

– Mury otaczające medynę mają kilkanaście kilometrów, więc i bram jest prawie dwadzieścia. – Raszid chciał się jak najlepiej wywiązać z roli przewodnika swojego gościa.

Klaudia usiłowała przez położone tuż obok siebie wejścia sięgnąć wzrokiem w głąb najstarszej części miasta, korzystając z wolnej jazdy *calèche*.

– Posłuchaj… – Raszid odezwał się po chwili.

– Tak? – Klaudia zwróciła twarz w stronę mężczyzny.

– Skoro już tutaj jesteśmy, to może...

– Może... – Klaudia lekko się uśmiechnęła.

– Pomyślałem o hotelu... – Raszid przeszył Klaudię magnetycznym spojrzeniem. – Powiedziałaś, że chcesz zobaczyć plac Dżami al-Fana, a to miejsce ożywa tak naprawdę dopiero późnym wieczorem i nocą.

– Czytałam o tym – przyznała Klaudia.

– Najlepiej więc przenocować w jakimś dobrym riadzie położonym w medynie blisko placu – stwierdził Raszid.

– Riadzie? Co to jest riad? – chciała wiedzieć Klaudia.

– To typowy marokański dom z wewnętrznym dziedzińcem – wyjaśnił Raszid. – Zazwyczaj posiada dwie kondygnacje zbudowane wokół patio, a na samej górze rozległy taras. Teraz w wielu z nich funkcjonują hotele, i to o bardzo wysokim standardzie, więc jeżeli tylko któryś z nich będzie ci odpowiadał...

– Zdaję się na ciebie...

– W takim razie proponuję, żebyśmy już teraz obejrzeli jeden czy dwa riady, bo do medyny i tak nie wjadę samochodem, a powóz może nas kawałek podwieźć.

– Dobrze – zgodziła się Klaudia.

– Ale będziemy musieli jeszcze trochę przejść pieszo – uprzedził Raszid.

– Nie ma problemu. – Klaudia traktowała całą wyprawę jak fantastyczną przygodę.

Raszid powiedział coś po arabsku do woźnicy, który kiwnął twierdząco głową, a następnie zawrócił konie, aby wjechać do medyny przez jedną z dopiero co oglądanych bram. Przy rytmicznym stukocie końskich kopyt Klaudia przeniosła się w wiekową część miasta jak do zaczarowanej krainy. Ciągnące się wzdłuż ulicy niewysokie budynki w blasku słońca przybierały odcień brudnoróżowy wpadający nieco w łososiowy. Część znajdujących się na parterze straganów była otwarta i klienci odchodzili od nich z torbami pełnymi zakupów.

– Większość mieszkańców medyny nigdy nie przekracza jej murów, żeby wyjść na zewnątrz. – Raszid podzielił się z Klaudią następną istotną informacją.

– Czyli całe życie spędzają tutaj? – zdziwiła się.

– Tak. Tu się rodzą, chodzą do szkoły, pracują, zawierają związki małżeńskie...

– I rzeczywiście znajdują tu wszystko, co jest im potrzebne do życia?

– Tak – przyznał Raszid. – Mają tu meczety, szkółki koraniczne, przedszkola i szkoły, stragany, gdzie mogą kupić dosłownie wszystko, zakłady rzemieślnicze z najróżniejszymi wyrobami, łaźnie, piekarnie, restauracje, apteki z ziołami i lekami, fryzjerów, a w razie potrzeby lekarzy i dentystów...

Mężczyzna przerwał, bo woźnica zatrzymał konie i rzucił w jego stronę kilka arabskich słów.

– Dalej już nie wjedziemy – oznajmił Raszid. Wysiadł i podał Klaudii rękę. – Chodź – powiedział z czarującym uśmiechem, delikatnie ujmując jej dłoń.

Klaudia z pomocą mężczyzny zeszła z powozu, po czym podążyła za nim wąskimi uliczkami starej medyny.

– Tutejsi mieszkańcy żyją tak jak ich przodkowie. – Raszid kluczył w labiryncie ciasnych uliczek. – Ale tradycyjne domy są też bardzo popularne wśród cudzoziemców i wielu Francuzów, Amerykanów, Anglików i Niemców kupuje tu riady.

– Ciekawe, ile kosztują? – Klaudia starała się dotrzymać kroku Raszidowi.

– To zależy. – Mężczyzna trochę zwolnił, żeby Klaudia mogła go dobrze słyszeć. – Jeśli riad jest dobrze położony, o dużej powierzchni, odrestaurowany, ładnie udekorowany, a rozległe patio ozdabiają cytrusy, jaśminy, bugenwille i bielunie, to cena może dochodzić nawet do pół miliona euro.

– Ile?! – Klaudia była zdumiona tak wysoką sumą.

– Pół miliona euro i więcej... – Raszid zatrzymał się i odwrócił tak raptownie, że Klaudia wpadła wprost w jego ramiona. – A czemu pytasz? – Spojrzał jej prosto w oczy. – Zamierzasz tu zamieszkać?

– Nie. – Klaudia poczuła ogarniające ją gorąco. – Tak tylko pytam...

Przez chwilę stali blisko siebie bez słowa, po czym mężczyzna powoli odsunął się i ruszył dalej.

– Jeżeli riad posiada dobrze zachowane oryginalne elementy, na przykład drewniane, bogato zdobione sufity lub drzwi albo tradycyjną łaźnię, hammam, to może zostać sprzedany i za sześćset pięćdziesiąt tysięcy euro – kontynuował Raszid.

– Olbrzymia suma – stwierdziła Klaudia.

– To prawda, ale zazwyczaj traktuje się ją jako inwestycję, bo w takich riadach urządza się dobrze prosperujące hotele i restauracje. Oczywiście na własne potrzeby można kupić coś mniejszego i tańszego... – Raszid skręcił w kolejną ciasną uliczkę. – Za dwieście czy trzysta tysięcy euro...

– To i tak bardzo dużo – wyraziła swoje zdanie Klaudia. – Nigdy nie sądziłam, że domy w starej arabskiej medynie mogą być tak drogie.

– Niestety są...

Po paru minutach marszu mężczyzna stanął przed białymi, ozdobionymi czarnymi ćwiekami i zakończonymi łukiem drewnianymi drzwiami, które prowadziły do jednego z riadów.

– Jesteśmy na miejscu – zwrócił się do Klaudii. – Rozejrzyj się i powiedz mi, co myślisz. Jeżeli ci się spodoba i będą wolne miejsca, to możemy tu przenocować.

Weszli do środka i Klaudii zaparło dech w piersiach. Czerwony dywan w korytarzu prowadził od drzwi do bogato urządzonego patio. Po prawej stronie znajdowała się recepcja, której przód wyłożony był misterną mozaiką. Zwisająca z sufitu w holu orientalna lampa z patynowanej blachy oraz kolorowego szkła witrażowego z ornamentem tworzyła niezwykłe efekty świetlne. Ściany patio zdobił mocny kolor ochry oraz portrety Marokańczyków ubranych w tradycyjne stroje i obrazy przedstawiające stary Marrakesz. Wzdłuż ścian stały drewniane, kunsztownie rzeźbione meble z miękkimi, bordowymi siedzeniami i poduszkami w takim samym kolorze. Stoliki zdobiły serwety o barwie ochry i szklane wazony z czerwonymi różami, którym uroku dodawały palące się wokół nich świeczki. Zieleń palm i cytrusów gustownie przełamywała czerwonawą poświatę, a rozłożone na posadzce puszyste dywany i stojące, wyszukane świeczniki, na których migotały płomienie świeczek, ocieplały wnętrze.

– Z górnego tarasu rozciąga się wspaniały widok na Marrakesz – recepcjonista zachęcał potencjalnych gości. – Można też skorzystać z położonego tam basenu.

– Co sądzisz? – Raszid odwrócił się w stronę Klaudii. – Możemy się tu zatrzymać?

– Jak najbardziej – odpowiedziała oczarowana marokańskim riadem.

– Czy są dwa wolne pokoje? – Raszid zapytał recepcjonisty.

– Zaraz sprawdzę. – Mężczyzna spojrzał na ekran komputera. – Na ile nocy?

– Jedną. – W głosie Raszida zabrzmiała nutka żalu. A może Klaudii tylko tak się wydawało.

– Tak, mamy dwa pokoje.

– To świetnie. – Raszid wyjął dokument tożsamości i podał go pracownikowi hotelu. – Weźmiemy je.

– Witamy w naszym riadzie. – Twarz recepcjonisty rozciągnęła się w szerokim uśmiechu. – Madame, poproszę paszport – powiedział do Klaudii, która od razu sięgnęła do torebki.

– Proszę. – Podała potrzebny dokument.

– Dziękuję. Proszę moment zaczekać i zaraz ktoś z obsługi zaprowadzi państwa do pokojów. – Recepcjonista zajął się dopełnianiem formalności.

– Chodź, usiądziemy na chwilę. – Raszid ruszył w stronę patio.

– Dobrze. – Klaudia do niego dołączyła.

Spoczęli na miękkiej sofie, a Klaudia nadal wodziła wzrokiem po dekoracyjnych elementach architektonicznych riadu: większych i mniejszych kolumnach, artystycznie wykończonych łukach, misternych ażurowych przepierzeniach oraz mozaikach zdobiących schody, które prowadziły na wyższe kondygnacje.

– Cieszę się, że ten hotel ci odpowiada. – Raszid dostrzegł jej zadowoloną minę.

– Miałeś rację, że jeśli zatrzymać się w Marrakeszu, to tylko w riadzie.

Widać było, że stwierdzenie Klaudii sprawiło mężczyźnie wyraźną satysfakcję.

– Może po prostu zostań już tutaj i odpocznij, a ja pojadę po samochód i nasze bagaże – zaproponował.

– Sam będziesz wracał?

– Nie widzę w tym żadnego problemu – zapewnił Raszid.

– A jak tu dostarczysz walizki? – stropiła się Klaudia. – Te uliczki są takie wąskie…

– To już moja w tym głowa, jak to zrobić. – W oczach Raszida pojawiły się wesołe iskierki. – Nie kłopocz się tym.

Podszedł do nich mężczyzna z hotelowej obsługi.

– Zapraszam państwa na górę. – Gestem wskazał schody.

– Proszę zaprowadzić madame do jej pokoju, a ja przyjdę później. – Raszid podniósł się z sofy. – Do zobaczenia wkrótce – powiedział na pożegnanie i zanim Klaudia zdążyła coś powiedzieć, zniknął w drzwiach wyjściowych.

Klaudia pomyślała, że w gąszczu tysiąca uliczek rozległej, wiekowej medyny sama nie potrafiłaby odnaleźć drogi do którejkolwiek z jej bram.

– Madame... – Mężczyzna znacząco zabrzęczał kluczami.

– Tak, już idę. – Klaudia wstała i udała się za nim na górną kondygnację.

W przytulnym pokoju, do którego drzwi otworzył jej mężczyzna, naczelne miejsce zajmowało duże łoże z komfortowym nagłówkiem. Mleczne klosze lampek stojących na nocnych szafkach po obu jego bokach rozpraszały światło odbijające się fantazyjnymi refleksami na lekko metalicznych, złotawych ścianach. Lejące się czerwone zasłony przystrajały zamknięte okno, które w razie potrzeby miało zapewniać dopływ świeżego powietrza z pełnego zieleni patio. Riady tradycyjnie nie posiadały okien wychodzących na ulicę, ponieważ w ten sposób chroniono prywatność rodzin, a przede wszystkim kobiet.

W pomieszczeniu szumiała klimatyzacja, która zapewniała przyjemny chłód. Na okrągłym stoliku z giętymi, rzeźbionymi nogami znajdowała się duża patera ze świeżymi pomarańczami, bananami i jabłkami. Ustawione obok niego dwa fotele obite pluszową tkaniną w kolorze brudnego różu zapraszały do spokojnego wypoczynku. Ściany ozdabiało kilka obrazów i największy z nich przykuł uwagę Klaudii. Podeszła bliżej, żeby mu się dokładnie przyjrzeć.

Płótno przedstawiało dwie kobiety w arabskich strojach, z których jedna nosiła czerwoną dżellabę i hidżab na głowie w tym samym kolorze, druga zaś ubrana była na niebiesko. Twarze obu kobiet zakrywała czarna zasłona, w związku z czym widać było tylko ich oczy. Rękawy dżellab miały podwinięte do łokci, ponieważ jedna z nich malowała na ręce tej drugiej wzory z henny[1]. Klaudię zaintrygował fakt, że zakryte kobiety roztaczały wokół siebie jakąś aurę pociągającej tajemniczości, a najmniejszy odkryty skrawek ich jedwabistego ciała wabił jak największy skarb.

Ciekawe, kto zamieszkiwał tu kiedyś? – zastanowiła się Klaudia, wyobrażając sobie dawne mieszkanki okazałego riadu.

Urzeczona arabską atmosferą tradycyjnego domu Klaudia postanowiła pójść na taras, żeby nacieszyć oczy widokiem historycznej medyny. Opuściła pokój i galeryjką otaczającą patio dotarła do schodów, po których weszła na najwyższy poziom hotelu. Taras urządzony był z takim samym przepychem jak cała reszta riadu. Na ozdobnej posadzce, którą pokrywały miejscami luksusowe dywany, porozstawiano w wielkich donicach zielone palmy, cytrusy, kaktusy i inne egzotyczne rośliny. Cień i ochronę przed słońcem mogły zapewnić albo duża przybudówka, do której prowadziły szerokie, otwarte wejścia zakończone łukami, albo strojny pawilon ogrodowy, na którego grubym i miękkim podłożu porozrzucano dużą ilość kolorowych poduszek. Umieszczony w rogu basen kusił błękitną wodą i wspaniałą panoramą Marrakeszu, która widoczna była w prześwitach między krawędziami podłużnych kawałków jasnego materiału rozwieszonych na ciągnącej się wokół jego brzegów metalowej konstrukcji ochronnej.

– Madame sobie czegoś życzy? – zapytał kelner, który pojawił się za Klaudią na tarasie.

– Może... – Klaudia zastanowiła się chwilę. – Poproszę świeżo wyciskany sok z pomarańczy.

– Coś jeszcze, madame?

[1] Henna – naturalny barwnik pozyskiwany z liści i pędów krzewu hennowego (lawsonii bezbronnej).

– Nie, dziękuję.

– Dobrze, madame. – Kelner opuścił taras, aby zrealizować zamówienie.

Klaudia usiadła przy nakrytym białym obrusem stoliku, na którym stał wazonik z kilkoma ciemnoróżowymi różami.

Pięknie pachną – przemknęło jej przez głowę, kiedy dotarł do niej intensywny aromat kwiatów.

Spojrzała na rozciągający się z tarasu widok rozległej medyny i spostrzegła znajdujący się w niewielkiej odległości charakterystyczny minaret Meczetu Księgarzy.

Plac Dżami al-Fana musi być całkiem blisko, skoro tak dobrze widać stąd minaret, pomyślała, bo wiedziała, że meczet położony jest tuż przy słynnym placu. Raszid wybrał uroczy i świetnie zlokalizowany riad... – uśmiechnęła się do siebie, czując rozczulające ciepło w całym sercu.

– Madame, proszę. – Kelner postawił na stoliku wysoką szklankę z sokiem z pomarańczy.

– Dziękuję. – Klaudia sięgnęła po sok i wypiła parę łyków. To był najsłodszy sok z pomarańczy, jaki kiedykolwiek miała w ustach.

Skierowała z powrotem wzrok na minaret, który uznawany był za arcydzieło architektury mauretańskiej. Wieżę ozdabiał krenelaż, czyli zwieńczenie murów w postaci zębów, pomiędzy którymi znajdowała się wolna przestrzeń. Pod nim biegł szeroki pas zielono-białych zdobień z fajansu. Minaret zwieńczał szpic w postaci czterech kul, które ułożono od największej do najmniejszej. Trzy kule były z miedzi, najmniejsza zaś ze szczerego złota. Legenda głosiła, że ostatnia kula została podarowana przez żonę kalifa Jakuba al-Mansura[1], która

[1] Jakub al-Mansur (1160–1199) – trzeci kalif Maroka z dynastii Almohadów. Meczet Księgarzy (meczet Kutubija) wzniesiono za jego rządów.

przetopiła na ten cel całą swoją złotą biżuterię. Wcześniej, podczas ramadanu[1], żona kalifa złamała post, spożywając kilka winogron, i jej złoty dar był rodzajem zadośćuczynienia za ten grzeszny uczynek.

Klaudia wstała od stolika i podeszła bliżej muru, aby dokładnie przyjrzeć się ciasnej zabudowie medyny oraz rysującym się w dali grzbietom Atlasu Wysokiego. Kontemplowała przez dłuższy czas ten widok, rozmyślając nad stuleciami bogatej historii miasta. Nagle poczuła za swoimi plecami czyjąś obecność. Obejrzała się szybko i zobaczyła wpatrującego się w nią Raszida.

W którąkolwiek stronę się odwrócę, tam zawsze jest on... – niespodziewana myśl wypłynęła z głębi duszy Klaudii.

– Czerwona perła rzucona na Atlas – powiedział Raszid i stanął koło Klaudii, dotykając jej ramienia.

– Czerwona perła?

– Tak jeden z arabskich poetów nazwał Marrakesz. – Raszid patrzył na rozwiewane przez wiatr blond włosy Klaudii.

– Ładnie... – Bliskość Raszida wywoływała u Klaudii nieznane jej dotychczas gwałtowne uczucia.

– Tak, ładna... Ładnie... – poprawił się Raszid.

Mężczyzna stał tak blisko, że Klaudia w pewnym momencie zapragnęła się do niego przytulić. Momentalnie się odsunęła, próbując zapanować nad żarliwymi emocjami. Raszid nie spuszczał z niej wzroku.

– Nasze bagaże są już w hotelu? – zapytała Klaudia, mając nadzieję, że jej głos brzmi normalnie.

– Tak, walizka stoi przed twoim pokojem.

– To pójdę się trochę odświeżyć. – Klaudia skierowała się w stronę schodów.

[1] Ramadan – dziewiąty miesiąc w muzułmańskim kalendarzu księżycowym. Ramadan jest również miesiącem postu – jednego z pięciu filarów islamu.

– Poczekaj! – Raszid ją zatrzymał. – Nie masz ochoty na obiad? Możemy teraz zamówić i zjeść na tarasie.

– Nie, dziękuję, w ogóle nie jestem głodna.

– W takim razie wieczorem zapraszam cię na kolację.

– Bardzo dziękuję.

– Oczywiście przedtem przejdziemy się po medynie i zobaczymy plac Dżami al-Fana.

– Świetnie.

– Chodź, pokażę ci, który pokój jest mój. – Raszid ruszył w stronę schodów. – Gdybyś czegokolwiek potrzebowała...

Zeszli na galeryjkę, gdzie Raszid pomógł Klaudii wnieść jej walizkę do pokoju.

– Ja mieszkam obok – powiedział, kiedy wychodził. – Gdybyś tylko... To jestem...

– Dziękuję. O której się spotkamy?

– O szóstej? Siódmej? Jak wolisz?

– Nie wiem, jak ty chcesz.

– To po prostu zapukaj do mnie, kiedy będziesz gotowa. Ja jestem – podkreślił.

– Dobrze. Do zobaczenia.

– Do zobaczenia.

Po otwarciu walizki i wyjęciu kilku niezbędnych rzeczy Klaudia poszła do łazienki wziąć prysznic. Pomieszczenie było niewielkie, ale ściany w kolorze ochry, miedziana umywalka, ozdobne, duże lustro, palące się świeczki i pachnące czerwone róże tworzyły miłą atmosferę. Klaudia z przyjemnością poddawała się ciepłym strugom wody, ponownie chwaląc w duchu Raszida za doskonały wybór hotelu.

Przed wieczorem Klaudia zrobiła staranny makijaż i założyła zwiewną białą sukienkę w kolorowe kwiaty. Odcięta pod biustem sukienka miała ciekawy krój, bo nakładające się na siebie warstwy materiału z przodu kończyły się nad kolanem, a z tyłu sięgały ziemi. Na koniec Klaudia pociągnęła usta delikatnym różowym błyszczykiem i skropiła się orientalno-kwiatowymi perfumami. Wyszła na galeryjkę i zapukała do pokoju Raszida, który prawie natychmiast jej otworzył.

– Pięknie wyglądasz. – Przywitał ją zabójczym uśmiechem.

– Dziękuję. Idziemy?

– Tak, idziemy. – Raszid opuścił swój pokój i zamknął za sobą drzwi.

Kiedy znaleźli się na uliczkach medyny, od razu wpadli w wir jej pulsującego o tej porze intensywnego życia. Mieszkańcy spieszyli się, załatwiając swoje codzienne sprawy, sprzedawcy pokrzykiwali w różnych językach, starając się zdobyć klientów, a oszołomieni ciągłym hałasem, mocnym zapachem przypraw, różnorodnością marokańskich towarów i feerią nasyconych barw turyści trzymali się w grupkach, żeby się nie zgubić w gąszczu wąskich uliczek. Raszid sprawnie lawirował w skomplikowanym labiryncie medyny, trzymając od czasu do czasu dłoń Klaudii, aby przeprowadzić ją przez szczególnie trudne odcinki albo zabrać ją z trasy właśnie przejeżdżającego turkoczącego skutera.

– *Balak!*[1]. *Balak!* – głośno krzyczeli poganiacze mocno objuczonych osiołków lub mułów, żeby utorować sobie drogę. Niekiedy taki sam okrzyk wznosili tragarze pchający obładowane wózki i Klaudia domyśliła się, w jaki sposób Raszid dostarczył ich bagaże do riadu.

W przemierzającym medynie tłumie wyróżniali się Marokańczycy ubrani w tradycyjne wełniane dżellaby w podłużne biało-czarne pasy z dużymi kapturami, którymi czasami zasłaniali sobie prawie całe twarze.

[1] *Balak!* (arab. dialekt) – tu: Uważaj!

– *No photo! No photo!* – można było usłyszeć, kiedy turyści kierowali swoje aparaty lub telefony w ich stronę lub w kierunku innych mieszkańców medyny.

– Dlaczego oni nie chcą, żeby im robić zdjęcia? – zaciekawiła się Klaudia.

– Z obawy przed złym okiem – wyjaśnił Raszid.

– Jak to?

– Później ci o tym opowiem – obiecał Raszid, bo w gwarnych, wąskich uliczkach trudno było rozmawiać.

Bogactwo towarów o różnych kształtach, fakturach i barwach wystawionych na straganach i drewnianych stelażach wysokości kilku metrów było tak duże, że Klaudia nie wiedziała, na czym dłużej zatrzymać swój wzrok. Wzorzyste dywany i kilimy, duże i małe torebki, wyszywane mieniącymi się cekinami dżellaby, wiklinowe kosze z błyszczącymi elementami, ozdobne marokańskie lampy z brązu i metalu, złota i srebrna biżuteria, materiały, chusty, nakrycia głowy, paski, sandały, kurtki, wyroby ceramiczne, dekoracyjne lustra i patery, imbryki do herbaty z ornamentami, drewniane pudełeczka i szkatułki z sekretnym zamknięciem, mocne perfumy i wonne olejki, stosy fig i daktyli, suszone owoce i kwiaty, orientalne słodkości, silne afrodyzjaki, magiczne przedmioty i mikstury potrzebne czarownikom, ustawione w efektowne kopce aromatyczne przyprawy – wszystko kusiło oryginalnością i egzotyką. I kolorami. Kolorowe były zarówno duże stożki aromatycznych przypraw, jak i tadżiny, czyli tradycyjne marokańskie gliniane naczynia do przygotowywania i podawania potraw. Kolorowe były wełniane nici, które wisiały na ścianach budynków w dzielnicy farbiarzy wełny, i kolorowe były babusze, to znaczy tradycyjne pantofle kapcie wykonane ręcznie z naturalnej skóry i upiększone ciekawymi wzorami oraz barwnymi koralikami. Fuksja, biały, różowy, czerwony, błękitny, fioletowy, lazurowy, zielony, żółty, karmazynowy, niebieski, limonkowy, kobaltowy, turkusowy, pistacjowy, szmaragdowy, liliowy, pomarańczowy, szkarłatny, rubinowy, szafranowy, złocisty... I dziesiątki innych. I wszystkie te kolory miały tak wiele odcieni, że Klaudia nie umiała ich nawet nazwać.

W pewnym momencie z minaretu rozległo się śpiewne nawoływanie muezina do modlitwy i w dwunastowiecznych murach, które w zależności od wysokości słońca mogły przybierać kolory ochrowy, czerwony, różowy, łososiowy albo szkarłatny, zabrzmiało ono zupełnie wyjątkowo.

Po długiej wędrówce w zatłoczonych uliczkach wrócili w okolice swojego riadu, a następnie doszli do placu Dżami al-Fana, gdzie dźwięki i zapachy medyny jeszcze bardziej się zintensyfikowały. Słychać było wielki gwar, rytmiczne bicie bębnów, brzęk grzechotek, wysokie zawodzenie piszczałek, brzęczenie tamburynów i przeciągłe śpiewy. Czarną jak smoła noc rozjaśniały jarzące się światła straganów, budek z sokami i jedzeniem oraz licznych restauracji. Nad placem unosiły się w górę smugi gęstego dymu, co przywodziło na myśl magiczne rytuały.

Raszid z Klaudią krążyli wolno, zatrzymując się co parę minut przy zgromadzonych w kręgu widzach, którzy z zainteresowaniem śledzili kolejne cuda słynnego placu. Tancerka w długiej błyszczącej sukni dawała popis tańca, a przy każdym energicznym ruchu jej bioder przepasana na nich chusta wydawała rytmiczny dźwięk metalowymi ozdobami w kształcie monet. Jej włosy całkowicie zakrywała czarna chusta, a twarz – czarna zasłona. Gęste frędzle kolorowego stroika na głowie nie pozwalały zobaczyć nawet jej oczu. Tancerka z ogromnym wdziękiem płynnymi ruchami rąk, zmysłowym falowaniem brzucha i seksownym zarzucaniem bioder czarowała widzów w rytm muzyki granej na żywo przez towarzyszący jej zespół.

– Świetna tancerka – wyraziła swoje zdanie Klaudia.

– To jest mężczyzna – sprostował Raszid.

– Co?!!! – wykrzyknęła Klaudia zupełnie zaskoczona.

– To jest mężczyzna – powtórzył Raszid, w co trudno było uwierzyć, bo nęcące drgania brzucha i bioder tancerza tak rozgrzały oglądających go mężczyzn, że przyłączyli się do niego w kusicielskim pląsie.

Klaudia jeszcze przez kwadrans podziwiała pełen niewymuszonej gracji taniec mężczyzny przebranego za kobietę, a później razem z Raszidem przeszła do następnego kręgu, gdzie pośrodku gawędziarz ze swadą opowiadał swoje historie. Starszy mężczyzna z siwą brodą, ubrany w brązową dżellabę z kapturem, w tradycyjnej, ręcznie dzierganej z kolorowej wełny czapce na głowie, podpierając się na turkusowej lasce, swoją ekspresywną opowieścią hipnotyzował nawet tych słuchaczy, którzy nie znali języka arabskiego. Umiejętnie modulował głos, otwierał szeroko oczy w przerażeniu lub zdziwieniu, zmieniał wyraz twarzy w ekspresyjnej mimice, robił pauzy, zatrzymując wzrok na stojących wkoło widzach, i żywo gestykulował jedną ręką, przykuwając nieustanną uwagę zgromadzonych.

Nazwa placu Dżami al-Fana oznaczała „zgromadzenie umarłych" i nawiązywała do targów niewolników i publicznych egzekucji, które odbywały się tu aż do dziewiętnastego wieku. Przez stulecia plac był również symbolicznym miejscem popularnej kultury marokańskiej, gdzie praktyka halqa, czyli gromadzenie się widzów w kręgu wokół gawędziarza, muzyka lub tancerza, łączyła, uczyła i bawiła zebranych widzów i słuchaczy. UNESCO w dwa tysiące pierwszym roku proklamowało przestrzeń kulturową placu jako Arcydzieło Ustnego i Niematerialnego Dziedzictwa Ludzkości. Każdego dnia w tym miejscu zbierają się widzowie, aby z uwagą wsłuchiwać się w przekazywane przez pokolenia gawędziarzy historie, które utrwalają tradycję i magię Maroka.

Raszid i Klaudia zostawili wciąż zapatrzoną w gawędziarza publiczność i ruszyli dalej. Tłum na placu gęstniał i trzeba się było przeciskać, żeby zobaczyć kolejne atrakcje. Wyszkolone przez swoich treserów małpy skakały, fikając koziołki. Berberka z zakrytą twarzą malowała henną na dłoni i przedramieniu turystki wymyślne kwiatowe wzory. Ubrani na czerwono akrobaci dawali pokaz sztuczek. Wróżbitka, przekładając karty, przepowiadała przyszłość zaaferowanej klientce. Grupki mężczyzn oferowały przechodniom zabawy zręcznościowe. Sprzedawcy ze straganów z jedzeniem zachęcali ślimakami w sosie czosnkowym. Z ust połykacza ognia ubranego w błyszczące szarawary buchały żółto-czerwone płomienie. Muzycy gnawa hipnotycznymi dźwiękami tradycyjnych instrumentów i monotonnym śpiewem wprowadzali słuchaczy w narkotyczny trans. Zaklinacze węży grali na długich piszczałkach i ruszali nimi, prowokując w ten sposób kobry do tańca z uniesionym tułowiem i rozłożonym kapturem.

– Madame! Madame! – Jeden z zaklinaczy węży podszedł do Klaudii z gadem w ręku, proponując założenie go jej na szyję.

– Nie! Nie! Nie chcę! – Klaudia przysunęła się do Raszida.

– Proszę się nie bać, madame! – Zaklinacz wyciągał ręce z długim wężem w jej stronę.

– Nie bój się. – Raszid objął na moment Klaudię. – Nic ci się nie stanie.

Zachęcony przez Raszida zaklinacz przewiesił przez szyję Klaudii węża z czarno-białym wzorem na grzbiecie.

– Aaaa! – krzyknęła Klaudia, kiedy grube cielsko długiego węża zaczęło się na niej wić.

Strach mieszał się u niej z podekscytowaniem, że przekroczyła własne granice lęku i doświadczyła czegoś nowego. Zaklinacz cały czas trzymał ciało węża w odległości kilkunastu centymetrów od jego głowy, jakby w ten sposób chciał chronić Klaudię przed ukąszeniem. W pewnym momencie chwycił gada bliżej głowy, pocałował go w nią, a następnie przyłożył na chwilę do czoła Klaudii.

– Madame! Pocałuj go! – Przybliżył głowę gada do jej ust. – To na szczęście.

Czy można pocałować węża na szczęście? Można. Klaudia pocałowała węża, a jego skóra była znacznie przyjemniejsza w dotyku, niż się wcześniej spodziewała.

Zadowolony zaklinacz, szczerząc zęby w uśmiechu, zdjął węża z szyi Klaudii. Raszid wręczył mu kilka zwiniętych banknotów. Szczęście kupione za kilkadziesiąt dirhamów.

Klaudia stała nieruchomo porażona mocnym przeżyciem. Patrzyła na tańczące tuż obok niej kobry i wijące się splątane węże.

– Chodź. – Raszid ponownie objął Klaudię i poprowadził ją przez tłum do jednej z kafejek, które znajdowały się w budynkach otaczających plac.

Przywitał ich kelner i zaproponował miejsce na tarasie. Weszli po schodach na górę i usiedli przy jedynym wolnym stoliku.

– I jak wrażenia? – zapytał Raszid.

– Niesamowite. – Klaudia wciąż miała przed oczami groźne węże.

– Mówiłem ci, że nie ma się czego bać.

Jak jesteś blisko... – przemknęło przez głowę Klaudii.

– Co państwo sobie życzą? – Kelner stanął przy stoliku.

– Myślę, że kawa dobrze mi zrobi – odpowiedziała Klaudia.

– A dla pana? – kelner zwrócił się do Raszida.

– To samo proszę.

– Dobrze. Coś jeszcze?

– Dużą butelkę wody – powiedział Raszid. – Chcesz gazowaną czy niegazowaną? – spytał Klaudii.

– Niegazowaną.

– Czyli proszę dwie kawy i butelkę niegazowanej wody – Raszid złożył zamówienie.

– Dobrze. – Kelner się oddalił.

Doskonale widoczny z tarasu plac tętnił swoim nocnym życiem. Klaudia ciekawa była, dlaczego Raszid opuścił tak piękny kraj na rzecz zachmurzonej i deszczowej Anglii, ale go o to nie zapytała, bo obawiała się, że i tak udzieli jej wymijającej odpowiedzi. Kelner przyniósł kawy i postawił je przed nimi, a następnie rozlał z butelki wodę do szklanek.

– Proszę bardzo – powiedział z uśmiechem.

– Dziękuję. – Klaudia sięgnęła po wodę, żeby ugasić pragnienie.

– Jak podoba ci się Marrakesz? – W spojrzeniu Raszida był jakiś rodzaj szczególnej uwagi.

– Jest cudowny – stwierdziła Klaudia, ale uważała, że nawet to słowo nie oddało całej niepowtarzalnej magii Marrakeszu.

Podniosła filiżankę i upiła z niej dwa łyki aromatycznej kawy, która miała nieznany jej dotychczas wyrazisty smak.

– Pyszna kawa. – Sączyła mocny, czarny napój. – Jest w niej chyba jakaś wyjątkowa mieszanka przypraw... Kardamon, cynamon, goździki... może imbir... czy szafran... – próbowała zgadywać. – A może i to, i to... – Powoli smakowała kolejny łyk.

– Zdarza się, że w tutejszych kawiarniach podaje się kawy ze specjalnymi mieszankami, ale nikt nie zdradzi ci ich pełnej receptury. – Raszid też popijał swoją kawę. – Każdy chce przyciągnąć gości czymś wyjątkowym...

– To można zrozumieć... – Klaudia odwróciła głowę w stronę placu Dżami al-Fana.

Nawet na górze słychać było głośny gwar i rozbrzmiewającą na placu rytmiczną muzykę gnawa. Klaudia patrzyła na przemieszczających się w arabskich strojach ludzi, widoczny w oddali podświetlony minaret Meczetu Księgarzy, rzęsiste światła straganów i restauracji oraz unoszący się ponad wszystkim tajemniczy dym, który wyglądał tak, jakby w każdej chwili mógł zamienić się w potężnego dżinna.

Jak wyrwana stara karta z *Księgi tysiąca i jednej nocy*, skojarzyło się Klaudii, kiedy kończyła kawę, ale nie powiedziała tego na głos.

– Chyba już czas na kolację – zwrócił się do niej Raszid.

– To nie zjemy tutaj? – Klaudia zauważyła, że przy sąsiednich stolikach kelnerzy serwują różne dania.

– Nie – zdecydowanie odpowiedział Raszid i kiwnął na kelnera, żeby przyniósł rachunek.

Po zapłaceniu wziął Klaudię za rękę i powiódł ją przez plac cudów w zakamarki medyny, aby po niedługim czasie dotrzeć do drzwi restauracji. Weszli do środka i Klaudia odniosła wrażenie, jakby znalazła się w pałacu dawnego kalifa, który chciał olśnić swoich gości największym przepychem. Misternie zdobione kolorowe ściany i sufity, piękne mozaiki, rzeźbione drzwi, duże lustra z dekoracyjnymi ramami, puszyste dywany, kryształowe żyrandole oraz orientalne lampy i ozdoby robiły niezwykłe wrażenie. Raszid powiedział coś do witającego ich Marokańczyka, który natychmiast zaprowadził ich do głównej sali, gdzie złożony z kilku mężczyzn zespół grał tradycyjną arabską muzykę na umieszczonym tuż przy wejściu podwyższeniu. Panował lekki półmrok i Klaudia od razu poddała się wciągającej atmosferze tego wyjątkowego miejsca. Kelnerzy bezszelestnie obsługiwali gości, którzy z zainteresowaniem śledzili przedstawiany im bogaty program artystyczny.

Tak jak na dworach dawnych kalifów recytatorzy, tancerki, muzycy i wszelkiego rodzaju wykonawcy zabawiali jego mieszkańców i przybyłych z wizytą, tak i tu pojawiający się kolejno artyści swoim mistrzowskim kunsztem umilali czas zgromadzonym gościom. Imponujące cztery kolumny ustawione w kształcie kwadratu na środku sali, między którymi w górze rozpięte były dekoracyjne bordowe, tiulowe zasłony, zakreślały przestrzeń sceny. Kiedy tylko zespół przestawał grać i śpiewać, pojawiał się na niej artysta, który zabierał publiczność w swój zaczarowany świat.

Tancerka brzucha z pewnością była kobietą, która swoim odsłoniętym ciałem i seksownymi ruchami olśniewała całą widownię. Ubrana w wyszywany srebrnymi, iskrzącymi cekinami stanik, który uwypuklał jej jędrne piersi, i lśniącą przepaskę na biodrach z doczepionymi do niej pasmami zwiewnego ciemnofioletowego materiału, nęcącymi drganiami brzucha, biustu i bioder rozpalała zmysły wszystkich widzów. Jej długie do pasa, gęste czarne włosy uwodziły z każdym ich falującym ruchem, a rytmiczne wyrzuty bioder wabiły swoją prowokującą zmysłowością. Tańczyła uwodzicielsko nie tylko na scenie, ale też krążąc między stolikami, co wzbudzało entuzjazm siedzących przy nich gości. Kiedy opuszczała salę, została nagrodzona rzęsistymi brawami i euforycznymi okrzykami.

Publiczność nie zdołała jeszcze ochłonąć po ekscytującym występie, kiedy na scenie pojawiła się następna tancerka w długiej błyszczącej dżellabie z chustą zawiązaną na biodrach, której główną atrakcją była umieszczona na jej głowie duża okrągła taca z ustawionymi na niej na kilku poziomach palącymi się świeczkami. Widzowie z zapartym tchem śledzili jej dynamiczne ruchy i przemieszczające się wraz z nią płomienie, podziwiając jednocześnie jej niezwykłą umiejętność zachowania idealnego balansu. W ciągu kilkuminutowego pokazu nie zgasła ani nie spadła ani jedna świeczka i wyjątkowa tancerka została pożegnana gromkimi brawami.

Później gości zahipnotyzowała muzyka gnawa i tańczący w jej rytm mężczyzna. Ubrany w czerwoną, zdobioną haftami dżellabę i pasującą do niej czapkę z długim frędzlem stukał miarowo blaszanymi kastanietami i jak szalony kręcił w kółko głową, wprawiając tym samym długi frędzel w obrotowy ruch. Widzowie wodzili za nim oczami, wpadając przy tym w trans.

W pewnym momencie do stolika podszedł kelner i rozlał do kieliszków zamówione wcześniej przez Raszida wytwarzane w Maroku unikatowe szare wino.

Raszid bez słowa podniósł kieliszek i po raz kolejny tego dnia obrzucił Klaudię elektryzującym spojrzeniem, które przyprawiało ją o dreszcz podniecenia.

Yves Saint Laurent często powtarzał w wywiadach, że „Marrakesz nauczył mnie kolorów", przypomniała sobie w duchu Klaudia.

To właśnie dzięki temu miastu słynne kolekcje wielkiego projektanta, które podziwiał cały świat, przesycone były różnorodnymi, żywymi barwami.

Czy Marrakesz uczy tylko kolorów, czy też uczuć? – Klaudia zadała sobie pytanie, które sprawiło, że jej serce zaczęło intensywnie bić.

Uczucie, którym wcześniej darzyła Adama, wydało jej się w tym momencie mdłe i bezbarwne. Pozbawione pasji, nudne i bez wyrazu. To dopiero teraz, tu w Marrakeszu, przebywając z Raszidem, poznała intensywną, niemożliwą do zatrzymania falę gorąca, zabierającą oddech, powodującą zawrót głowy i całkowicie zalewającą serce. Poczuła rozpalającą obecność mężczyzny, który potrafił zawładnąć nią bez reszty.

Rozdział III

Berberyjskie lustro

Wielkie łoże w luksusowym riadzie było stanowczo za duże dla samej Klaudii. Ogarnięta nieznanymi jej dotychczas uczuciami patrzyła szeroko otwartymi oczami na pustą przestrzeń obok siebie, a każdy wolny skrawek wzmagał w niej dojmujące pragnienie bliskości. Raszid wyzwolił w niej całą gamę emocji, które teraz targały jej przebudzonym z letargu sercem i opanowaną przez zupełnie nowe przeżycia duszą.

Pełen ekscytujących wrażeń dzień przy boku pociągającego mężczyzny sprawił, że w udekorowanej stiukami, mozaikami i rzeźbionym drewnem cedrowym restauracji, przy transowych dźwiękach muzyki gnawa, doszła do zupełnie zaskakującego dla siebie wniosku.

Dobrze, że zwolnili mnie z pracy, myślała, wznosząc z Raszidem kolejny toast wybornym winem. W przeciwnym razie nie przyjechałabym do Maroka, nie poznałabym Raszida...

Przesycony marokańskim duchem barwny wieczór odsłonił przed nią kolejne tajemnice tego fascynującego kraju. Raszid z wielkim zaangażowaniem opowiedział jej następną przejmującą historię miłosną, która do dnia dzisiejszego odgrywała dużą rolę w kulturze Maroka.

– To była nieszczęśliwa miłość... – mężczyzna położył akcent na ostatnie dwa słowa.

Zaintrygowana Klaudia pochyliła się w jego stronę i wsłuchała we wzruszającą opowieść.

– Zakochani należeli do dwóch wrogich sobie berberyjskich plemion, które nękane suszami zmuszone były do zawarcia porozumienia w sprawie korzystania z położonego na granicy ich terytoriów jeziora. Ustalono, że członkowie plemion będą czerpać wodę na zmianę: jedni będą przychodzić na brzeg jeziora rano, a drudzy – wieczorem. Jednak zdarzyło się, że młodzieniec z jednego plemienia pojawił się nad jeziorem w czasie, kiedy dostęp do niego mieli jego wrogowie. Zobaczył tam piękną dziewczynę o imieniu Rabha i zapałał do niej płomienną miłością. Wybranka odwzajemniła jego bezmierne uczucie...

– W takim razie to powinna być szczęśliwa miłość... – wtrąciła Klaudia.

– Gdyby nie dzieliła ich wrogość swoich plemion, to może... – zastanowił się Raszid.

– Czyli plemiona nie zgodziły się na ich ślub?

– Nie dość, że nie zgodziły się na ich związek, to ojciec chłopaka znalazł dla niego żonę z jego plemienia. Zakochani wiedzieli więc, że nie mają najmniejszych szans na wspólną przyszłość, chociaż ich największym marzeniem było zawarcie małżeństwa w imię swojej czystej miłości...

– I co było dalej?

– Wybrali śmierć...

– Jak Romeo i Julia...

– Tak, czasem nawet ich tu tak nazywają, bo woleli umrzeć, niż bez siebie żyć...

– A jak... – Klaudia urwała, bo nie była w stanie zapytać, jak odebrali sobie życie.

– Pocałowali się tylko jeden raz… – opowiadał dalej Raszid, domyślając się pytania Klaudii. – I był to ich pierwszy i ostatni pocałunek… Później pogrążyli się w otchłani jeziora i się utopili…

– Miłość silniejsza niż śmierć… – szepnęła Klaudia.

– Silniejsza niż śmierć – powtórzył Raszid, kierując na nią swoje magnetyczne spojrzenie.

Klaudia wytrzymała wzrok mężczyzny, ale poczuła rozpalające jej całe ciało intensywne gorąco.

– Dla uczczenia tej nieszczęśliwej miłości jezioro nazwano Isli, co w języku berberyjskim znaczy „narzeczony", a dla położonego koło niego mniejszego jeziora, które według legendy powstało z łez wypłakanych przez Rabhę, przyjęto nazwę Tislit, czyli „narzeczona".

Z gorzkich łez, które wypłakały kobiety przez nieszczęśliwą miłość, powstałoby zapewne parę oceanów… – przemknęło przez głowę Klaudii.

– Kiedy rodzice przyszli nad jezioro w poszukiwaniu zakochanych, było już za późno… – kontynuował Raszid. – Wpadli w straszliwą rozpacz…

– Bardzo smutna historia.

– To prawda, ale jest też jej jaśniejsza strona.

– Jaka?

– Plemiona zrozumiały swój błąd, że nie można się sprzeciwiać wielkiemu uczuciu, i postanowiły, że raz w roku będą organizować Święto Miłości.

– W jaki sposób je obchodzą?

– Na słynnym już Festiwalu Ślubnym, który odbywa się w jednej ze śródgórskich dolin Atlasu Wysokiego, w okolicach miasteczka Imilchil… – Raszid przerwał, bo do stolika podszedł kelner i postawił na nim duży gliniany tadżin.

– Proszę bardzo. – Kelner z uśmiechem podniósł stożkowatą pokrywkę i ich oczom ukazało się kolorowe, dymiące danie ułożone w kształcie dopiero co zdjętego przykrycia.

– Dziękuję – powiedział Raszid i zwrócił się w stronę Klaudii. – Spróbuj naszego typowego dania wywodzącego się z kuchni berberyjskiej. – Dużą łyżką nałożył na jej talerz pokrojone warzywa i kawałki kurczaka.

– Chętnie skosztuję. – Klaudia nadziała na widelec cząstkę kurczaka i wsunęła ją sobie do ust. – Hmm... Pyszny... – stwierdziła po chwili. – Miękki, soczysty i ma bardzo bogaty smak.

– To efekt przygotowywania potrawy w tadżinie, w którym składniki duszą się bardzo wolno, więc ich aromaty i smaki nawzajem się przenikają – wyjaśnił Raszid. – A oprócz mięsa i warzyw dodaje się też oliwki, kiszone cytryny i oczywiście mnóstwo przypraw...

– Skąd ty to wszystko wiesz? – Klaudia sięgnęła po czerwoną paprykę.

– Czasem gotuję... – Raszid się uśmiechnął.

– Naprawdę?

– Jeśli chcę w Anglii zjeść prawdziwe marokańskie danie... – Uśmiech Raszida jeszcze bardziej się rozszerzył.

– A jak nazywa się ta potrawa? – zapytała Klaudia.

– Tadżin – odpowiedział Raszid. – Tak samo jak naczynie, w którym jest przygotowywana.

Przez chwilę jedli w milczeniu, po czym Klaudia wróciła do wcześniej przerwanego wątku.

– Zacząłeś mówić o Święcie Miłości...

– To trzydniowy festiwal, na którym samotni mogą wybrać sobie wśród obecnych męża albo żonę.

– Jak to?

– Na festiwal przybywa wielu Berberów z rodzinami z okolicznych miasteczek i wiosek, więc jest to znakomita okazja do poznania się i zawarcia małżeństwa.

– Tak od razu? – Klaudia się zdziwiła.

– Niektórzy od razu, inni po jakimś czasie... – wyjaśniał Raszid. – Jeśli chodzi o kobiety, to męża zazwyczaj szukają wdowy, młode dziewczyny zaś przyjeżdżają ze swoimi krewnymi głównie w celach towarzyskich. Chociaż jeżeli jakaś dziewczyna z chłopakiem spodobają się sobie nawzajem, a ich rodziny zgodzą się na ich ślub, to mogą zawrzeć małżeństwo, jednak zwykle nie robią tego na tym samym festiwalu, tylko za jakiś czas.

– Trzy dni wystarczą na poznanie kogoś w wystarczającym stopniu, żeby wyjść za niego za mąż? – Klaudia nie mogła się nadziwić.

– A nie wystarczą? – Raszid posłał jej uwodzicielskie spojrzenie. – Czasem już w pierwszych godzinach tworzą się pary, które udają się do obecnego na festiwalu notariusza, żeby oficjalnie zawrzeć małżeństwo. Chciałabyś się wybrać na taki festiwal? – nieco przekornie zapytał Raszid.

– Ja? – spytała zaskoczona Klaudia.

– Chyba że masz już męża?

– Nie, nie mam.

– A jesteś z kimś związana? – To pytanie zabrzmiało poważnie.

– Nie...

Raszid nie odrywał wzroku od Klaudii, a po chwili podjął temat Święta Miłości.

– U nas ten festiwal uważany jest za niezwykle romantyczny, bo tradycje plemienne wciąż nakładają wiele ograniczeń, w związku z czym może jest to jedyna okazja, żeby zainteresowani się zobaczyli i sami dokonali wyboru przyszłego współmałżonka. W pierwszym dniu ubrane w tradycyjne stroje kobiety, obwieszone srebrną biżuterią i koralikami z bursztynu, tańczą, prezentując się z jak najlepszej strony. To jest ten moment, kiedy dochodzi do wymiany znaków między kobietami i mężczyznami... O, tak! – Raszid mrugnął do Klaudii, która z miejsca się roześmiała. – Albo tak! – Raszid nieznacznie kiwnął głową w jej stronę.

– I co dalej? – Klaudię interesowały ukryte w Atlasie unikatowe berberyjskie zwyczaje.

– Jeżeli kobieta i mężczyzna mają się ku sobie, to mogą się wziąć za ręce, aby pokazać wszystkim swoją intencję zawarcia małżeństwa. – Raszid wziął dłoń Klaudii i mocno ją ścisnął. – Wtedy wszyscy wiedzą...

Klaudia pomyślała, że ten silny uścisk mogłaby już czuć zawsze.

– Podczas festiwalu odbywa się pieczenie wielkiego chleba, który jest podarunkiem rodziny pana młodego dla panny młodej, odwiedzenie grobu marabuta, zakupy na targu potrzebnych produktów, a w końcu przedstawienie skojarzonych par. To jest wspaniała uroczystość, podczas której panny młode mogą pokazać się w całej swojej krasie w niezwykle strojnych, zdobionych cekinami nakryciach głowy i w mocnym makijażu – barwnie opowiadał Raszid, cały czas trzymając dłoń Klaudii w swojej dłoni.

– I to wszystko na cześć tragicznej miłości Rabhy i... Jak miał na imię jej wybranek?

– Moha.

– Rabha i Moha... – powtórzyła Klaudia, wyobrażając sobie nieszczęśliwie zakochaną parę, która spotykała się w ukryciu wśród malowniczej przyrody majestatycznego Atlasu.

– Romeo i Julia z Imilchil... – Raszid jeszcze mocniej ścisnął dłoń Klaudii. – Ostatnim romantycznym akcentem Święta Miłości jest spacer nowożeńców i ich rodzin nad brzegami jeziora Tislit...

– Pięknie, choć szkoda, że miłość zakochanych nie skończyła się szczęśliwie...

Zespół, który miał przerwę, zaczął grać tradycyjne marokańskie melodie, a oni wrócili do jedzenia smakowitego tadżinu. Po daniu głównym kelner podał deser, na który składały się pokrojone w grube plastry pomarańcze obficie posypane cynamonem i ciasto migdałowe. Na koniec kelner zaserwował herbatę, nalewając ją ceremonialnie z wysoko podniesionego imbryka. Wąski strumień złotego napoju tworzył w przezroczystych, małych szklaneczkach obfitą białą piankę.

– To Berber Whisky – powiedział Raszid, sięgając po małą szklankę.

– Co?! – Klaudia nie sądziła, żeby herbata miała cokolwiek wspólnego z alkoholem.

– Tak ją tu nazywamy ze względu na jej zbliżony do whisky kolor – wyjaśnił Raszid. – I również dlatego, że jest to mocna zielona herbata z dużą ilością świeżej mięty i cukru, więc po piątej szklaneczce może naprawdę zakręcić się w głowie.

– Zobaczymy... – Klaudia upiła łyk herbaty. – Rzeczywiście mocna i słodka.

– Masz zamiar wypić pięć szklaneczek? – Raszid się uśmiechnął.

– Może...

– Myślę, że trzy wystarczą – stwierdził.

– Dlaczego akurat trzy?

– Marokańskie przysłowie mówi: „Pierwsza szklanka jest gorzka jak życie, druga jest tak mocna jak miłość, trzecia z nich jest tak kojąca jak śmierć".

– Wypiję dwie... – Klaudia zbliżyła szklankę z naparem do ust.

Kiedy ją opróżniła, kelner napełnił ją ponownie i Klaudia przez następne parę minut sączyła aromatyczną herbatę. Niezwykle udany wieczór zakończył popisowy numer zespołu, którym była rytmiczna, berberyjska piosenka.

Opuścili restaurację i znaleźli się w krętych uliczkach medyny. O tej porze stragany były już pozamykane i nie napotkali zbyt wielu ludzi. Pogrążony w półmroku wąski, niekończący się labirynt wywierał na Klaudii niesamowite wrażenie. Gra tylko gdzieniegdzie zapalonych świateł powodowała, że niektóre ściany i zakamarki były czarne jak smoła, a inne zasnute niepokojącymi półcieniami. Kiedy nagle z zakrętu wyłaniał się spóźniony przechodzień, to wyglądał jak duch, który czyha na ludzkie życie. Niekiedy krótka uliczka pogrążona była w całkowitych ciemnościach i po plecach Klaudii przechodził dreszcz zimnego strachu.

– Nie bój się, jesteś ze mną – powiedział Raszid, kiedy instynktownie przysunęła się do niego pod wpływem nagłego, dziwnego trzeszczenia.

Objął ją i to zmniejszyło grozę, którą oprócz scenerii jak z horroru budziły w niej mijane stare drzwi prowadzące do wiekowych domostw.

Kiedy się do nich zbliżali, na drzwiach kładły się ich długie cienie przypominające Klaudii o mrożących krew w żyłach historiach porwanych, a następnie ciężko zranionych lub zamordowanych dzieci, o których Eliza kiedyś jej opowiadała.

Dziecko zwane Zouhri uważane było w Maroku za dziecko dżinnów, które podczas porodu zastąpiło ludzkie niemowlę. Jego krew w świecie czarów i czarnej magii była cenna jak złoto, ponieważ mogła się przyczynić do pozyskania ukrytych w ziemi ogromnych skarbów, które przez wieki Marokańczycy zakopywali w lasach i na cmentarzach. W czasach, kiedy nie było banków, a także w celu uniknięcia podatków, ludzie chowali pod ziemią swoje pieniądze, złoto i kosztowności. Strzegły ich groźne dżinny, które nie pozwalały do nich dotrzeć i tylko przelana w ofierze krew dziecka Zouhri mogła przebłagać złe moce. Ponieważ dziecko Zouhri było potomkiem dżinnów, to one nie były w stanie go bezpośrednio skrzywdzić, ale żeby dostać się do skarbów, należało podczas średniowiecznych rytuałów je okaleczyć, a najlepiej zabić.

Dzieci, które na podstawie pewnych cech fizycznych, takich jak pojedyncza poprzeczna linia na dłoni lub język wyglądający, jakby był podzielony na dwie części, mogły zostać uznane za dzieci Zouhri, w związku z czym musiały być nieustannie pilnowane przez swoich bliskich. Ich dzieciństwo zamieniało się w koszmar, bo ciągle wisiała nad nimi realna groźba porwania, a następnie rytualnego, okrutnego mordu. Dopiero jak dorastały, a niekiedy nawet zmieniały miejsce zamieszkania, mogły zacząć w miarę normalne życie. Jednak wspomnienia pełnych grozy nocy i dni, kiedy nękał je nieustanny strach, że mogą stać się ofiarami czarowników uprawiających czarną magię, powracały dręczącymi, sennymi marami.

– Boję się. – Klaudia poczuła zimne ciarki na plecach.

– Jestem tu. – Raszid przyciągnął ją mocniej do siebie. – To tylko medyna nocą, nie ma się czego bać.

– Te cienie... – Klaudia odwracała oczy od pojawiających się na odrapanych ścianach poszarpanych kształtów, które przywodziły na myśl błąkające się upiory lub zjawy dzieci, które zostały poćwiartowane dla ich bezcennej krwi. – Słyszałam od Elizy, że dzieci Zouhri widzą poruszające się wokół nich cienie. Czy to są złe dżinny?

– Nie myśl teraz o tym. Zaraz będziemy w riadzie. – Raszid zacisnął dłoń na ramieniu Klaudii, ale nie zaprzeczył ani istnieniu czarnych rytuałów, ani złych dżinnów.

Przez całą drogę Klaudia nie mogła się otrząsnąć z makabrycznych wizji i tylko bliska obecność Raszida pozwoliła jej poruszać się po pogrążonych w złowieszczym mroku zakamarkach medyny.

Kiedy wreszcie znalazła się w pełnych przepychu wnętrzach riadu, odetchnęła z ulgą.

– Dziękuję za wspaniały wieczór. – Pełna wdzięczności zwróciła się do Raszida, kiedy ten odprowadził ją pod drzwi jej pokoju. – I za cały fascynujący dzień... Dzięki tobie mogłam zobaczyć czarowny Marrakesz... – Klaudia wiedziała, że to urzekające miasto na zawsze pozostanie w jej pamięci. – Ogród Majorelle i pełen cudów plac Dżami al-Fana...

– To ja dziękuję. Dla mnie również ten dzień był... – Raszid zawiesił na chwilę głos – ... niezapomniany. – Mężczyzna przeszył Klaudię głębokim spojrzeniem.

A ona zapragnęła, żeby ten dzień, ten wieczór, ta noc jeszcze się nie kończyły, nie tu, nie zaraz, nie teraz. Bo przecież kiedy on tak patrzy, tak mówi, tak słucha, tak pyta...

Jesteś z kimś związana? – zabrzmiało w jej głowie jak echo.

I prowadzi, i ochrania, i dotyka... To przecież po coś. Po cudowność największą. Jedyną.

– Dobrych snów – powiedział tylko i odszedł.

– Dobrych... – powtórzyła, otwierając drzwi do swojego pokoju.

A to łoże takie wielkie... Gdyby on... Nie mogła spać. Intensywne kolory Marrakeszu pląsały w niej jak uczucia w parach dobranych rozbujałe, w rytmie serc złączonych roztańczone, na balu miłości wiecznej rozhulałe.

Po godzinie bezskutecznych prób, żeby wpaść w objęcia Morfeusza, sięgnęła po telefon i zadzwoniła do Elizy.

– Cześć, przepraszam, że tak późno...

– Nie szkodzi, jeszcze nie spałam. Salah zapowiedział, że dzisiaj wróci w nocy, i na niego czekam. Jak wycieczka?

– Znakomicie, Marrakesz oczarowuje jak żadne inne miejsce.

– To też moje ulubione marokańskie miasto. Zobaczyłaś to, co chciałaś?

– Tak, Raszid wszędzie mnie zabrał.

– To świetnie. Gdzie nocujecie?

– W ekskluzywnym riadzie w starej medynie.

– Znakomity wybór! Można doświadczyć prawdziwych arabskich klimatów.

– To pomysł Raszida.

– Widać, że bardzo zależy mu na tym, żebyś poznała Maroko z jak najlepszej strony.

– Tak, ciekawie się z nim podróżuje – przyznała Klaudia. – Opowiedział mi wiele interesujących historii.

– Mówiłam ci, że Raszid to fantastyczny facet.

– To prawda, i właśnie dlatego... – Klaudia się zawahała.

– Co dlatego? – zapytała Eliza, gdy koleżanka milczała dłuższą chwilę.

– Chciałam zapytać... – Klaudia znowu przerwała.

– No wykrztuś wreszcie, o co ci chodzi! – Eliza się zaśmiała. – Niech zgadnę... Raszid ci się podoba?

On mnie porywa, ekscytuje, hipnotyzuje, odpowiedziała w duchu Klaudia.

– Raszid jest taki... – Próbowała znaleźć odpowiednie słowa. – ...inny... magnetyczny...

– Z tego, co słyszę, to nie tylko Marrakesz cię oczarował.

– Raszid... – Już tęskniła tęsknotą ogromną. – Chciałam zapytać, czy jest z kimś... To znaczy, czy ma żonę, narzeczoną, dziewczynę?

– Nie, z tego, co wiem, to nie ma nikogo. Gdy spotykamy się w gronie przyjaciół, to zawsze przychodzi sam.

– To dobrze...

– Aż tak cię zauroczył?

– Chciałam tylko wiedzieć, czy jest z kimś związany. On mnie o to samo zapytał.

– Naprawdę? Tak prędko? – W głosie Elizy zabrzmiała lekka nutka zdziwienia. – Z tego wynika, że on też jest tobą zainteresowany.

– Nie wiem… – Klaudia przypomniała sobie trochę za szybkie jak dla niej wcześniejsze pożegnanie Raszida „Dobrych snów".

– Jeśli tak od razu dopytuje się, czy jesteś wolna…

– To było tak… jakby przy okazji.

– W jakim sensie?

– Opowiadał mi o Święcie Miłości w Imilchil…

– Przepiękna historia... – wtrąciła Eliza. – Marokańscy Romeo i Julia.

– Raszid tak wspaniale potrafi snuć wciągające opowieści…

– Cieszę się, że przyjaciel Salaha okazał się takim dobrym kompanem podróży.

– Podziękuj jeszcze raz Salahowi.

– Nie ma o czym mówić… Jakie macie dalsze plany? Pojedziecie do Casablanki?

– Chyba nie, umówiliśmy się tylko na zwiedzanie Marrakeszu.

– A wspomniałaś mu, że chciałabyś zobaczyć Casablancę?

– Nie.

– To powiedz mu o tym, może znajdzie czas, żeby cię tam zawieźć – poradziła koleżance Eliza. – Mówiłam ci, że on spędza w Maroku cały miesiąc, więc myślę, że nie będzie z tym problemu.

– Nie wiem, czy mi wypada go o to prosić, szczególnie że później jeszcze trzeba wrócić do Agadiru, a to jest, jak sama wcześniej stwierdziłaś, ponad czterysta kilometrów. – Klaudia podzieliła się swoimi wątpliwościami.

– Spróbować możesz…

– Pomyślę o tym… A co tam u was?

– Dziękuję, dobrze, chociaż mam już dość swojej pracy.

– Dlaczego?

– Od dawna nie dostałam żadnej podwyżki, a obowiązków coraz więcej. Do tego bardzo dużo czasu zajmują mi dojazdy, a w metrze zawsze tłok i ścisk, więc jestem tym wszystkim bardzo zmęczona.

– Zamierzasz zmienić pracę?

– Nie wiem jeszcze, co zrobię. Salah namawia mnie, żebym trochę odpoczęła w domu.

– To znaczy chce, żebyś w ogóle nie pracowała?

– Przynajmniej przez jakiś czas.

– Dacie sobie radę bez twojej pensji?

– Ostatnio Salah dobrze zarabia, bo wkręcił się w jakiś intratny biznes, zresztą razem z Raszidem.

– Jaki to biznes?

– Nie wiem dokładnie, mówi mi, żebym nie zaprzątała sobie tym głowy.

– Męskie podejście. – Klaudia się roześmiała.

– Dla niego najważniejsze jest to, że jeśli będę chciała, to nawet jutro mogę rzucić pracę i on będzie w stanie nas utrzymać.

– I co zrobisz?

– Muszę to wszystko dokładnie przemyśleć.

– To nie jest łatwa decyzja.

– Z pewnością – zgodziła się Eliza. – Słuchaj, właśnie Salah wrócił, więc przepraszam cię, ale będę musiała kończyć.

– Jasne, nie ma sprawy. Pozdrów ode mnie Salaha.

– A ty Raszida. Fajnie, że zadzwoniłaś, odzywaj się jeszcze.

– Na pewno. Dobranoc.

– Dobranoc.

Rozmowa z Elizą o pracy przypomniała Klaudii o jej kłopotach ze znalezieniem odpowiedniej posady. Trochę się tym zmartwiła, ale jednocześnie kolejny raz uświadomiła sobie, że gdyby nie jej nagłe zwolnienie, to nie przyjechałaby do egzotycznego Maroka i nie poznałaby tak fascynującego mężczyzny.

Widocznie tak musiało być, przeleciało jej przez głowę, gdy zapadała w upragniony sen.

* * *

Następnego dnia, kiedy się ocknęła, przez chwilę nie była pewna, gdzie się znajduje. Śniło jej się, że bezskutecznie szuka posady, więc zanim na dobre się rozbudziła, już planowała, jakie działania podejmie, żeby zwiększyć swoje szanse na rynku pracy. Kiedy otworzyła oczy, w pierwszej chwili zdawało jej się, że ten luksusowo urządzony pokój jest widzeniem sennym, a ona zaraz znajdzie się w swoim mieszkaniu. Nagle usłyszała pukanie do drzwi.

– Proszę. – Podciągnęła wyżej kołdrę.

Raszid wszedł do środka.

– O, przepraszam. – Zrobił krok w tył, kiedy zobaczył ją w łóżku. – Myślałem, że już wstałaś.

– Dopiero się obudziłam.

– To przyjdę później. – Raszid chciał się wycofać.

– Nie, już wstaję.

– Chciałem zaprosić cię na śniadanie na taras.

– Dziękuję, za pół godziny będę gotowa.

– Dobrze, będę czekał. – Przesunął wzrokiem po pustym miejscu na wielkim łożu i w jego oczach pojawił się żal, że nie spędził tam ostatniej nocy.

A może tylko odbiło się w nich pragnienie Klaudii.

– Spotkamy się na tarasie. – Mężczyzna opuścił pokój, zamykając za sobą drzwi.

Barwne Maroko nie było zatem senną iluzją. I przystojny, intrygujący Raszid też nie. Na szczęście.

Słońce nadawało marrakeszańskiej medynie różowawego poblasku. Klaudia, kończąc śniadanie na tarasie, napawała się urzekającym widokiem starych murów, które do dnia dzisiejszego skrywały niezwykłe tajemnice. Raszid odsunął pusty talerzyk po skończonym śniadaniu.

– Chcesz jeszcze coś zobaczyć w Marrakeszu, zanim go opuścimy? – zapytał, sięgając po świeżo wyciśnięty sok z pomarańczy.

Klaudia chwilę się zastanowiła.

– Chętnie wróciłabym na uliczki starej medyny i wybrała tam sobie jakiś drobiazg na pamiątkę. – Pełne barwnych, oryginalnych przedmiotów stragany kusiły Klaudię jak bogactwa skarbca Szeherezady.

– Dobrze, ale przedtem musimy się wymeldować z riadu, bo niedługo kończy się doba hotelowa.

– Oczywiście, spakuję się, gdy tylko skończę kawę.

– Jeszcze jakieś życzenia?

Casablanca, odpowiedziała w myślach Klaudia. „Zagraj to, Sam. Zagraj: *Jak mija czas*".

Niech ten czas nie mija. Ten czas z nim w różowej poświacie marokańskiego słońca.

– Dokąd chcesz jechać? – zapytał Raszid, jakby czytał w jej myślach.

– Casablanca. Chciałabym jechać do Casablanki.

– Casa Blanca, Biały Dom. – Czarne oczy Raszida zalśniły hipnotyzującą mocą. – Pojedziemy.

Zanim wyruszyli w drogę, zapuścili się w plątaninę uliczek medyny, gdzie zapachy, kolory i dźwięki porwały Klaudię w czar magicznego Orientu. Kramy i sklepiki wabiły fantazyjnymi towarami, a sprzedawcy zachęcali dobrymi cenami. Wśród różnorodności pięknych lamp, dżellab, chust, babuszy, dywanów, biżuterii i innych artystycznych wyrobów trudno było wybrać tę jedną rzecz, która miała Klaudii przypominać o Maroku. Najchętniej kupiłaby po jednym przedmiocie z każdego straganu, ale na to nie pozwalały ani jej możliwości finansowe, ani limit bagażu lotniczego.

– Nic ci się nie podoba? – spytał Raszid, kiedy po długim krążeniu w labiryncie uliczek i oglądaniu przeróżnych towarów Klaudia nic nie wybrała.

– Wręcz przeciwnie, wszystko mi się podoba.

– To kup wszystko.

– Nie mam tyle pieniędzy.

– Ja zapłacę.

– I jak to wszystko zabiorę do Polski?

– Wyślę ci karawanę wielbłądów.

– A jak się przeprawią przez morze?

– Przez Cieśninę Gibraltarską.

– Świetne rozwiązanie. – Klaudia wybuchnęła gromkim śmiechem, a Raszid jej zawtórował.

– Chodź, pokażę ci coś. – Raszid wziął Klaudię za rękę i pociągnął ją do pobliskiego sklepiku, gdzie w środku pyszniły się kunsztowne wyroby z metalu.

Właściciel zaprowadził ich w głąb składu, gdzie w półmroku lśniły ręcznie grawerowane imbryki do herbaty, duże misy, orientalne lampy, drewniane szkatuły upiększone elementami z kości wielbłądziej, mosiądzu i miedzi oraz różnej wielkości lustra w dekoracyjnych oprawach. Przy jednym z nich Raszid zatrzymał się i kupiec od razu zaczął zachwalać swój towar.

– To jest niespotykany model, ramę inkrustowano kością wielbłądzią barwioną naturalnymi barwnikami, w tym henną, a te metalowe wykończenia... – Mężczyzna wskazał na ażurowe zdobienia – wykonali nasi najlepsi rzemieślnicy...

– Lustro rzeczywiście jest wyjątkowo piękne – przyznała Klaudia. – Niestety jest za duże i nie będę go mogła ze sobą zabrać.

– Interesuje nas lustro berberyjskie – odezwał się Raszid.

– Proszę za mną. – Kupiec rzucił Raszidowi pełne zrozumienia spojrzenie.

Po chwili cała trójka stała przed powieszonym na ścianie lustrem, które w swojej formie przypominało tradycyjne marokańskie okno lub drzwi zakończone łukiem. W kolorze ciemnego srebra, udekorowane było metalowymi zdobieniami, które tworzyły wymyślne ornamenty, oraz niebieskimi, żółtymi i czerwonymi kamieniami układającymi się w symetryczne wzory. Po otworzeniu umieszczonych w środku dwóch okiennic ukazywała się tafla lustra, po ich całkowitym zamknięciu zaś lustro zamieniało się w niezwykłą ścienną dekorację.

– Niesamowite. – Klaudia zaczęła otwierać i zamykać raz jedną, raz drugą okiennicę lub obie naraz. – Jest lustro, nie ma lustra, jest lustro, nie ma lustra... Następny sekret Marrakeszu.

– To lustro pełni bardzo ważną funkcję w tradycji Berberów – stwierdził Raszid.

– Jaką? – zapytała Klaudia.

– Później ci wytłumaczę – powiedział Raszid, a sprzedawca uśmiechnął się pod nosem. – Podoba ci się?

– Bardzo, jest wyjątkowo oryginalne. I chociaż nie jest małe, to myślę, że dam radę je przewieźć.

– Kupujemy?

– Ile kosztuje?

– Osiemset dirhamów, madame – odpowiedział kupiec.

– Możemy dać dwieście – zaproponował Raszid, a Klaudia spojrzała na niego zdziwiona, że podał tak niską cenę.

– Siedemset.

– Dwieście pięćdziesiąt i ani dirhama więcej.

– Sześćset, to jest piękna, artystyczna robota.

– Trzysta. – Raszid targował się ze sprzedawcą.

– Pięćset pięćdziesiąt.

– Czterysta.

– Madame, proszę tylko spojrzeć, jak misternie wykonane są te wzory. – Kupiec zwrócił się do Klaudii. – Pięćset dirhamów, i to jest moja ostateczna cena.

– Czterysta. Więcej nie damy.

– Pięćset – upierał się sprzedawca.

– Za drogo. Wychodzimy. – Raszid wziął Klaudię za rękę i skierował się w stronę wyjścia.

– Proszę poczekać! – sprzedawca zawołał za Raszidem. – Czterysta pięćdziesiąt! Więcej nie mogę opuścić.

Raszid nie zareagował i dalej zmierzał do wyjścia.

– Czterysta pięćdziesiąt i dołożę tę niezwykłą chamsę. – Kupiec wskazał na bogato zdobiony amulet w kształcie dłoni.

– Bardzo podoba mi się to lustro – szepnęła Klaudia.

– Dobrze, może być czterysta pięćdziesiąt z chamsą. – Raszid zawrócił ku wyraźnemu zadowoleniu Klaudii.

Uśmiechnięty sprzedawca zapakował towary, a Raszid za nie zapłacił.

– Oddam ci pieniądze, gdy tylko wyjdziemy z medyny – zadeklarowała Klaudia po opuszczeniu sklepiku.

– Nie trzeba, to mój prezent dla ciebie, niech cię chroni.

– Chroni?

– Chamsa, czyli ręka Fatimy, córki proroka Muhammada i jego ukochanej żony, Aiszy, ma niezwykłą moc – tłumaczył Raszid, klucząc wąskimi uliczkami. – Nie tylko przynosi szczęście, powodzenie i zdrowie, ale też chroni zarówno przed urokami i „złym okiem”, to znaczy wszelką zawiścią, nieżyczliwością i zazdrością, jaki i przed demonami i wszelkim złem.

– A lustro...

– Później ci wyjaśnię...

Na wąskich uliczkach medyny zrobił się tłok i trudno było dalej rozmawiać. Raszid przeprowadził Klaudię do jednej z wiekowych bram prowadzących na zewnątrz medyny, a następnie do zaparkowanego w pobliżu samochodu. Wsiedli i ruszyli w dalszą drogę.

– Casablanca, dwieście dziesięć kilometrów. – Klaudia przeczytała na dużej tablicy, kiedy wyjechali na autostradę.

– Szybko dojedziemy – stwierdził Raszid i dodał gazu.

Asfalt błyskawicznie uciekał pod kołami samochodu.

– Dziękuję, że zgodziłeś się na wyprawę do Casablanki. – Klaudia szeroko uśmiechnęła się do Raszida.

– Cała przyjemność po mojej stronie. – Odwzajemnił uśmiech. – Cieszę się, że jesteś zainteresowana moim krajem.

– Maroko jest niezwykłe i jestem bardzo ciekawa Casablanki.

– Pewnie chciałabyś wstąpić do Rick's Café[1]? – zapytał Raszid, jakby wizyta w portowym barze, który rozsławił film *Casablanca* i gdzie rozgrywał się jeden z najsłynniejszych melodramatów, była fantazją każdej kobiety.

– Oczywiście! – Klaudia potwierdziła żarliwie.

– Jest tyle barów na świecie, a ona musiała wejść właśnie do mojego – z zaangażowaniem powiedział Raszid, naśladując pełną emocji wypowiedź Ricka w filmie.

– To chyba nie tak dokładnie brzmiało. – Klaudia zastanowiła się chwilę. – „Ze wszystkich barów we wszystkich miastach na całym świecie ona musiała wejść do mojego" – zacytowała.

1 Rick's Café Casablanca – założona w 2004 roku knajpa (bar, kawiarnia i restauracja), która swoim wystrojem i atmosferą odtwarza scenerię legendarnego filmu *Casablanca*. W rzeczywistości zdjęcia do filmu były kręcone w studiu w Hollywood, ale magia kina sprawiła, że założona przez byłą amerykańską dyplomatkę w Maroku knajpa cieszy się nieustającym powodzeniem jako świątynia miłości bohaterów filmu, Ilsy i Ricka.

– Sens ten sam... Jest tyle samochodów na świecie, a ona... – Raszid zabójczo spojrzał na Klaudię, którą momentalnie oblała fala intensywnego gorąca.

Kiedy dotarli do celu, Klaudia musiała przyznać, że Casablanca zgodnie ze swoją hiszpańską nazwą naprawdę jest białym miastem. Budynki odznaczały się tym kolorem, chociaż niektóre z nich nie mogły się już poszczycić czystą, śnieżną białością. Mocno niebieskie niebo, zielone pióropusze widocznych na jego tle wysokich palm i białe budynki reprezentujące różne style architektoniczne – taki obrazek zapamiętała Klaudia, gdy Raszid krążył ulicami tego największego w Maroku miasta.

Niektóre budowle, takie jak pełniący funkcję oficjalnej rezydencji króla Muhammada VI Pałac Królewski oraz prywatny pałacyk króla Arabii Saudyjskiej, skryte były przed niepożądanym wzrokiem za wysokimi murami. Inne cieszyły oko charakterystycznymi bryłami i detalami rozmaitych stylów, w tym architektury kolonialnej, modernistycznej, brutalistycznej[1] i neomauretańskiej. Ta ostatnia czerpała ze sztuki marokańskiej, wykorzystując rzeźbione drewno cedrowe, mozaikę i stiuki. Budynki w dekoracyjnym stylu art déco odznaczały się zaokrąglonymi narożnikami zewnętrznymi, eleganckimi, kutymi balkonami, bogato zdobionymi fryzami oraz reliefami na imponujących fasadach.

– Jak wrażenia? – Raszid zwrócił się do Klaudii, którą pochłonęło oglądanie Casablanki przez okno samochodu.

– To wielka, nowoczesna metropolia. – Klaudia była pod wrażeniem europejskiego wyglądu miasta.

– Jak przystało na nasze gospodarcze, kulturalne i biznesowe centrum – dumnie stwierdził Raszid. – Mamy tu też jeden

[1] Brutalizm powstał w końcu lat 40. XX wieku, jest nurtem architektury późnego modernizmu. Nazwa kierunku wywodzi się z francuskiego *brut*, w znaczeniu surowy.

z największych na świecie sztucznych portów morskich, giełdę papierów wartościowych...

Raszid nagle zahamował, bo zamontowana nad szeroką ulicą sygnalizacja świetlna pokazała czerwony kolor.

– Co sądzisz o tym, żeby teraz jechać do hotelu? – zapytał Klaudii.

– A co z Rick's Café?

– Obiecuję, że zabiorę cię tam wieczorem – zapewnił Raszid.

– W takim razie jedźmy do hotelu, musisz trochę odpocząć, tyle godzin prowadziłeś bez żadnego postoju...

– Nie jestem zmęczony. – Raszid wcisnął gaz, bo właśnie pokazało się zielone światło.

Po parunastu minutach samochód podjechał pod nowoczesny, pięciogwiazdkowy hotel.

– Raszid... Mnie nie stać na tak drogi hotel – od razu zaznaczyła Klaudia. – Może poszukamy czegoś tańszego... – zaproponowała.

– W Casablance jesteś także moim gościem – pewnym głosem odpowiedział Raszid.

– Ale ja nie mogę... – Klaudia nie dokończyła, bo portier już otwierał drzwi pojazdu.

Luksusowy, pięciokondygnacyjny hotel został zbudowany tuż przy plaży, na schodzącym w stronę Oceanu Atlantyckiego wysokim klifie. Jego recepcja znajdowała się na najwyższym piętrze, a pokoje i apartamenty dla gości umieszczone były na niższych kondygnacjach poniżej poziomu ulicy. W jego z dużym smakiem zaprojektowanych przez londyńskich architektów wysublimowanych wnętrzach dominował kolor piasku nawiązujący do pobliskiej plaży.

Po załatwieniu niezbędnych formalności Raszid z Klaudią udali się do prawie dwustumetrowego ekskluzywnego apartamentu z dwiema dużymi sypialniami.

– Cudnie tu! – zachwyciła się Klaudia, kiedy zobaczyła wspaniały widok na ocean, który rozciągał się za zajmującymi prawie całą powierzchnię ścian oknami.

– Mówiłaś, że oglądanie słońca chowającego się w oceanie było dla ciebie wyjątkowym przeżyciem... – cicho powiedział Raszid. – A te okna wychodzą na zachód, więc pomyślałem...

– Raszid... – Klaudia poczuła ogarniające ją miłe ciepło.

Mężczyzna objął jej twarz wzrokiem, który następnie zatrzymał na jej ustach. Klaudia zamknęła oczy. Minęła chwila.

– Teraz pójdę. Wrócę na zachód słońca – szepnął Raszid.

Kiedy Klaudia otworzyła oczy, już go nie było. Dotknęła palcem ust. Bolały.

Wolno obeszła cały apartament. Był imponujący. Z każdego pomieszczenia: salonu, kącika jadalnego, sypialni, a nawet łazienki, można było podziwiać przez przeszklone ściany majestatyczny ocean. Wyszła na taras. Usłyszała głośny szum rozbijających się o brzeg fal. Przypomniała sobie o nieszczęśliwej miłości Romea i Julii z Imilchil.

Jezioro powstałe z łez wypłakanych przez nieszczęśliwie zakochaną kobietę. Ocean łez.

Kolejną godzinę spędziła na tarasie, wsłuchując się w pomruk oceanu. Następnie wzięła długą kąpiel w wannie, obserwując przez szybę białe grzywy fal. Odprężona położyła się do wygodnego, dużego łóżka i zapadła w lekką drzemkę.

Kiedy wstała, od razu sprawdziła w salonie, czy Raszid już wrócił, ale go tam nie było. Zapukała do drugiej sypialni, lecz odpowiedziała jej tylko cisza. Spojrzała na zegarek. Do zachodu słońca zostało jeszcze trochę czasu, więc postanowiła poszukać w przeglądarce telefonu jakichś ciekawych informacji na temat białego miasta.

Pierwszą z nich, na którą zwróciła uwagę, była wiadomość, że w dwa tysiące trzecim roku w Casablance doszło do jednego z największych na świecie ataków terrorystycznych na turystów. Czternastu terrorystów samobójców w pięciu miejscach zdetonowało ukryte pod ubraniami bomby. Były to najbardziej krwawe zamachy, jakie przeprowadzono w Maroku. Terroryści wysadzili hotel Farah, którego właścicielem był Kuwejtczyk, konsulat Belgii, żydowski klub, cmentarz oraz hiszpańską restaurację Casa de España. W atakach zginęło czterdzieści pięć osób, w tym dwunastu terrorystów, a ponad sto osób zostało rannych. Dwóch zamachowców aresztowano, zanim zdążyli zdetonować ładunki wybuchowe.

Wszyscy młodzi zamachowcy pochodzili z przedmieść Casablanki, gdzie znajdowały się nędzne slumsy. Dorastali w biednych domkach z tektury, gliny i blachy oraz na brudnych, pełnych odchodów uliczkach, po których wałęsały się krowy, owce i kury. Pozbawieni podstaw do godnego życia i jakichkolwiek perspektyw na lepszą przyszłość łatwo ulegli ekstremistycznej ideologii, która poprzez męczeńską śmierć miała ich zaprowadzić prosto do raju. Należeli do marokańskiej organizacji islamskich bojowników Salafija Dżihad, która powiązana była z Al-Kaidą, a za cel stawiała sobie wprowadzenie w Maroku prawa muzułmańskiego i walkę z obecnością w kraju cudzoziemców.

Podczas masowego procesu członków organizacji na ławie oskarżonych zasiadło prawie dziewięćdziesiąt osób, w tym dwóch niedoszłych samobójców terrorystów. Przy ogłaszaniu wyroków, od kar śmierci do wieloletniego więzienia, skazani krzyczeli *Allahu akbar*. Oskarżyciele twierdzili, że terroryści planowali następną serię krwawych zamachów na ośrodki turystyczne.

Po pięciu latach od procesu dziewięciu groźnym terrorystom udało się uciec z więzienia o zaostrzonym rygorze. Mimo zakrojonej na szeroką skalę akcji służby ich nie złapały. Istniały uzasadnione podejrzenia, że dżihadyści zdołali przedostać się do Hiszpanii, a później prawdopodobnie do innych państw europejskich.

– Jestem już – powiedział Raszid, a Klaudia aż podskoczyła, bo nie słyszała, kiedy wszedł. – Chodź, zaraz jest zachód słońca. – Wziął ją za rękę i razem wyszli na taras.

Promieniujące złotym blaskiem słońce chowało się za linią horyzontu, który rozświetlił się pomarańczowoczerwonym blaskiem. Spokojne, lekko falujące wody oceanu emanowały szmaragdową poświatą. Klaudia i Raszid zapatrzyli się w niezwykłą paletę barw i grę świateł, które zmieniały się wraz z odbijającym się w oceanie zachodzącym słońcem. Widok zapierał dech w piersiach i tylko milczenie mogło podkreślić całe jego niepowtarzalne piękno. Stali tak, wtopieni w słońce, w ocean, w siebie. Aż wszystko powlekło się nieziemskim szkarłatem.

– Piękne – szepnęła Klaudia, kiedy słońce schowało się w oceanie.

– Jak ty – Raszid szepnął tak cicho, że Klaudia ledwie go usłyszała.

Stali tak razem, a ocean falował.

– Najwyższy czas pójść do Rick's Café – stwierdził Raszid.

– Tak, czas pójść do Rick's Café – powtórzyła Klaudia.

Słynna knajpa mieściła się w białym budynku tradycyjnej marokańskiej rezydencji z wewnętrznym dziedzińcem wzniesionej w latach trzydziestych ubiegłego wieku. Gości witała imponująca fasada. Świetności nadawały jej ciężkie drewniane drzwi, do których prowadziło kilka schodków, dekoracyjne okna zakończone łukami oraz zabudowany balkon szczycący się dwiema kolumnami i ozdobną balustradą. Po obu stronach wejścia rosły dwie wysokie palmy, których pióropusze sięgały ponad umieszczony wysoko czarny napis: Rick's Café.

– Zapraszam. – Raszid szarmancko podał Klaudii ramię i weszli do środka.

Tonące w półmroku wnętrze do złudzenia przypominało knajpę Ricka z filmu *Casablanca*. Rzeźbiony bar, liczne łuki, balkony i balustrady, stojące na każdym stoliku mosiężne, artystyczne lampki, które rzucały dramatyczne cienie na białe ściany, oraz autentyczny fortepian Pleyel z lat trzydziestych wprowadzały niepowtarzalny nastrój. Sceny ze słynnego melodramatu wyświetlane były w jednej z sal na dużym ekranie, a ściany zdobiły filmowe plakaty z Humphreyem Bogartem i Ingrid Bergman.

Raszid porozmawiał z kelnerem, który zaprowadził ich do zarezerwowanego stolika.

– Dobrze, że pomyślałeś o rezerwacji – powiedziała Klaudia, kiedy usiedli. – Zobacz, wszystkie miejsca są zajęte.

– O tej porze tu zawsze tak jest.

Kelner przyniósł menu i złożyli zamówienie, decydując się na owoce morza i francuskiego, wytrawnego szampana. Gdy tylko kelner odszedł od stolika, zabrzmiały dźwięki fortepianu, co sprawiło Klaudii szczególną przyjemność. Muzyk przez cały wieczór grał francuskie, hiszpańskie i amerykańskie standardy z lat czterdziestych i pięćdziesiątych, wprowadzając nastrojową, romantyczną atmosferę. Raszid z Klaudią rozkoszowali się wykwintnym jedzeniem, wybornym szampanem i interesującą konwersacją. Kiedy wznosili toast ostatnim kieliszkiem szampana, pianista, na powtarzające się życzenie gości, zagrał niezapomniany *Jak mija czas*. Raszid skierował swoje uwodzicielskie spojrzenie prosto w oczy Klaudii i zanucił z wyraźnym zaangażowaniem:

A gdy dwoje kochanków się uwodzi
Ciągle mówią: „Kocham cię”
Możesz na tym polegać
Bez względu na to, co przyniesie przyszłość
Gdy mija czas.

Klaudia sączyła szampana i pragnęła, żeby czas nie mijał.

Po niezwykle udanej kolacji Raszid z Klaudią w doskonałych humorach wrócili do swojego apartamentu w hotelu i usiedli na kanapie w salonie.

– Jak wrażenia z Rick's Café? – zapytał Raszid.

– Bardzo klimatyczne miejsce – odpowiedziała Klaudia. – Dokładnie tak jak film.

Raszid popatrzył na nią uważnie.

– Wyjmij to berberyjskie lustro, które kupiliśmy w Marrakeszu, opowiem ci o nim.

Prośba mężczyzny w tym momencie była dla Klaudii dość zaskakująca, ale wstała i przyniosła torbę, w której znajdowały się zakupy ze starej medyny. Wyjęła i rozpakowała lustro, a następnie podała je mężczyźnie, który położył je na stojącym obok kanapy stoliku.

– To lustro jest bardzo szczególne – powiedział poważnie.

– Dlaczego?

– Znajduje się zwykle u Berberów w sypialni i pełni bardzo ważną funkcję.

– Jaką?

– Jeżeli obie okiennice są zamknięte, to znaczy, że żona nie ma ochoty na miłosne igraszki. Jeżeli jedna okiennica jest otwarta... – Raszid odchylił jedną stronę – to znaczy, że się zastanawia. A jeżeli obie okiennice są otwarte, to znaczy... – nie dokończył, tylko zamknął lustro i spojrzał pytająco na Klaudię.

– Bardzo interesujące – powiedziała i zamilkła na dłuższy czas, wpatrując się w oryginalną ozdobę.

Później otworzyła obie okiennice i ukazała się krystaliczna tafla lustra. Raszid objął jej twarz wzrokiem, który na dłużej zatrzymał na jej ustach. Klaudia zamknęła oczy. Minęła chwila. Mężczyzna dotknął ustami jej ust. Westchnęła pod wpływem rozpalającego upojenia, które poczuła w każdym zakamarku swojego ciała.

I całował ją tak jak jeszcze nikogo przedtem. I pieścił ją tak jak jeszcze nikogo przedtem. I kochał się z nią tak jak z nikim przedtem.

A ocean szumiał szumem odwiecznym. Bez łez.

Rozdział IV

Romantyczna podróż

Monumentalny meczet Hassana II w Casablance sprawiał wrażenie, jakby się wyłaniał z głębi oceanu. „Chcę wybudować meczet na wodzie, bo tron Boga znajduje się na wodzie. W ten sposób wierni, którzy przybędą tam, by się modlić i chwalić stwórcę na ziemi, będą mogli kontemplować boskie niebo i ocean" - tymi słowami w lipcu tysiąc dziewięćset osiemdziesiątego roku, w dniu swoich pięćdziesiątych pierwszych urodzin, król Maroka Hassan II, ojciec obecnego króla, zapowiedział budowę meczetu, który stał się jedną z największych i najbardziej imponujących świątyń muzułmańskich na świecie. Wzniesiony na płycie wspartej na dnie oceanu przyciągał zarówno setki tysięcy wiernych, jak i turystów, którzy chcieli na własne oczy zobaczyć to arcydzieło nowoczesnej architektury i sztuki.

Raszid zabrał Klaudię do meczetu Hassana II następnego dnia po ich pierwszej wspólnej nocy. Przepełniona żarliwymi miłosnymi zaklęciami, wyszukanymi pieszczotami, szalonymi erotycznymi figlami i niewysłowioną rozkoszą noc wyniosła Klaudię na szczyty harmonijnej jedności z mężczyzną. Raszid był znakomitym kochankiem, który sprawił, że Klaudia odkryła w sobie nieznane jej do tej pory sekrety własnej kobiecości. Całowała jak nigdy przedtem, pieściła jak nigdy przedtem, kochała się jak nigdy przedtem. Kochała jak nigdy przedtem.

Śniadanie zjedli na tarasie, upajając się swoją obecnością i potęgą bezmiernego oceanu. Jednostajny, głęboki pomruk fal koił, a jednocześnie przypominał o potężnej sile ukrytej w niezmierzonym żywiole. Jak ich właśnie zrodzona miłość.

Po skończonym posiłku udali się do niezwykłego, najwspanialszego w Afryce meczetu Hassana II. Już z daleka uwagę Klaudii przyciągnął strzelisty minaret, który wydawało się, że sięga nieba.

– Ta wieża przypomina minaret Meczetu Księgarzy w Marrakeszu – zauważyła Klaudia.

– Masz rację, rzeczywiście był na nim wzorowany – przyznał Raszid.

– Tylko że jest od niego dużo większy.

– To najwyższy minaret na świecie.

– Naprawdę?

– Tak, ma wysokość aż dwustu dziesięciu metrów.

– Wspaniały jest... – Klaudia patrzyła na pokrywające wieżę misterne almohadzkie rzeźbienia przypominające kwiat lilii.

– Artyści i rzemieślnicy marokańscy zadbali o każdy najdrobniejszy dekoracyjny szczegół. Zarówno minaretu, w którym na zewnątrz i wewnątrz wykorzystano drewno cedrowe, mosiądz, różowy granit, marmur i złoto... – Raszid podążył za wzrokiem Klaudii, podziwiającej umiejscowiony wysoko fryz wyłożony płytkami azulejo w kolorze zielonym i żółcieni chromowej, które tworzyły przepiękny kwiatowy wzór – ...jak i całego ogromnego meczetu.

Podążyli w stronę świątyni, a kiedy po kilku minutach zbliżyli się do wielkich grawerowanych, mosiężnych i tytanowych drzwi, które znaczył potężny łuk, mężczyzna nagle się zatrzymał.

– Posłuchaj mnie. – Pełen powagi ton Raszida sprawił, że Klaudia stanęła obok niego i uważnie na niego spojrzała. – To jest dla mnie bardzo ważne, że dzisiaj... – mężczyzna podkreślił ostatnie słowo – właśnie dzisiaj tu razem jesteśmy.

– Dla mnie wszystko jest ważne – z całego serca zapewniła Klaudia, a oczy Raszida zajaśniały bezbrzeżną radością.

Niepowtarzalne wnętrze meczetu zadziwiało doskonałością architektonicznych form, najwyższej jakości materiałami, elegancją i pewnego rodzaju lekkością, która mogła zadziwiać przy jego kolosalnych rozmiarach. Liczni turyści, którzy, jak nakazywała tradycja, bez butów zwiedzali świątynię, olśnieni rozmachem budowli w milczeniu przysłuchiwali się w grupkach różnojęzycznym przewodnikom przybliżającym fakty o tej unikatowej budowli.

Raszid zatrzymał się przy Marokańczyku, który po angielsku ze swadą opowiadał o meczecie.

– Posłuchaj – szepnął do Klaudii.

– Całkowita powierzchnia świątyni wynosi dwadzieścia tysięcy metrów kwadratowych – wyjaśniał przewodnik. – Mężczyźni modlą się w sali głównej, a kobiety w przeznaczonych dla nich galeriach na górze. Meczet wraz z przylegającym do niego dziedzińcem może pomieścić ponad sto tysięcy wiernych.

– Prawdziwy kolos – cicho stwierdziła Klaudia.

– Zastosowane w nim najnowsze technologie zapewniają modlącym się komfort i bezpieczeństwo – ciągnął przewodnik. – Należą do nich podgrzewana podłoga, elektroniczne systemy do drzwi, zabezpieczenia przed trzęsieniami ziemi i dwa wielkie falochrony chroniące przed groźnymi oceanicznymi falami, których wysokość w czasie sztormów może dochodzić do dziesięciu metrów.

– Meczet na wodzie... – Klaudia była pod wrażeniem perfekcyjnej konstrukcji budowli.

– Bezsprzecznym cudem architektonicznym jest ważący ponad tysiąc ton rozsuwany cedrowy i pozłacany dach, który otwiera się w zaledwie trzy minuty...

Klaudia podniosła głowę do góry, wyobrażając sobie widoczne przy rozsuniętym dachu niebieskie niebo. Majestat. Nieograniczona moc, która wśród lśniącej, marmurowej podłogi i granitowych kolumn, rzeźbionych w drewnie cedrowym kasetonów, ręcznie wycinanych stiuków, łuków, mozaik, kaligrafii, arabesek i złotych inskrypcji przenikała wnętrze okazałej świątyni.

– Chodź za mną – Raszid szepnął do Klaudii.

Podeszli do olbrzymich ażurowych okien, przez które widać było oblewający meczet ocean, a następnie przez długą chwilę kontemplowali rozbijające się wielkimi, białymi grzywami szafirowe fale. Bezmiar majestatu nieba i oceanu.

Później wolno przemierzyli całą świątynię, a odbijające się w lśniącej podłodze światła kilkudziesięciu żyrandoli ze szkła weneckiego, które wykonali najlepsi włoscy mistrzowie, potęgowały wrażenie niezwykłości tego arcydzieła architektury sakralnej. Raszid pokazał też Klaudii mihrab[1], modlitewną niszę, po której obu stronach stały gustowne białe kolumny z marmuru z Carrary.

– Tylko te kolumny i żyrandole ściągnięto spoza Maroka, a reszta materiałów budowlanych pochodzi z naszego kraju – mówił półszeptem. – Drewno cedrowe z Atlasu, marmur z Agadiru... Kierunek Mekki w meczecie wyznacza ten mihrab, a na zewnątrz umieszczony na szczycie minaretu laser, którego promień widać w nocy na ponad trzydzieści kilometrów.

[1] Mihrab (arab.) – dosłownie: wnęka, cela. Rodzaj małej wnęki w meczetach usytuowanej w głównym miejscu sali modlitw i wskazującej kierunek Mekki, w którym powinni modlić się wierni.

– Niesamowite, jak spójnie połączone są tu architektura mauretańska i różne rodzaje sztuki marokańskiej z najnowszą technologią – zauważyła Klaudia.

– To właśnie czyni nasz meczet tak wyjątkowym. – Po raz kolejny w głosie Raszida zabrzmiała duma, kiedy mówił o swoim kraju.

Na końcu mężczyzna zaprowadził Klaudię do znajdującego się w podziemiach sali głównej miejsca ablucji, gdzie wierni mogli dokonać rytualnego obmycia ciała przed modlitwą w umieszczonych między rzędami kolumn białych marmurowych fontannach w kształcie kwiatów lotosu.

Po wyjściu na zewnątrz Klaudia jeszcze raz objęła wzrokiem imponującą bryłę meczetu z sięgającym nieba minaretem i wymownie spojrzała na Raszida. Bez słów podziękowała mu za niezwykły początek dnia. Mężczyzna w odpowiedzi musnął jej twarz wierzchem dłoni.

Wrócili do hotelu, gdzie zaczęli przygotowywać się do dalszej podróży. Klaudia pakowała się w swojej sypialni pełna buzujących w niej intensywnych uczuć, które wywołał w niej Raszid i wspólna z nim wyprawa.

Co będzie dalej? – zastanawiała się. Raszid odwiezie mnie do Agadiru, a później... Ja muszę wrócić do Polski, Raszid do Anglii... Na myśl o nieuchronnym rozstaniu z mężczyzną, który niespodziewanie stał jej się tak bliski, poczuła bolesny skurcz w sercu.

Kiedy w walizce znalazły się wszystkie jej rzeczy, przeszła do salonu po berberyjskie lustro. Leżało na stoliku z nadal otwartymi okiennicami. W krystalicznej tafli odbijała się noc uniesień, noc rozkoszy, noc miłości. Wyciągnęła rękę, żeby zamknąć okiennice, ale zaraz ją cofnęła. Przestraszyła się, że w przesiąkniętym magią Maroku może tym gestem przeciąć dopiero co nawiązaną więź z fascynującym mężczyzną. Usiadła na kanapie i zapatrzyła się w lustro. „Jak mija czas". Niech nie mija.

– Jesteś już gotowa? – Raszid wszedł do salonu.

Zobaczył ją zamyśloną nad otwartym lustrem.

– Co się dzieje? – Usiadł obok niej. – Coś nie tak?

– Nie... Muszę spakować to lustro.

– Lustro... – Raszid namyślił się chwilę. – Tak sobie teraz pomyślałem, że może...

– Może? – Klaudia spojrzała na niego pytająco.

– Jeżelibyś się zgodziła... – Raszid wziął Klaudię za rękę.

– Na co?

– Jeżeli tylko zechcesz, to mogę ci pokazać jeszcze inne miasta Maroka – zaproponował, ściskając jej dłoń.

Klaudia nic nie odpowiedziała zaskoczona nagłą propozycją.

– Oczywiście będziesz moim gościem – Raszid zapewnił szybko. – Możemy zwiedzić Rabat, Fez, Meknes, As-Suwajrę... Co tylko chcesz...

Wyobrażenie o tych egzotycznych miastach zawirowało w głowie Klaudii.

– Bardzo proszę... – Raszid delikatnie pocałował ją w policzek. – Bardzo...

Całował jej twarz, subtelnie, z uczuciem, dotknął jej ust, westchnęła, ogarnął go żar, dotknął jej piersi, westchnęła raz jeszcze...

– Pragnę cię... – wyszeptał. – Pragnę cię tak bardzo...

I całował, i pieścił, i kochał... Jak nigdy, nikogo...

Klaudia po aromatycznej kąpieli w łazience, skąd widać było potężny ocean, wróciła do salonu, zamknęła lustro i schowała je do torby. Już się nie bała.

Podróż z Raszidem po Maroku została w pamięci Klaudii jak kolorowy berberyjski kilim, którego barwy i wzory splatały się w cudowną, harmonijną całość. W kolejnych miastach poznawała bogatą historię i kulturę kraju, a obecność Raszida i jego ciekawe opowieści dodawały całej wyprawie niepowtarzalnego uroku. Pulsujące namiętnością noce i przepojone żarliwym uczuciem pożądanie mężczyzny rozpalało ją do granic możliwości. Pragnęła jak nigdy, pieściła jak nigdy, kochała jak nigdy.

W stolicy kraju, Rabacie, na starej medynie, której mury były na dole niebieskie, a na górze białe, Raszid robił jej zdjęcia w krętych, wąskich uliczkach, a ona się śmiała. Tak się śmiała. Jak nigdy.

W starożytnych ruinach rzymskiego miasta Volubilis podziwiali mozaiki przedstawiające bogów i herosów z mitologii starożytnej. W pozostałościach po domu uciech ich uwagę przyciągnęła duża płaskorzeźba wzniesionego fallusa z wyraźnie zaznaczonymi jądrami. Położyła na nim dłoń, a on się śmiał. Tak się śmiał. Jak nigdy.

Przy Pałacu Królewskim w Fezie, który był ulubioną siedzibą urodzonej w tym mieście żony króla, Lalli Salmy, robili sobie pamiątkowe fotki. Klaudia stanęła przy zakończonych łukiem bogato udekorowanych cedrowych drzwiach, które prowadziły do pałacu.

– Jesteś moją królową – powiedział.

Nie, nie śmiali się.

Kiedy byli w Fezie, zadzwoniła Eliza.

– Cześć, co słychać? W ogóle się nie odzywasz – zaczęła z wymówką.

– Przepraszam, ale tyle się dzieje...

– Co się dzieje?

– Nie wiem, jak to powiedzieć... – Klaudia spojrzała na siedzącego obok niej Raszida.

– Coś się stało?

– Nie... Tak... To znaczy w pewnym sensie... – Klaudia zaplątała się w tłumaczeniu.

– Mów jaśniej, bo nic nie rozumiem.

– Nie bardzo mogę...

– Kto dzwoni? – zapytał Raszid.

– Eliza.

– Pozdrów ją ode mnie.

– Pozdrowienia od Raszida – przekazała Klaudia.

– Raszid jest z tobą w Agadirze? – Eliza się zdziwiła.

– Nie w Agadirze, jesteśmy w Fezie.

– To wyprawa się przedłużyła – wywnioskowała koleżanka.

– No właśnie...

– Byliście jeszcze w innych miastach?

– Tak.

– Czy to znaczy, że wy...

– Tak.

– Naprawdę! – W głosie Elizy pojawiła się ekscytacja. – A wiesz, że nawet myślałam o was po naszej ostatniej rozmowie. Powiedz, jak to się stało?

– Nie teraz.

– No tak, przecież jest Raszid... – Eliza się zreflektowała. – Koniecznie zadzwoń, kiedy będziesz sama! Musisz mi wszystko dokładnie opowiedzieć!

– Dobrze, zadzwonię – obiecała Klaudia. – A jak tam u was?

– Dziękuję, w porządku.

– Co z twoją pracą?

– Zwolniłam się.

– Jednak się zdecydowałaś...

– Salah mnie namówił.

– I jak się z tym czujesz?

– Na razie świetnie! – radośnie stwierdziła koleżanka. – Nie muszę wstawać wcześnie rano, tłoczyć się w metrze, słuchać szefowej, pracować pod presją...

– Czyli same plusy…

– Dopiero parę dni jestem w domu, więc się tym cieszę, a Salah jeszcze bardziej.

– To fajnie.

– Tobie też się układa… Słuchaj, nie będę wam teraz przeszkadzać, ale odezwij się przy pierwszej okazji.

– Dobrze, tak zrobię. Pozdrów Salaha.

– A ty Raszida. Do usłyszenia.

– Do usłyszenia.

Raszid przysłuchiwał się rozmowie Klaudii z koleżanką.

– Eliza zrezygnowała z pracy? – zapytał, gdy tylko skończyły rozmowę.

– Tak.

– To Salah się pewnie ucieszył.

– Tak mówiła Eliza.

– Od dawna ją do tego namawiał, więc dobrze, że w końcu dała się przekonać. A ty lubisz swoją pracę?

– Lubiłam…

– Już nie lubisz?

– W tej chwili nie pracuję.

– Też się zwolniłaś?

– To mnie zwolnili.

– Przykro mi. Dawno?

– Już jakiś czas temu.

– Szukałaś czegoś nowego?

– Szukałam.

– I co?

– Nie jest tak łatwo… A ty? Eliza coś wspomniała, że zaczęliście z Salahem jakiś wspólny biznes.

– Tak, to prawda.

– Co to jest?

Raszid zmarszczył czoło.

– Jeśli to jakaś tajemnica, to przepraszam.

– Nie tajemnica, ale jeśli chodzi o pewne sprawy, to im mniej o tym mówimy, tym lepiej.

– Jasne, rozumiem.

– Powiedz mi, proszę, jak ci się podoba nasza wyprawa po Maroku. – Raszid zmienił temat.

– Bardzo mi się podoba.

– Jak bardzo?

– O tak... – Klaudia mocno pocałowała mężczyznę.

– Tak mało?

– I tak... – Klaudia pocałowała go jeszcze mocniej.

– Mało...

– I tak, i tak... – Zasypała Raszida gorącymi pocałunkami.

– Jeszcze mało...

Zaczęli się namiętnie całować, a po chwili znaleźli się w wielkim hotelowym łóżku.

Podczas wielogodzinnej jazdy samochodem Raszid opowiadał interesujące historie dotyczące odwiedzanych miast. Niektóre z nich zapadły w pamięć Klaudii, jak ta o krwiożerczym sułtanie, który zasłynął ze swojego obsesyjnego bestialstwa i dzikiego erotyzmu.

– Sułtan Maulaj Isma'il przeniósł stolicę z Fezu do Meknesu – zaczął Raszid, kiedy opuszczali Fez. – Został władcą w wieku zaledwie dwudziestu siedmiu lat i panował aż pięćdziesiąt pięć lat.

– Kiedy to było? – zapytała Klaudia.

– Na przełomie siedemnastego i osiemnastego wieku. Uważany jest za założyciela współczesnego Maroka, ale swój sukces osiągnął poprzez okrutne rządy. Mordował, torturował...

– Jeżeli sprawował władzę przez dziesiątki lat, to ile ludzi musiało przez niego wycierpieć...

– Swoje panowanie zaczął od pokazania ponad czterystu ściętych głów w Fezie, a szacuje się, że w ciągu swoich rządów zabił i torturował ponad trzydzieści tysięcy ludzi.

– Straszne – wzdrygnęła się Klaudia.

– Następne tysiące zginęły w bitwach, które prowadził, bo pod koniec swojego życia posiadał potężną armię stu pięćdziesięciu tysięcy wojowników złożonych przede wszystkim z niewolników porwanych z Afryki Subsaharyjskiej. I żeby zapewnić nieprzerwane istnienie swoich elitarnych oddziałów, osobiście hodował dla nich ludzi.

– Co?! – krzyknęła Klaudia. – Jak to hodował ludzi? W jaki sposób?

– Zapewniał niewolnikom w armii kobiety, a kiedy rodziły się dzieci, to w zależności od płci trafiały albo do koszar, albo do pałacowej służby. Chłopców już w wieku dziesięciu lat wcielano do wojska, gdzie ich nauka trwała osiem lat. Szkolono ich w jeździe konnej, tajnikach wojskowych i obchodzeniu się ze zwierzętami jucznymi. Oczywiście uczono ich dyscypliny i musztry, więc kiedy osiągnęli wiek osiemnastu lat, byli ślepo oddanymi sułtanowi wiernymi żołnierzami.

– Przeraźliwy proceder! – Opowieść o hodowanych przez sułtana dzieciach wstrząsnęła Klaudią.

– Ale dzięki temu doprowadził do zjednoczenia i potęgi państwa, rozwoju gospodarczego, rozkwitu handlu, wzniesienia imponujących budowli, które stoją do dziś... Miał w tym swój jasno określony cel.

I to ta chłodna wypowiedź Raszida powinna wstrząsnąć Klaudią. Jednak tak się nie stało. Wtedy przyjęła ją jako historyczną opowieść o jednym z najważniejszych władców marokańskich, którą mężczyzna chciał urozmaicić jej długą podróż. Dopiero później... Dopiero później, z perspektywy czasu... Ale wtedy, pod marokańskim słońcem, owładnięta radością, miłością, namiętnością, nie wiedziała, że w krwawej historii wszechmocnego sułtana krył się jej własny przerażający horror.

– Sułtan Maulaj Isma'il miał osiemset osiemdziesięcioro ośmioro dzieci, co jest odnotowane w Księdze Guinnessa jako udokumentowany przypadek posiadania największej liczby dzieci – ciągnął Raszid.

– Jak to możliwe? – zdziwiła się Klaudia.

– Sułtan posiadał cztery żony i harem składający się z ponad pięciuset konkubin.

Zdegustowana Klaudia spojrzała na Raszida.

– Nie za dużo tych kobiet? – powiedziała z przekąsem.

– Takie były czasy. – Raszid lekko się uśmiechnął. – Za każdym razem, kiedy jakieś plemię zostało pokonane, jego wódz musiał podarować sułtanowi do jego haremu jako prezent najpiękniejszą i najbardziej drogą mu córkę.

– Biedne dziewczyny…

– Niekoniecznie… Każda z nich posiadała swoją służącą i swojego eunucha.

– Ale były zamknięte i całkowicie zdane na sułtana.

– Za to sułtan zapewniał im wszystko, czego potrzebowały do wygodnego życia.

– Jednak jeżeli to był okrutny władca, to pewnie tak samo bezwzględny był dla swoich kobiet – wyraziła przypuszczenie Klaudia.

– To prawda – przyznał Raszid. – Gdy jakaś konkubina została podejrzana o zdradę, to czekała ją sroga kara.

– Jakiego rodzaju?

– Sułtan osobiście ją dusił albo nakazywał pozbawić ją piersi lub wszystkich zębów.

– Z tego wniosek, że nie miał litości dla nikogo…

– Nawet dla własnych dzieci – Raszid wpadł Klaudii w słowo. – Pewnego razu jeden z jego synów został niesłusznie oskarżony o to, że planuje spisek, bo sam chce zostać władcą. Bezlitosny sułtan za ten rzekomy bunt kazał amputować synowi lewe ramię i prawą nogę, aby w ten sposób dać wszystkim jasny sygnał, że każde nieposłuszeństwo i próba rewolty będą surowo ukarane. Jego własny syn wykrwawił się na śmierć...

– To pewnie wszyscy przed nim drżeli...

– Każdy z jego otoczenia mógł stracić życie w każdej chwili bez żadnego wyraźnego powodu. Krąży wiele makabrycznych opowieści... Według jednej z nich ściął głowę niewolnikowi, który mu asystował przy wsiadaniu na konia i poprawiał strzemię. Innym razem zabił niewolnika, który pozwolił sobie na odpoczynek podczas prac budowlanych. Sułtan ścisnął mu głowę, używając dwóch cegieł, a mózg, który wypłynął, kazał wymieszać z zaprawą murarską, żeby w ten sposób przestrzec innych.

– Aż słabo się robi, słuchając tego...

– Sułtan żądny krwi... W końcu jakoś musiał zasłużyć sobie na ten przydomek. Krążą opowieści, że ostrość nowych toporów sprawdzał, obcinając głowy niewolnikom.

– I tak przez ponad pół wieku siał postrach i grozę?

– Nieprzerwanie... I nawet jego ukochanych kotów nie ominęła jego krwiożerczość.

– To on miał ukochane koty?

– Czterdzieści pupilów, którym poświęcał sporo czasu, bo uwielbiał się z nimi bawić i karmić je świeżym mięsem.

– To jak mógł robić im krzywdę?

– Jeżeli któryś z nich go zdenerwował, to posyłał swoich służących na ulicę, żeby obwieścili, że odbędzie się jego publiczna egzekucja.

– Kota?

– Tak, ale przedtem kot był jeszcze torturowany.

– Wystarczy już, nie mogę tego więcej słuchać. – Klaudii zebrało się na mdłości.

– Egzekucje kotów były sposobem, którym sułtan obwieszczał poddanym, że nikt nie może kwestionować jego potęgi, nawet domowy pupilek.

– To było jakieś... nienormalne? – Klaudia wyraziła swoje zdanie, chociaż w duchu pomyślała, że użyła zbyt łagodnego słowa.

– Mimo wszystko to właśnie krwawe rządy sułtana Maulaja Isma'ila uczyniły z niego jedną z największych postaci w historii Maroka.

Stwierdzenie Raszida Klaudia zrzuciła na karb rozpierającej go dumy ze swojego kraju, którego dynamiczny rozwój zapoczątkował okrutny sułtan.

– Widziałaś przecież w Meknesie jego wspaniałe mauzoleum – przypomniał Raszid.

– Tak, i właśnie chciałam cię zapytać o te dwa zabytkowe stojące zegary, które znajdują się w sali obok marmurowych sarkofagów sułtana i jego rodziny. – Klaudię zaintrygowały duże europejskie zegary z wahadłem wyróżniające się na tle typowego dla architektury Maroka wystroju: dwóch dziedzińców z fontannami, marmurowych kolumn, stylowych łuków, wspaniałych mozaik na podłogach i ścianach, misternych rzeźbień i bogato udekorowanego sufitu.

– Te osiemnastowieczne zegary to dar króla Francji Ludwika XIV Wielkiego, z którym sułtana łączyły bliskie sojusze i bardzo dobre relacje.

– Ciekawe, że zostały umieszczone w mauzoleum sułtana.

– Bo wiąże się z tym bardzo interesująca historia.

– Zamieniam się w słuch.

– Sułtan poprzez swojego ambasadora wystąpił do Króla Słońce, jak nazywano władcę Francji, z propozycją małżeństwa z jego nieślubną, ale uznaną przez króla, najpiękniejszą córką, Marią Anną Burbon.

– To sułtan miał harem, a król kochanki.

– I to liczne. Posiadał z nimi kilkanaścioro dzieci, które w większości oficjalnie uznał.

– Czy król i jego córka przyjęli propozycję sułtana?

– Nie, Maria Anna Burbon stanowczo odmówiła.

– I dobrze, bo pewnie skończyłaby w haremie i urodziła mu jeszcze więcej dzieci.

– Tak naprawdę to przypuszcza się, że sułtan miał więcej dzieci niż te, które się oficjalnie podaje. Mówi się, że mógł ich mieć nawet ponad tysiąc. A ty chcesz mieć dzieci? – Raszid zapytał znienacka.

– Dzieci? – Klaudia pomyślała, że w dalekiej przyszłości prawdopodobnie nadejdzie taki moment, że zapragnie zostać matką. – Tak, pewnie kiedyś tak.

Klaudia wypowiedziała te słowa w złą godzinę.

– A co do propozycji sułtana mają zegary? – wróciła do tematu.

– Król Ludwik XIV wysłał je sułtanowi jako dar wraz z odmową wydania swojej córki za niego za mąż.

– Chciał go pewnie jakoś udobruchać.

– W każdym razie do skandalu dyplomatycznego nie doszło. I widać, że zegary były dla sułtana bardzo cenne, skoro znalazły się przy jego grobie.

– Zegary były dwa, a konkubin ponad pięćset…

– Może to wszystko tłumaczy. – Raszid się zaśmiał.

– Przypomnij mi nazwę miejscowości, do której teraz jedziemy – poprosiła Klaudia, bo już chciała zakończyć rozmowę o krwiożerczym sułtanie.

– As-Suwajra. Myślę, że ci się spodoba.

Raszid miał całkowitą rację. Położona nad oceanem As-Suwajra zachwyciła Klaudię nieodpartym urokiem portowego miasta, do którego ciągnęli wszelkiego rodzaju artyści, lekkoduchy i niebieskie ptaki w poszukiwaniu natchnienia albo łatwo dostępnej, uzyskiwanej z plantacji na pobliskich wzgórzach marihuany. Z wytartymi plecakami, w luźnych ubraniach, ze wzrokiem, który mówił, że ważne jest tylko „tu i teraz", snuli się wśród biało-niebieskich murów miasteczka, na których wywieszone były kolorowe berberyjskie kilimy lub barwne obrazy artystów. Tu czas nie mijał.

Raszid z Klaudią zamieszkali w tradycyjnym rijadzie w starej medynie i postanowili, że spędzą w mieście kilka dni. Raj bohemy wydawał się idealnym miejscem dla tak nagle rozpoczętej miłości. Odwiedzali liczne galerie, zatrzymywali się przy pochodzących z Europy i Afryki artystach, którzy sprzedawali na ulicach swoje dzieła, i słuchali transowej muzyki gnawa, którą grali hipnotyzujący czarnoskórzy muzycy. Wieczorami w uroczych knajpkach, w blasku świec, raczyli się świeżymi jak nigdzie rybami, małżami, krabami i langustami, pijąc przy tym bez umiaru ciemnoczerwone wino i wpatrując się w mroczną toń oceanu. Nocami się kochali. Kochaniem największym, najgorętszym. Najpełniejszym.

Pewnego popołudnia Raszid sam wyszedł z riadu i Klaudia od razu skorzystała z okazji, żeby zadzwonić do Elizy.

– No nareszcie! – Koleżanka się ucieszyła. – Myślałam, że już przepadłaś w tym Maroku zupełnie.

– Raszid cały czas jest ze mną – tłumaczyła się Klaudia.

– Widzę, że miłość kwitnie… Gdzie teraz jesteście?

– W As-Suwajrze.

– Cudne miejsce.

– Ja też jestem zachwycona.

– A gdzie dalej jedziecie?

– Wracamy do Agadiru. Jesteśmy tu już kilka dni, a ja muszę przecież zaraz wracać do Polski.

– Pewnie ci trudno opuszczać Maroko?

– Bardziej Raszida...

– A jak to wszystko się zaczęło? Tak szybko...

– W Casablance poszliśmy do Rick's Café, a później... Ale muszę ci się przyznać, że Raszid spodobał mi się od pierwszego wejrzenia.

– Nie dziwię się, to świetny facet. Czyli miłość od pierwszego wejrzenia...

– Tylko że zaraz się rozstaniemy i co dalej?

– Londyn nie tak daleko...

– To nie takie proste. Po powrocie przede wszystkim muszę szukać pracy. Właśnie, dalej sobie chwalisz, że nie pracujesz?

– Coraz bardziej – Eliza stwierdziła z przekonaniem. – Wreszcie mam na wszystko czas i nie jestem ciągle zestresowana. Wcześniej nie miałam pojęcia, jaki to komfort. Mogę zadbać o siebie, o dom, coś dobrego dla nas ugotować... I też ci się do czegoś przyznam. Od kiedy jestem w domu, to z Salahem jest tak, jakbyśmy odkrywali siebie na nowo. Jest jakoś inaczej, lepiej...

– To świetnie.

– Mogę też częściej spotkać się z przyjaciółmi, bo przedtem nie miałam na to za dużo czasu.

– Czyli same plusy.

– Odpukać. Wracając do was, to naprawdę bardzo się cieszę, że tak się stało, i życzę wam jak najlepiej.

– Nie dziękuję, żeby nie zapeszać.

– Salah też wam dopinguje.

– On już wie?

– Raszid mu pewnie powiedział, bo zaczął na ten temat rozmowę, zanim ja mu cokolwiek powiedziałam.

– Aha.

– To dobrego czasu w As-Suwajrze i z Raszidem oczywiście.

– Nie dziękuję.

– Super, że zadzwoniłaś. Odzywaj się jeszcze.

– Jasne, gdy tylko będę znowu sama, to zadzwonię.

– To do usłyszenia.

– Do usłyszenia.

Przejazdowi z As-Suwajry do Agadiru towarzyszyła ledwie wyczuwalna melancholia, że ta romantyczna podróż dobiega końca. Raszid starał się, jak mógł, żeby odciągnąć myśli Klaudii od zbliżającego się nieuchronnego rozstania.

– Pokażę ci kozy na drzewach – powiedział w pewnym momencie, żeby trochę rozluźnić sytuację.

– Jak to kozy na drzewach?

– Sama zobaczysz. – Uśmiechnął się szeroko.

Zanim Raszid dojechał do Agadiru, zatrzymał się w miejscu, gdzie na rozłożystych konarach wysokich drzew arganowych stały kozy. Widok był niecodzienny, bo Klaudia naliczyła dziesięć zwierząt tylko na jednym drzewie, z których kilka znajdowało się prawie przy samym jego wierzchołku. Ta jedna z najbardziej znanych atrakcji Maroka przyciągała wielu turystów, którzy zadzierali głowy do góry lub za odpowiednią opłatą robili sobie zdjęcia na tle drzewa z kozami.

– Po co te kozy wchodzą na drzewo? – spytała Klaudia, fotografując stojące na gałęziach zwierzęta.

– Żeby zjadać liście i owoce. – Raszid jak zwykle chętnie wyjaśniał Klaudii wszystko, co dotyczyło jego kraju. – Słyszałaś pewnie o oleju arganowym zwanym płynnym złotem?

– Tak, oczywiście.

– Kozy zjadają ukryte w koronach drzew arganii owoce, a następnie wydalają pestki, które są zbierane przez Berberyjki. Po dokładnym ich opłukaniu kobiety wytłaczają z nich czysty olej arganowy.

Klaudia dokładnie przyjrzała się malowniczemu drzewu z kozami.

– Te kozy są tu tak idealnie rozstawione i pozują jak modelki, że coś mi się wydaje, że to jest specjalnie przygotowany obrazek dla turystów.

– Może masz rację. – Raszid się zaśmiał. – Jednak to nie zmienia faktu, że Berberyjki wysyłają na drzewa stada kóz, ponieważ bez nich zarówno zbiory owoców, jak i pozyskiwanie z nich pestek jest dosyć trudne.

– To znaczy, że kozy naprawdę pomagają berberyjskim kobietom?

– Tak, bo w kozich żołądkach rozpuszcza się miąższ owocu, a zbieranie samych pestek jest dla Berberyjek znacznie łatwiejsze.

– To zrób mi zdjęcie z tą piękną modelką. – Klaudia zwróciła twarz w stronę stojącej na najbliższej gałęzi kozy.

Raszid pstryknął Klaudii kilka fotek, a następnie wrócili do samochodu i już bez zatrzymywania się pojechali do Agadiru. Kilometry mijały szybko i wkrótce znaleźli się przed hotelem Klaudii. Wysiedli z samochodu i stanęli naprzeciwko siebie, patrząc sobie prosto w oczy.

– Przyjdę wieczorem – powiedział tylko Raszid.

– Będę czekała – odpowiedziała Klaudia.

Ich ostatnia wspólna noc w Maroku przepojona była pełną czułości namiętnością. Chwilami żarliwie zapewniali się nawzajem o swojej miłości, a chwilami milczeli, mocno do siebie przytuleni. Raz czy dwa wyszli na taras, żeby przed rozstaniem jeszcze wspólnie popatrzeć na ciemny ocean.

Świt przyszedł za szybko.

Na lotnisko Klaudia pojechała sama, chociaż Raszid oferował jej swoje towarzystwo. Nie chciała przeżywać trudnego pożegnania wśród hałasu i tłumów odlatujących pasażerów. Już w samolocie wiedziała, że od teraz będzie dzielić czas na przed i po Maroku.

W Polsce z lotniska Klaudia pojechała do swojego mieszkania. Kiedy weszła do środka, poczuła dojmującą pustkę. Musiała czymś się zająć, więc wypakowała rzeczy z walizki. Wzięła do ręki berberyjskie lustro i ze ściśniętym sercem długo na nie patrzyła. Później zdjęła wiszący na ścianie obrazek i powiesiła w jego miejsce lustro. Zamknęła okiennice i głośno się rozpłakała. Z tęsknoty najgłębszej, najszczerszej.

Przez następne tygodnie Klaudia próbowała wrócić do normalnego życia. Tylko miała wrażenie, że to nie jest życie. Nie było słońca, nie było kolorów, nie było jego. Automatycznie coś robiła, znowu wysyłała dziesiątki CV, samotnie piła wino, żeby nie myśleć, i czekała, bezustannie czekała na telefony od Raszida. Dzwonił codziennie, też tęsknił, ona mówiła, że ona bardziej, a on, że nieprawda, bo to on bardziej. I tak razem tęsknili.

Z każdym dniem Klaudię dopadała coraz większa frustracja, którą dodatkowo potęgował fakt braku pracy. Zdesperowana zadzwoniła do swojej dawnej koleżanki z firmy, Anny, i poprosiła ją o spotkanie.

– Cześć! – Anna do kawiarni przybiegła spóźniona i mocno zdyszana. Na jej twarzy, mimo makijażu, widać było duże zmęczenie.

– Cześć!

– Przepraszam za spóźnienie, ale u nas jak zawsze kocioł…

– Nie ma sprawy, dzięki, że zgodziłaś się na spotkanie.

– Długo cię nie widziałam, co tam słychać?

– No właśnie, nie bardzo...

– Znalazłaś jakąś pracę?

Do stolika podszedł kelner.

– Ja wezmę tylko kawę, bo nie mam za wiele czasu – zastrzegła Anna.

– Dwie kawy, proszę – Klaudia zwróciła się do kelnera, który zapisał zamówienie i oddalił się od stolika. – Jeszcze nic nie znalazłam – odpowiedziała na pytanie koleżanki.

– To kiepsko...

– Bardzo kiepsko. Już nie wiem, co robić, wysłałam setki CV i nic.

– Teraz taki rynek, łatwo nie jest...

– No nie jest... A co w firmie?

– To samo, cały czas zawrotne tempo.

– Nikola dalej pracuje?

– Niestety.

– I wciąż jest z Arturem?

– Tak, już się nawet z tym nie kryją.

– To pewnie Nikola nadal się panoszy...

– I to jak!

– To jak sobie z tym radzisz?

– Żyć z czegoś trzeba... – Anna westchnęła.

Do stolika podszedł kelner i postawił na nim dwie kawy.

– Dziękuję – powiedziała Klaudia.

Anna wypiła duży łyk kawy.

– Tego mi było trzeba... W domu mam jeszcze mnóstwo firmowej roboty do wykończenia.

– W takim razie nie będę cię zatrzymywać, tylko od razu powiem, o co chodzi.

– Jasne, mów.

– Chciałam cię zapytać, czy nie mogłabyś mi jakoś pomóc z tą pracą. To znaczy ja wiem, że jest trudno, ale ty masz dużo kontaktów, więc może ktoś, coś...

– Mogę popytać... – Anna powiedziała bez przekonania.

– Wezmę cokolwiek, to może być nawet niższe stanowisko.

– Prześlij mi swoje CV, rozejrzę się. – Anna dokończyła swoją kawę. – Przepraszam cię, ale muszę już pędzić. – Sięgnęła po portfel.

– Nie trzeba, ja zapłacę.

– To lecę. – Anna wstała od stolika. – Kiedy coś będę wiedziała, to się odezwę.

– Dziękuję, do zobaczenia.

– Do zobaczenia.

Anna szybkim krokiem wyszła z kawiarni, a Klaudia zdała sobie sprawę, że koleżanka zadeklarowała pomoc z czystej kurtuazji.

– Jeszcze coś sobie pani życzy? – zapytał kelner, zabierając pustą filiżankę po kawie.

– Lampkę czerwonego wina.

– Oczywiście.

Po paru minutach Klaudia sączyła czerwony trunek, zastanawiając się, do kogo jeszcze może się zwrócić o pomoc. Prędko skończyła jeden kieliszek i zamówiła drugi. Miała wrażenie, że znalazła się w sytuacji bez wyjścia. Zadzwonił Raszid.

– Halo! – odebrała natychmiast.

– Coś nie tak? – Po jej głosie zorientował się, że nie jest w najlepszej formie.

– Wszystko nie tak – powiedziała płaczliwym tonem.

– A konkretnie?

– Wszystko... Brak pracy... – stwierdziła, a w duchu dodała „i ciebie".

– Posłuchaj… – Raszid wziął głęboki oddech. – Nie ma sensu, żebyś tam sama siedziała i się zamartwiała. Przyjedź do mnie do Londynu.

– Co?! – Klaudię zaskoczyła nieoczekiwana propozycja Raszida.

– Przyjedź do mnie do Londynu.

– Ale jak…

– Normalnie. Wsiądź w samolot i przyleć.

– Nie wiem, czy teraz mogę…

– Możesz.

– Zastanowię się…

– Bardzo proszę…

– Pomyślę i oddzwonię wieczorem.

– Dobrze, będę czekał na telefon.

– Do usłyszenia.

– Do widzenia.

Po rozmowie z mężczyzną Klaudia od razu połączyła się z Elizą.

– Cześć! Fajnie, że dzwonisz – ucieszyła się koleżanka.

– Cześć!

– Co nowego?

– Raszid właśnie zaprosił mnie do Londynu.

– Naprawdę?! To super!

– Chciałam zapytać, co o tym myślisz.

– Jak to co? Nie zastanawiaj się, tylko przyjeżdżaj.

– Sądzisz, że to dobry pomysł?

– Na pewno! – Eliza odpowiedziała z przekonaniem. – Raszid tu ciągle o tobie mówi, widać, że bardzo za tobą tęskni.

– Ja też tęsknię…

– To nad czym się tu zastanawiać? Skoro cię zaprosił, to przyjedź.

– Może rzeczywiście w tym momencie to najlepszy pomysł…

– Nie może, tylko na pewno. Mam nadzieję, że wkrótce zobaczymy się w Londynie.

Przy stoliku ponownie stanął kelner.

– Muszę już kończyć.

– To do zobaczenia w Londynie.

– Do widzenia.

Klaudia, gdy tylko wróciła do domu, otworzyła laptop i kupiła bilet do Londynu.

Rozdział V

Ramadan w Londynie

Klaudia przyleciała do Londynu wkrótce po słynnym ślubie księcia Harry'ego i amerykańskiej serialowej aktorki Meghan Markle. Transmisja z okazałej ceremonii w kaplicy św. Jerzego na zamku Windsor była jednym z największych wydarzeń medialnych roku i przyciągnęła przed telewizory osiemnaście milionów widzów w samej Wielkiej Brytanii i prawie dwa miliardy na całym świecie. Internauci zaledwie w ciągu doby skomentowali tę bajkową uroczystość ponad pięć milionów razy, nie omieszkając porównać niektórych zdjęć młodej pary do kadrów z animowanego filmu *Kopciuszek* Walta Disneya. Chociaż Meghan Markle na pewno nie była Kopciuszkiem, a niektórzy zarzucali jej wręcz cyniczną aktorską grę, która doprowadziła ją w wyrachowany sposób do tego, czego dokładnie chciała.

Mieszkanie, do którego Raszid zabrał Klaudię prosto z lotniska, położone było w okolicach głównej arabskiej ulicy. Dominujące zapachy orientalnych potraw z libańskich, syryjskich, kuwejckich i marokańskich restauracji oraz intensywne aromaty rozchodzące się z fajek wodnych, które palono przy rozstawionych na zewnątrz stolikach, bardziej kojarzyły się z bliskowschodnim miastem niż z sercem Londynu. Arabskie kafejki, kluby, banki, agencje nieruchomości, sklepy, fryzjerzy, salony piękności, kino, które w repertuarze miało arabskie filmy, autentyczne marokańskie łaźnie oraz wszechobecne napisy w języku arabskim sprawiały, że ulica ta często nazywana była Małą Arabią lub Domem z Dala od Domu. Arabowie mieszkający w Londynie lub przebywający w tym mieście turystycznie, kosztując dobrze znanych sobie potraw, popijając w małych filiżankach mocną kawę z kardamonem, słuchając najbardziej znanych arabskich przebojów i rozkoszując się niespiesznie jabłkową sziszą, z pewnością mogli się na niej poczuć jak u siebie.

– Przyjechałaś, kochana... – Raszid, kiedy tylko weszli do mieszkania, zasypał Klaudię namiętnymi pocałunkami. – Przyjechałaś...

Jego dotyk i pocałunki szaleńczo rozpalały zmysły Klaudii, tak jak wcześniej magiczny wieczór w Marrakeszu i gorąca noc w Casablance.

– Kochany... – Szczęśliwa Klaudia żarliwie oddawała pieszczoty. – Tak się stęskniłam... Tak bardzo się stęskniłam...

– Najdroższa, najpiękniejsza, kochana moja, jedyna... – Raszid zapamiętale całował jej usta, twarz i szyję. – Chodź... – Pociągnął ją w stronę sypialni, gdzie na dużym łóżku przywarł do niej całym ciałem. – Doprowadzasz mnie do obłędu...

– Kochany... – Jej spragnione ciało drżało pod wpływem jego płomiennych słów i niepohamowanego pożądania. – Jesteś najwspanialszy, jesteś... – chciała powiedzieć najlepszy, najcudowniejszy, ale jego żarliwy pocałunek nie pozwolił jej dokończyć.

Pogrążyli się w ogniu miłości gwałtownej, nieposkromionej, ekstatycznej. I znowu nic nie było, tylko oni, złączeni w rozkoszy bezbrzeżnej, w czułości wzajemnej, w darowaniu, przyjmowaniu, kochaniu. Unieśli się razem, przestworza to mało, a oni lecą, dolecą. Tak bardzo dla siebie.

Później wtuliła się w niego, zamknęła oczy, słuchała jego oddechu i myślała, że nieważne, czy to jest Casablanca, Meknes, Fez, As-Suwajra czy Londyn. Ten oddech jest ważny, żeby go słyszeć, miarowy, spokojny, tak bardzo dla niej. A ona dla niego oddycha i czuje, nareszcie czuje, tak intensywnie i mocno jak pląsające w słońcu barwy Marrakeszu. Położyła dłoń na jego szerokiej klatce, to serce tak bije, niech bije, niech pieści, niech kocha. Aż do upojenia, ekstazy, błogości. Nieskończoności.

Kiedy się obudziła, Raszid brał prysznic w łazience. Przeciągnęła się jak kotka, wciąż przeżywając rozkosze ostatniej nocy. To jest ten mężczyzna, na pewno ten.

Wstała z łóżka i poszła do niewielkiej, ale funkcjonalnie urządzonej kuchni. Zauważyła duży marokański tadżin, ozdobny imbryk do herbaty i sześć kolorowych szklanek z motywem roślinnym oraz tygielek do parzenia kawy po arabsku. Uśmiechnęła się do siebie – to świat Raszida, teraz już trochę jej. Jak dobrze, że była w Maroku i poznała co nieco kraj ukochanego. Zajrzała do lodówki, wyjęła jajka, ser i masło, zaraz przygotuje śniadanie. Rozglądała się za pojemnikiem na pieczywo, kiedy do kuchni wszedł Raszid.

– Dzień dobry, kochanie – powiedziała z uśmiechem. – Na co masz ochotę? Jajecznica? Omlet?

Spojrzał na nią ze zdziwieniem.

– Nie będę jadł śniadania – powiedział. – Przecież jest ramadan.

Ramadan, powtórzyła w myślach i od razu przypomniała sobie żonę kalifa Jakuba al-Mansura, która po zjedzeniu kilku winogron w poście przetopiła całą swoją złotą biżuterię na ozdobę meczetu w Marrakeszu jako zadośćuczynienie. Ramadan. Nie można jeść.

– Przepraszam – powiedziała głośno, bo zrobiło jej się głupio, że nie wiedziała o trwaniu postu, który był przecież tak ważny dla Raszida. – W takim razie nie będziemy jedli.

– Ty oczywiście możesz jeść. – Mężczyzna uśmiechnął się czule, a Klaudia zrobiła krok naprzód, żeby się do niego przytulić.

Raszid szybko się cofnął.

– Teraz ja przepraszam, ale jest ramadan.

Klaudia nie bardzo zrozumiała, o co chodzi, i w duchu postanowiła, że więcej poczyta na temat kultury i religii swojego mężczyzny.

– Teraz muszę wyjść do pracy i wrócę dopiero wieczorem – oznajmił Raszid. – Iftar zjemy…

– Iftar?

– Posiłek przerywający post – wyjaśnił. – Zjemy go w restauracji z Salahem i Elizą.

– To świetnie. – Klaudia się ucieszyła, że jeszcze tego samego dnia spotka się ze swoją koleżanką.

– Będą też inni nasi przyjaciele z żonami i dziećmi.

– Też z Maroka?

– Tak, ale ich żony są Brytyjkami.

– Miło mi będzie poznać twoich przyjaciół.

– Mam nadzieję, że ich polubisz.

– Na pewno.

– Zaprosiłem też małżeństwo z Syrii. To wspaniali ludzie. Bardzo zależy mi na tym, żebyś ich poznała.

– Chętnie to zrobię – zapewniła Klaudia.

– To bardzo się cieszę. – Raszid szeroko się uśmiechnął. – A teraz już muszę iść. Czuj się jak u siebie w domu. Do zobaczenia wieczorem.

– Do zobaczenia, kochany.

Choć Klaudia odprowadziła Raszida do drzwi, wyszedł, nie przytulając jej ani nie całując na pożegnanie. Na podstawie jego wcześniejszych słów wyjaśniła to sobie trwającym ramadanem.

Wróciła do kuchni, zrobiła mocną kawę i z kubkiem w ręku przeszła do niewielkiego salonu, który wyposażony był standardowo: kanapa, dwa fotele, niski stolik, telewizor. Klaudii wydał się nieco surowy i stwierdziła, że brakuje w nim kobiecej ręki. Jej uwagę przykuł duży stos leżących na podłodze angielskich i arabskich gazet.

Przydałaby się na nie jakaś szafka albo półka, pomyślała, a następnie włączyła telewizor, gdzie poranna audycja budziła mieszkańców wysp do życia.

Na ekranie przewijały się sceny z niedawnego ślubu księcia Harry'ego i Meghan Markle. Wielka Brytania nadal ekscytowała się wyjątkową uroczystością członka rodziny królewskiej. Panna młoda idzie po schodach do kaplicy, a elegancko ubrani chłopcy niosą jej welon długości kilku metrów. Pan młody na tle uśmiechniętego arcybiskupa odsłania welon z twarzy wybranki. Zapatrzeni w siebie młodzi składają sobie przysięgę małżeńską. Przy wiwatujących gościach nowo poślubieni małżonkowie łączą się w pocałunku na zewnątrz pięknie przystrojonej kompozycją żywej zieleni i białych kwiatów kaplicy św. Jerzego. Ubrany w wojskowy mundur książę Harry sprowadza za rękę promieniującą szczęściem żonę po schodach, na których długi welon układa białą, świetlistą smugę przyszłego życia. Młodzi jadą zaprzężoną w cztery białe konie królewską karetą, szeroko uśmiechając się i machając do rozentuzjazmowanego, wielotysięcznego tłumu.

Odwieczne marzenie kobiet o poślubieniu księcia... – przebiegło przez głowę Klaudii. Czasem się spełnia...

I musiała przyznać sama przed sobą, że jadąc przez ulice Marrakeszu w baśniowym powozie przy boku mężczyzny, który właśnie zaczynał ją fascynować, czuła się zupełnie wyjątkowo.

Jednak program telewizyjny nie skupiał się wyłącznie na książęcym ślubie, ale opowiadał też o tragicznych wydarzeniach, które rok wcześniej wstrząsnęły Anglią. Zbliżała się rocznica ogromnego pożaru dwudziestoczteropiętrowego wieżowca Grenfell Tower w Londynie, gdzie mieszkało około sześciuset osób, głównie muzułmanów, w tym również wielu nielegalnych imigrantów. Pierwszą ofiarą tragicznego w skutkach pożaru był syryjski uchodźca, który przybył do Anglii po lepsze życie. Razem z rodzicami, dwoma braćmi i dwiema siostrami wydostał się z ogarniętego walkami miasta Dara, które było kolebką rewolucji przeciwko prezydentowi Baszszarowi al-Asadowi. Cała rodzina, uciekając przed wojną domową oraz bombardowaniami sił tak zwanego Państwa Islamskiego, aby dostać się do Europy, musiała się zdecydować na potwornie niebezpieczną przeprawę przez Morze Śródziemne. Po wielu trudach dotarła do Anglii, gdzie dostała azyl, który pozwolił jej na egzystencję w tym kraju. Muhammad studiował inżynierię lądową, żeby w przyszłości, jak sam wcześniej podkreślał, wrócić do swojej ojczyzny, gdy skończy się wojna, i pomóc ludziom w odbudowie kraju. Prezenterzy przytaczali wstrząsające wypowiedzi rodziny i przyjaciół Muhammada, które w różnych mediach pojawiły się tuż po jego śmierci w szalejących płomieniach.

– Syryjczycy umierają dziś w Syrii, jeśli uciekną, mogą utonąć w morzu, a jeśli osiągną bezpieczeństwo, mogą zostać zabici. To po prostu za dużo.

– Przetrwał Assada, wojnę w Syrii, tylko po to, by umrzeć w wieżowcu w Londynie. Nie ma na to słów.

Muhammad planował wziąć udział w kampanii, która przygotowywana przez organizację promującą pokój, wolność i demokrację w Syrii, celebrowała obchody święta Id al-Fitr[1] kończącego święty miesiąc ramadan. Straszliwy pożar sprawił, że zginął

[1] Czyli Święto Zakończenia Postu.

uwięziony w swoim mieszkaniu na czternastym piętrze płonącego jak zapałka wieżowca, gdzie osamotniony i przestraszony przez ostatnie dwie godziny życia rozmawiał przez telefon z rodziną i przyjaciółmi, włączając tych, którzy przebywali w ogarniętej niszczycielską wojną ojczyźnie. Kiedy płomienie doszły do jego mieszkania, pożegnał się, wysyłając ostatnią wiadomość. „Ogień tu jest. Do widzenia".

Pożar wysokościowca, w którym znajdowało się ponad sto mieszkań komunalnych, pochłonął siedemdziesiąt dwie ofiary i spowodował obrażenia u siedemdziesięciu czterech osób. Śmierć lub cierpienie każdej z nich wywoływały nieograniczony ból ich bliskich i przyjaciół. Rodzice i ich dwie córki nie mogli się otrząsnąć z szoku wywołanego odejściem nowo narodzonego w ich rodzinie chłopca. Dziadek opłakiwał śmierć swojego małego, rozpieszczanego przez niego wnuczka. Rodzina nie dawała sobie rady ze stratą nastolatka i jego mamy, która była w dziesiątym tygodniu ciąży. Świadkowie z żałością wspominali młodego Marokańczyka, który nie przebywał w budynku w momencie wybuchu pożaru, tylko wbiegł do niego, żeby ratować swoją rodzinę. Spłonął żywcem tak jak pozostałe ofiary żywiołu. Niewyobrażalny ogrom tragedii, która mogła dotknąć każdego w najmniej spodziewanym dla niego momencie.

Klaudia oglądała przejmujący program i kończyła swoją kawę, kiedy zadzwonił telefon.

– Cześć, tu Eliza. Witaj w Londynie.

– Cześć, miło cię słyszeć.

– Jak podróż?

– Dobrze, tylko samolot był opóźniony.

– Bardzo?

– Trochę ponad godzinę.

– To jeszcze nie tak źle. Mój samolot opóźnił się kiedyś ponad cztery godziny.

– Rzeczywiście dużo.

– Tak, Salah się wtedy na mnie naczekał. A jak Raszid?

– Fantastyczny jak zwykle. Nie wiedziałam tylko, że pości w ramadanie.

– Salah też pości.

– Nie sądziłam, że są tacy religijni.

– Czas postu jest szczególny. W Maroku ludzie zazwyczaj też nie są fanatycznymi wyznawcami islamu, ale gdy przychodzi ramadan, to meczety nie mogą pomieścić wiernych i setki ludzi modli się na zewnątrz.

Klaudia skojarzyła to sobie z Bożym Narodzeniem, które w Polsce obchodzą prawie wszyscy bez względu na stopień swojej wiary.

– A ty pościsz? – zapytała koleżankę.

– Nie, ale staram się w ciągu dnia jeść jak najmniej. Wtedy wieczorny posiłek ma inny wymiar.

– Raszid mówił, że dzisiaj jemy razem w restauracji.

– Tak, on bardzo przejmował się twoim przyjazdem i kiedy tylko poznał jego datę, to od razu wszystkich zaprosił na wspólny iftar, żeby ciebie poznali.

– Wszystkich?

– To taka nasza grupa, ostatnio razem się trzymamy.

– Raszid wspomniał mi o Marokańczykach, którzy mają żony Brytyjki.

– Samir i Nabil. To najlepsi koledzy naszych facetów.

– A ich żony?

– Jessica, żona Samira, jest zakochana w nim bez pamięci i świata poza nim nie widzi. Zaszła z nim w ciążę, kiedy miała siedemnaście lat, a urodziła jeszcze przed osiemnastką.

– Młodziutka była.

– Tak, ale świetnie sprawdza się w roli matki. Mają synka, Jusufa, niedawno świętowaliśmy jego czwarte urodziny. Rozkoszny dzieciak.

– A żona Nabila?

– Lily, to ona poznała Jessicę z Samirem.

– Mają dzieci?

– Uroczą córeczkę, Mariam.

– Ile ma lat?

– Pięć. Rozkoszna jest.

– Raszid napomknął też coś o syryjskim małżeństwie.

– Ahmad i Aisza, niezwykle sympatyczni ludzie. A ich synek! Nie widziałam jeszcze takiego dzieciaka. Wyjątkowo dojrzały jak na swój wiek, bo ma dopiero sześć lat, a często bywa bardzo spokojny i skupiony. A jaki grzeczny! Słucha dosłownie każdego słowa ojca i matki.

– Świetnie, że już dzisiaj będę miała okazję zobaczyć waszych przyjaciół.

– Oni też nie mogą się doczekać, żeby cię poznać. Raszid długo był sam, bo podobno przeżył jakiś poważny zawód miłosny jeszcze w Maroku i tutaj nie chciał się z nikim wiązać.

– Wiesz coś więcej na ten temat?

– Nie, on nigdy o tym nie mówi.

– To skąd to wiesz?

– Od Salaha, ale on też nie zna szczegółów.

– Ciekawa jestem, co to było... – Klaudia przypomniała sobie długie milczenie Raszida, kiedy opowiadał jej o pięknej miłości Sidiego Al-Suhayliego do trędowatej nieznajomej. Czy w głębi serca Raszida nadal tliły się resztki uczucia do innej kobiety?

– A jakie to teraz ma znaczenie? – Eliza nie chciała, żeby jej koleżanka zadręczała się myślami o poprzednim związku

Raszida. – Jesteście razem, przyjechałaś do niego i to jest najważniejsze.

– Masz rację – odpowiedziała Klaudia, chociaż gdzieś w środku zostało drapiące ziarenko podejrzliwego niepokoju.

– A dla mnie to naprawdę wspaniale, że jesteś w Londynie. – Eliza nie kryła zadowolenia. – Nie mam tu kontaktu z Polakami, a we dwie zawsze raźniej.

– No pewnie – przyznała Klaudia.

– W takim razie do zobaczenia wieczorem.

– Do zobaczenia. Już nie mogę się doczekać.

– Ja też. Pa, pa.

– Pa.

Klaudia jeszcze przez chwilę oglądała telewizję, gdzie przedstawiano prognozę pogody, wyjątkowo słoneczną i bezdeszczową jak na zazwyczaj mokre wyspy, po czym wróciła do kuchni, żeby zrobić sobie następną kawę. Włączyła elektryczny czajnik, a leżące na blacie produkty schowała z powrotem do lodówki, bo postanowiła iść w ślady Elizy i nie jeść dużo w ciągu dnia. Jeżeli ramadan jest tak ważny dla ukochanego, to ona też może trochę pogłodować, żeby wieczorem w pełni przeżywać razem z nim i jego przyjaciółmi uroczysty posiłek kończący postny dzień. Kiedy woda się gotowała, poszukała w przeglądarce telefonu wiadomości na temat ramadanu. Dowiedziała się, że jest to święty miesiąc dla muzułmanów, ponieważ właśnie w nim rozpoczęło się objawienie Koranu. Trwa dwadzieścia dziewięć albo trzydzieści dni w muzułmańskim kalendarzu księżycowym. Od wschodu do zachodu słońca należy całkowicie powstrzymywać się od jedzenia i picia, palenia tytoniu oraz stosunków seksualnych.

To dlatego Raszid unikał przytulania... – wyjaśniła sobie w duchu. Pewnie nie chciał, żeby go coś kusiło...

Przeczytała również o tym, że obowiązkowy post, obok wyznania wiary, modlitwy, jałmużny i pielgrzymki do Mekki, jest jednym z pięciu filarów islamu.

Elektryczny czajnik się wyłączył i Klaudia zalała gorącą wodą rozpuszczalną kawę w kubku, a następnie przeszła do sypialni. Postawiła kubek na stoliku i otworzyła dużą dwudrzwiową szafę. Zrobiło jej się ciepło koło serca, kiedy zobaczyła, że Raszid przygotował dla niej puste półki i wieszaki. Nie spiesząc się, rozpakowała z walizki swoje rzeczy, pieczołowicie je układając i równo je obok siebie wieszając. Wspólna szafa... Pierwszy raz miała wspólną szafę z mężczyzną. Przypomniała sobie rozstanie z Adamem z powodu jej niechęci do zamieszkania razem. A teraz z przyjemnością wieszała swoje sukienki obok koszul Raszida. Ogarniała ją nieznana dotychczas tkliwość związana ze świadomością, że będzie dzieliła mieszkanie ze swoim ukochanym mężczyzną. Jej mężczyzną...

Opróżniwszy walizkę, Klaudia zamknęła ją i wsunęła w wolną przestrzeń między szafę a ścianę. Posłała łóżko, poskładała porozrzucane rzeczy Raszida i otworzyła okno. Do pokoju wpadł powiew świeżego powietrza. Klaudia pomyślała, że przydałoby się zawiesić w oknie jakieś ładne firanki i kolorowe zasłony. Byłoby przytulniej. Zadziwiające, jak szybko zaczęła traktować mieszkanie Raszida jak własny dom.

Wróciła do salonu i jej uwagę przykuły migawki z obchodzonej niedawno rocznicy straszliwego ataku terrorystycznego w hali widowiskowej w Manchesterze, którego dokonał zamachowiec samobójca podczas koncertu amerykańskiej piosenkarki, idolki młodzieży. Wśród dwudziestu dwóch ofiar śmiertelnych przeważały dzieci poniżej szesnastego roku życia, a najmłodsza dziewczynka miała zaledwie osiem lat. Klaudia przeczytała widniejący na chodniku, w otoczeniu setek barwnych kwiatów złożonych w hołdzie pamięci niewinnych ofiar, wzruszający napis: „Dla dwudziestu dwóch aniołów latających wysoko, zawsze będziecie w manchesterskich umysłach”.

W katedrze w Manchesterze, gdzie odbyła się specjalna ceremonia z udziałem księcia Williama, premier Theresy May i innych dygnitarzy, ofiary symbolizowały palące się na ołtarzu świece w pastelowych kolorach. Wytopiono je z wosku pozostawionego rok wcześniej przez tysiące świec, które wstrząśnięci mieszkańcy wysp zapalali po tym jednym z najbardziej tragicznych w skutkach ataków terrorystycznych w Wielkiej Brytanii. Przyznało się do niego tak zwane Państwo Islamskie, ze strony którego zagrożenie wciąż było bardzo wysokie. Właśnie toczył się proces terrorysty oskarżonego między innymi o zachęcanie do ataku na małego księcia George'a, syna księcia Williama i księżnej Kate, trzeciego po swoim dziadku i ojcu w kolejce do tronu. Zwolennik ISIS jesienią poprzedniego roku, używając tajnego komunikatora, rozsyłał wiadomość, w której widniało zdjęcie czteroletniego wówczas księcia George'a wraz z dokładnym adresem jego szkoły i nałożoną sylwetką dżihadysty. „Szkoła zaczyna się wcześnie”, głosił znajdujący się na sugestywnym obrazie złowieszczy napis. Ponadto, żeby nie było żadnych wątpliwości co do morderczych planów terrorysty, przekaz wzmacniały bezwzględne słowa: „Nawet rodzina królewska nie zostanie pominięta”.

Śledztwo wykazało, że oskarżony dżihadysta wspierał „samotne wilki”, udzielając im mrożących krew w żyłach rad w walce z niewiernymi. Jego wskazówki zawierały instrukcje dotyczące napalmu i koktajli Mołotowa, przepisy na wszelkiego rodzaju trucizny, a nawet sposoby wstrzykiwania trucizn do lodów w supermarketach. Zalecał korzystanie z noży, bomb i chemikaliów, a jego lista celów obejmowała miejsca koncertów, stadiony piłkarskie, centra handlowe, bazy brytyjskiej armii i budynki rządowe. Prowadził kanał internetowy pod nazwą Samotny Mudżahid oparty na witrynie w mediach społecznościowych zapewniającej użytkownikom, dzięki specjalnemu kodowi szyfrującemu, swobodną komunikację i wysoki stopień bezpieczeństwa. W ten sposób stworzył obszerny *e-toolkit for terrorism* – „e-zestaw narzędzi dla terroryzmu", który dostarczał informacji na temat „każdego możliwego rodzaju ataku".

Media informowały również o niedawnych aresztowaniach nastolatków podejrzewanych o przygotowywanie zamachów. W północnym Londynie uzbrojeni oficerowie policji antyterrorystycznej zatrzymali na ulicy osiemnastolatka, a kilka dni później dziewiętnastolatka, którego podejrzewano o powiązania z pierwszym osadzonym. Do aresztu trafiła też dwudziestoletnia kobieta, której zarzucono nieujawnianie posiadanych przez nią informacji o aktach terrorystycznych.

Anglia, Francja... – Klaudia przypomniała sobie niedawny atak na supermarket w Trèbes, gdzie bezlitosny dżihadysta przetrzymywał przerażonych zakładników. Maroko... „Pewien osobnik wszedł do środka, zamówił sok pomarańczowy i kilka minut później wysadził się w powietrze", w głowie Klaudii zabrzmiały słowa świadka krwawego zamachu przeprowadzonego parę lat wcześniej przez terrorystę samobójcę w popularnej kawiarni na słynnym placu Dżami al-Fana w Marrakeszu, w którym zginęło piętnaście osób, a dwadzieścia zostało rannych. Okrutni terroryści... Mogą zaatakować wszędzie... Zabijać... – wzdrygnęła się ze zgrozą.

Resztę dnia Klaudia spędziła głównie na oglądaniu telewizji, w której dużo czasu poświęcono młodym ofiarom ataku w Manchesterze. Wspomniano też o zamachu sprzed roku w Londynie.

Najpierw rozpędzony samochód dostawczy wjechał w grupę pieszych na moście London Bridge, a następnie trzej terroryści, którzy wyskoczyli z pojazdu, dźgali przypadkowych przechodniów w okolicach pobliskiego targu. Efektem działań zamachowców było osiem osób zabitych i czterdzieści osiem rannych, w tym wiele bardzo ciężko.

Klaudia prawie nie jadła, więc pod wieczór była już bardzo głodna i z niecierpliwością czekała na powrót Raszida. Kiedy przyszedł, od razu rzuciła jej się w oczy jego zmęczona całodniowym postem twarz.

– O której wychodzimy? – zapytała z tkliwością.

– Za pół godziny – odpowiedział, kierując się w stronę sypialni. – Pozwolisz, że moment odpocznę?

– Oczywiście, zdrzemnij się chwilkę. – Klaudia rozumiała, że powstrzymywanie się od jedzenia i picia przez kilkanaście godzin nie było łatwe.

– Tylko kilka minut… – Raszid wyciągnął się na łóżku i przymknął oczy.

Klaudia, starając się nie robić hałasu, wyjęła z szafy pastelową, lekko rozkloszowaną sukienkę, wzięła kosmetyczkę i poszła do łazienki przygotować się na spotkanie z przyjaciółmi Raszida. Bardzo zależało jej na tym, żeby dobrze wypaść, szczególnie po tym, gdy dowiedziała się od Elizy, jak ważne było dla Raszida wprowadzenie jej do ich wspólnego grona.

Ciekawa jestem, jacy to ludzie… – myślała, robiąc delikatny makijaż. Mam nadzieję, że mnie polubią…

Kiedy Raszid wstał po krótkiej drzemce, Klaudia była już gotowa.

– Cudnie wyglądasz – pochwalił, mierząc ją od stóp do głów.

– Dziękuję. – Twarz Klaudii rozjaśnił uśmiech. – Idziemy?

Mężczyzna spojrzał na zegarek.

– Tak. Najwyższy czas.

Opuścili apartament i po kilkunastu minutach szybkiego marszu znaleźli się na głównej, ruchliwej ulicy, gdzie wzrok Klaudii przykuły wystawione przed restauracjami duże reklamy zachęcające do spożycia ramadanowego posiłku. „Iftar Ramadan", głosiły angielskie i arabskie napisy na orientalnym tle pod nazwami lokali. Na jednym z posterów widniała grafika przedstawiająca minarety i kopuły meczetów zakończone półksiężycem oraz oferta pełnego ramadanowego posiłku składającego się z kilku dań. Klaudia zauważyła, że na początku listy przysmaków znajdowały się daktyle.

– Zaczynacie iftar od daktyli? – zapytała zaciekawiona.

– Tak – potwierdził Raszid. – To nasza tradycja, tak robił nasz Prorok i my postępujemy tak samo.

W mijanych restauracjach siedzieli goście, ale żaden z nich nic nie jadł. Wyglądało na to, że wszyscy czekają na zachód słońca, żeby móc skończyć swój całodniowy post.

– Daleko jeszcze? – Klaudia była nieco spięta.

– Nie, tylko kawałeczek. – Mężczyzna przyspieszył kroku.

Kiedy dotarli na miejsce, grupa przyjaciół Raszida rozlokowała się już przy dwóch złączonych stołach.

– Klaudia! – Eliza wstała i z radością ją uściskała. – Jak dobrze cię widzieć!

– Ciebie również. – Klaudia poczuła się pewniej, mając przy sobie bliską koleżankę.

– Lily. – Wyjątkowo ładna Angielka o niebieskich oczach podeszła do Klaudii, bacznie się jej przyglądając. Włosy miała zakryte gustownym hidżabem. – Cieszę się, że wreszcie mogę cię poznać. Raszid dużo nam o tobie opowiadał.

– Mam nadzieję, że same dobre rzeczy. – Klaudia wyciągnęła dłoń na powitanie.

– Tylko dobre. – Lily wzięła rękę Klaudii w swoje obie dłonie i mocno ją ścisnęła. – Tylko dobre – podkreśliła ponownie z miłym uśmiechem.

– Mam na imię Mariam. – Śliczna dziewczynka stanęła obok Angielki i podniosła główkę w stronę Klaudii.

– To moja córka. – Lily powiedziała głosem pełnym czułości.

– Mariam... – Klaudia nieznacznie się pochyliła. – Podoba mi się twoje imię. Ja jestem Klaudia.

– Ciocia Klaudia – dziewczynka z namaszczeniem wymówiła każde słowo.

Nowa ciocia wzbudziła też zainteresowanie dwóch chłopców, którzy przypatrywali się jej z nieukrywaną ciekawością.

– Jak masz na imię? – Klaudia zwróciła się do młodszego z nich.

– Jusuf.

– A ty? – zapytała drugiego.

– Faris – odpowiedział grzecznie.

– To poznałaś już najważniejsze osoby. – Niewysoka Syryjka z życzliwym uśmiechem na ustach zbliżyła się do Klaudii. – Jestem Aisza, a Faris to mój syn. – Obrzuciła chłopca dumnym spojrzeniem. – Faris po arabsku znaczy „rycerz".

– Miło mi cię poznać, Aisza. – Klaudia odwzajemniła uśmiech.

– Wszyscy tu z niecierpliwością na ciebie czekaliśmy. – Szczupła Brytyjka w hidżabie serdecznie objęła Klaudię. – Jessica – przedstawiła się.

– Miło mi. – Klaudia poczuła się tak, jakby witała ją dawno niewidziana rodzina.

– A to są moi przyjaciele. – Uszczęśliwiony ciepłym przyjęciem ukochanej Raszid wskazał na trzech mężczyzn, którzy również podnieśli się, żeby poznać Klaudię. – Samir, Nabil i Ahmad – wymienił kolejne imiona.

Arabowie szeroko się uśmiechnęli.

– Jesteśmy zaszczyceni – powiedział Ahmad.

– Ja również – odpowiedziała Klaudia.

– Skoro już wszyscy się znamy, to możemy usiąść – stwierdził zadowolony Raszid.

Zapanował lekki gwar, mężczyźni zaczęli rozmawiać po arabsku, a kobiety i dzieci przekomarzały się, kto będzie siedzieć obok Klaudii. W końcu miejsca zajęły z jednej strony Eliza, a z drugiej Mariam, która za nic w świecie nie chciała odebrać sobie przyjemności przebywania jak najbliżej nowej, sympatycznej cioci. Klaudia też z całego serca polubiła tę pełną wdzięku małą dziewczynkę, która wpatrywała się w nią swoimi dużymi, ciemnymi oczami.

Kelnerzy uwijali się, rozstawiając na stole arabskie przystawki: hummus[1], sałatkę tabbouleh[2], faszerowane liście winogron, sałatkę fattoush[3] i pastę baba ghanoush[4]. Donosili jeszcze ciepłe arabskie chlebki, rozstawiali talerzyki z daktylami, a do szklanek nalewali świeżej, zimnej wody. Jednak nawet dzieci, które nie pościły w ciągu dnia, nie odważyły się sięgnąć po jedzenie i picie, co potęgowało szczególną atmosferę wyczekiwania na uroczysty posiłek. W restauracji rozbrzmiewały piosenki znanych arabskich wokalistów, które dodatkowo wprowadzały odświętny nastrój.

W pewnym momencie muzyka ucichła i rozległa się recytacja Koranu. Wszyscy umilkli i z powagą spuścili głowy. Dzieci, naśladując dorosłych, zrobiły to samo. Klaudia przez duże okno

1 Hummus (arab.) – przystawka, której głównymi składnikami są ugotowana i utarta ciecierzyca, zmiażdżony czosnek, pasta sezamowa, oliwa i sok z cytryny.

2 Tabbouleh (arab.) – sałatka z dużej ilości posiekanej pietruszki, z dodatkiem kaszy kuskus, drobno pokrojonego pomidora, mięty, oliwy z oliwek i soku z cytryny.

3 Fattoush (arab.) – popularna sałatka, której głównymi składnikami są pomidory, ogórki, sałata, cebula i podpieczone na chrupko kawałki chlebka pita. Charakterystyczną przyprawą dla tej sałatki jest sumak.

4 Baba ghanoush (arab.) – przystawka w formie pasty z bakłażana z masłem sezamowym (tahini).

restauracji zauważyła przejeżdżający ulicą charakterystyczny czerwony, dwupiętrowy autobus. Głośna recytacja Koranu trwała nadal.

Po chwili wszyscy sięgnęli po daktyle, przerywając post. Mariam wzięła błyszczący, jasnobursztynowy owoc i podała go Klaudii.

– Proszę, ciociu. – Jej oczy lśniły.

– Dziękuję, kochanie. – Wzruszona Klaudia nadgryzła miękki, słodki daktyl, który smakował wyśmienicie.

Z głośników ponownie popłynęła arabska muzyka, a kelnerzy zaserwowali zupę. Mariam od razu pospieszyła z podaniem jej nazwy po arabsku.

– To szorba adas[1], ciociu.

– Szorba adas – powtórzyła Klaudia, starając się zapamiętać arabskie wyrazy. – A ty znasz arabski? – zwróciła się do siedzącej naprzeciwko niej Lily.

– Uczę się, ale to bardzo trudny język – odpowiedziała Brytyjka.

– Od lat próbujemy go opanować, jednak to nie jest takie proste – wtrąciła Jessica.

– Nie przesadzajcie, całkiem dobrze wam idzie – Aisza wyraziła swoje zdanie.

– Gdzie się uczycie? – chciała wiedzieć Klaudia.

– Chodziłyśmy trochę na kurs językowy, ale moim zdaniem nie był najlepiej prowadzony – odpowiedziała Lily.

– Poznałyśmy tam tylko litery i podstawowe zwroty – dodała Jessica.

– Teraz same uczymy się w domu z różnych materiałów i często pomaga nam w tym Aisza – wyjaśniła Lily.

– A ty chciałabyś się nauczyć arabskiego? – Aisza zapytała Klaudii, patrząc na nią badawczo.

[1] Szorba adas (arab.) – zupa z czerwonej soczewicy.

Klaudia zastanowiła się chwilę.

– Tak... Myślę, że to byłoby dobre... – Rzuciła Raszidowi, który przysłuchiwał się rozmowie, pełne miłości spojrzenie. – Jeżeli tylko miałabym taką możliwość...

– To służę pomocą – skwapliwie zaoferowała Aisza. – Zapraszam do mojego domu, kiedy tylko będziesz miała ochotę zacząć lekcje. Nawet jutro.

– Bardzo dziękuję. – Klaudię ujęła bezpośredniość i życzliwość Aiszy. – Chętnie skorzystam z twojej pomocy.

– Aisza jest świetną nauczycielką – Lily pochwaliła koleżankę.

– Tak, bardzo dobrze wszystko tłumaczy i ma dużo cierpliwości – Jessica potwierdziła jej słowa.

– Dziękuję wam za tak wspaniałe rekomendacje. – Na twarzy Aiszy pojawił się wyraz dużej satysfakcji.

– W takim razie na pewno niedługo zgłoszę się na lekcje – zapewniła Klaudia.

– Kiedykolwiek zechcesz. – Aisza ochoczo podtrzymała swoją propozycję.

– A do nas ciocia też przyjdzie? – zapytała Mariam, z nadzieją patrząc na swoją mamę.

– Oczywiście zaprosimy ciocię... – Lily obiecała córce. – Tylko ciocia dopiero co przyjechała, więc musi znaleźć dla nas czas...

– Przyjdziesz do nas, ciociu? – Mariam zapytała Klaudię proszącym tonem.

– Z wielką przyjemnością was odwiedzę. – Klaudia obdarzyła dziewczynkę ciepłym uśmiechem.

W tym momencie na stoły wjechały dania główne składające się z nadziewanych kurczaków oraz jagnięciny z warzywami i ryżem. Klaudia przez cały wieczór znajdowała się w centrum zainteresowania przyjaciół Raszida, którzy wypytywali ją o Polskę i jej wrażenia z podróży do Maroka. Odpowiadała z wielkim zaangażowaniem, ciesząc się, że od razu udało się jej nawiązać z nimi tak dobry kontakt. Kiedy po zjedzeniu na deser libańskiej baklawy i wypiciu kawy arabskiej nadszedł moment pożegnania, wszyscy odnieśli wrażenie, że wspólnie spędzony czas minął za szybko.

– Jutro na iftar zapraszam was do mojego domu! – głośno oznajmił Ahmad, wodząc wzrokiem po zgromadzonych.

– Tak, będzie nam bardzo miło was u nas jutro widzieć – Aisza poparła męża. – Przy okazji, Klaudio, zobaczysz, gdzie mieszkamy, więc później będzie ci łatwo do mnie trafić na lekcje arabskiego.

– Chętnie przyjdę, tylko nie wiem, czy dam radę...

– Z pewnością sobie ze wszystkim doskonale poradzisz... – powiedziała Aisza, rzucając mężowi ledwie zauważalne, znaczące spojrzenie.

Mężczyźni pożegnali się z kobietami i wyszli na zewnątrz restauracji, żeby tam na nie poczekać. Tymczasem one nie mogły się rozstać, bo każda miała jeszcze coś do powiedzenia.

– Co sądzisz o naszych znajomych? – Eliza po polsku zapytała przyjaciółkę.

– Wspaniali ludzie, niezwykle otwarci i przyjaźni.

– Zgodzę się z tobą, i co najważniejsze zawsze można na nich liczyć – Eliza stwierdziła z przekonaniem.

– Myślę, że jest to istotne szczególnie wtedy, kiedy mieszka się daleko od swojego kraju.

– Masz całkowitą rację – Eliza zgodziła się z Klaudią. – Dobrze, że teraz ty tu jesteś...

– Do widzenia, ciociu... – Mariam podbiegła do rozmawiających Polek.

– Do widzenia, kochanie. – Klaudia pocałowała ją w policzek. – I bardzo dziękuję ci za lekcję arabskiego. Szorba adas... – przypomniała Klaudia, a twarz dziewczynki rozpromieniła się w szerokim uśmiechu.

– Pożegnałaś się z ciocią? – Lily wzięła Mariam za rękę. – Bo już idziemy do domu.

– Tak, mamusiu – odpowiedziała dziewczynka.

– Masz wspaniałą córkę. – Klaudia obróciła się w stronę Lily.

– Bardzo dziękuję. – Lily przytuliła dziewczynkę. – A ja się cieszę, że cię poznałam. I wcale nie dziwię się Raszidowi...

– Ja też nie... – Jessica dołączyła do koleżanki. – Czyli jutro widzimy się u Aiszy?

– Tak, na pewno przyjdziemy... – potwierdziła Klaudia.

– To świetnie. W takim razie do zobaczenia.

– Do zobaczenia – Eliza i Klaudia odpowiedziały prawie jednocześnie.

Brytyjki udały się w kierunku drzwi, a Mariam z odwróconą główką zapamiętale machała na pożegnanie nowej cioci.

– Słodka dziewczynka. – Klaudia odprowadziła ją wzrokiem.

– Bardzo... – przyznała Eliza, którą Salah od dłuższego czasu namawiał na posiadanie dziecka.

Do Polek podeszła Aisza, trzymając za ręce Jusufa i Farisa.

– Ja też się zbieram, bo chłopcom już się kleją oczy.

– Jusuf dzisiaj u ciebie nocuje? – domyśliła się Eliza.

– Tak, jak wiesz, chłopcy bardzo się lubią, więc akurat jest świetna okazja, żeby pobawili się razem cały dzień. Pamiętacie, jutro iftar dla wszystkich u nas.

– Oczywiście, że pamiętamy, i dziękujemy za zaproszenie. – Eliza zatrzymała wzrok na Jusufie, zastanawiając się, jakby wyglądał jej syn z Salahem.

– Cała przyjemność po mojej stronie. Pożegnajcie się ładnie – Aisza zwróciła się do chłopców.

– Do widzenia. – Faris od razu posłuchał matki.

– Do widzenia. – Jusuf poszedł w ślady starszego kolegi.

Eliza z sympatią pogłaskała chłopców po głowach.

– Aisza! – Ahmad wszedł do środka lokalu i zawołał żonę.

– Idę, już idę! – Aisza krzyknęła w stronę męża. – To do jutra – pożegnała koleżanki.

– Do jutra – odpowiedziała Eliza.

– Do zobaczenia. – Klaudia odprowadziła wzrokiem Aiszę z dziećmi. – Bardzo grzeczni chłopcy.

– To prawda, ich rodzice przywiązują ogromną wagę do ich wychowania i poświęcają im dużo czasu – wyjaśniła Eliza. – Chodźmy, po drodze pokażę ci, gdzie mieszkamy.

Koleżanki wyszły na ulicę, gdzie Raszid z Salahem żarliwie o czymś dyskutowali po arabsku. Kiedy zobaczyli żony, ruszyli przed siebie, nie przerywając burzliwej rozmowy, a Klaudia z Elizą podążyły za nimi.

– Ciekawa jestem, o czym oni tak zawzięcie rozmawiają – chciała wiedzieć Klaudia.

– Pewnie o polityce – wysnuła przypuszczenie Eliza. – Ten temat zawsze ich tak rozgrzewa.

Jakby na potwierdzenie tych słów mężczyźni zatrzymali się przy najbliższym stojaku z prasą i każdy z nich wybrał dla siebie parę arabskich gazet.

– Chcesz coś stąd? – Raszid zapytał Klaudii, zanim wszedł do sklepiku, żeby zapłacić.

– Nie, dziękuję. Chociaż… – Jej uwagę przykuła okładka, na której widniała Meghan Markle w sukni ślubnej, w welonie oraz wysadzanej diamentami tiarze. – Może to czasopismo.

– Dobrze. – Raszid wziął kolorowy magazyn i pospieszył do kasy.

– Ty też chcesz? – Salah zwrócił się do Elizy.

– Nie, w domu mam dość prasy ze zdjęciami z książęcego ślubu.

Mężczyzna dołączył do Raszida, a koleżanki oglądały okładki, na których nadal dominowały fotografie z głośnej ceremonii.

– Przepiękna jest ta tiara, która podtrzymuje welon – Klaudia wyraziła swoje zdanie.

– To platynowy diadem wykonany dla królowej Marii, a obecnie należący do jej wnuczki, królowej Elżbiety II, która wypożyczyła go wybrance księcia Harry'ego na ten wyjątkowy dzień. – Eliza doskonale orientowała się w szczegółach historycznego ślubu.

– Spójrz tylko na centralny diament! – zachwyciła się Klaudia.

– Osadzony jest wraz z okalającymi go kamieniami w przypinanej broszce pochodzącej z końca dziewiętnastego wieku, którą Maria, żona króla Jerzego V, otrzymała w prezencie ślubnym od hrabstwa Lincoln.

– Diamenty, które go otaczają, też są cudne. – Klaudia przyjrzała się bliżej zdjęciu.

– Tiara królowej Marii została zaprojektowana właśnie specjalnie dla tej broszki, która została umieszczona w jej głównym punkcie.

– Trudno się dziwić, że Meghan wybrała na swój ślub tak wspaniały diadem.

– Razem z założonymi przez nią diamentowymi kolczykami z białego złota i taką samą bransoletką od firmy Cartier tworzyły imponujący zestaw biżuterii – wyraziła swoją opinię Eliza, wodząc wzrokiem po wyeksponowanych okładkach pism.

Mężczyźni opuścili sklepik i cała czwórka poszła dalej ulicą, przy której Arabowie palili wolno upajające szisze o różnych smakach i aromatach, a z przejeżdżających samochodów głośno rozbrzmiewała arabska muzyka.

– Chodźmy tędy, to pokażemy Klaudii, gdzie mieszkamy. – Eliza skręciła w jedną z mniejszych uliczek.

Po kilku minutach Salah zatrzymał się przed wejściem do niewysokiego budynku z cegły.

– Może wpadniecie do nas? – zaproponował. – Posiedzimy, pogadamy... Mamy ramadan, więc możecie zostać nawet do suhur[1]... – namawiał gorąco.

– Świetny pomysł – podchwyciła Eliza. – Serdecznie zapraszamy.

– Dziękujemy wam bardzo, ale... – Raszid spojrzał na swoją ukochaną. – Klaudia dopiero przyjechała i to był dla niej długi wieczór... Chętnie was odwiedzimy, ale może innym razem...

– Oczywiście, nie ma problemu – Salah stwierdził ze zrozumieniem. – Kiedy tylko chcecie...

– I tak jutro widzimy się w domu Ahmada – powiedział Raszid, jakby nadal tłumaczył się z odmowy.

– Jasne, nie ma sprawy. – Salah poklepał go przyjacielsko po ramieniu. – Najważniejsze, że Klaudia jest już z nami... To znaczy z tobą...

– Tak, to wspaniale, że tu jesteś... – Eliza uściskała koleżankę. – Ciągle to powtarzam, ale to dla mnie bardzo ważne...

– Dla nas wszystkich... – Raszid dodał poważnym tonem.

– Wiesz już, gdzie mieszkam, i to jest dosłownie parę kroków od was, więc zaglądaj do mnie tak często, jak tylko chcesz – z werwą oferowała Eliza. – Ja teraz rano jestem w domu, a Salah z Raszidem i tak są zajęci całymi dniami...

– Na pewno wkrótce przyjdę – obiecała Klaudia.

– To wspaniale. A teraz życzę wam dobrej nocy i do jutra. – Eliza skierowała się w stronę budynku.

– Do zobaczenia. Dobranoc. Do widzenia – pożegnali się pozostali.

Gdy po kilku minutach spiesznego marszu znaleźli się w apartamencie, Raszid mocno przyciągnął Klaudię do siebie.

[1] Suhur (arab.) – posiłek w okresie postu w miesiącu ramadan spożywany przed świtem.

– To był niezapomniany wieczór... Wszyscy cię polubili... – szeptał jej do ucha. – Jesteś fantastyczną kobietą... Cudowną... Wyjątkową... – Zaczął żarliwie ją całować. – Jesteś moja... Moja... – Z jego niskiego głosu biła nieokiełznana namiętność.

I znowu sypialnia, jego, już jej, ich, miłości ich. Miłości odkrytej, zdobytej, głodnej, godnej, słonecznej, odwiecznej, wiecznej.

– Dla ciebie... – Żarliwe słowa płynęły prosto z rozpalonego serca Klaudii. – Wszystko... Wszystko, co moje i nie moje, co twoje, co nasze, co świata...

– Kocham... – Ogniście pieścił każdy skrawek jej spragnionego ciała. – Kocham cię... i tu... i tu... – Dotykał, pożądał, rozżarzał. Ją, tę jedną jedyną. Wybraną. Na wieczność.

* * *

Następne dni popłynęły w ramadanowym rytmie. Iftar u Ahmada i Aiszy przebiegł w niemal rodzinnej atmosferze uroczystego jedzenia, interesujących rozmów i zabaw z dziećmi. Później całe towarzystwo zaprosili na iftar do swojego domu Samir i Jessica, a następnie Nabil i Lily. Małżeństwa przyjmowały Klaudię ze szczególną atencją, co sprawiało jej wyjątkową przyjemność. Podobała jej się też widoczna więź łącząca współmałżonków oraz ich pełen rodzicielskiego zaangażowania stosunek do dzieci, którymi na równi z ich matkami zajmowali się również ojcowie. Mariam nie odstępowała nowej cioci i z wielkim przejęciem uczyła ją nowych arabskich słówek. Jessica i Lily dzieliły się z Klaudią wiadomościami na temat islamu, a Aisza nieustannie przypominała o oferowanych przez nią lekcjach języka arabskiego. Raszid na każdym kroku okazywał jej swoją miłość i rozpierające go szczęście, że ukochana kobieta jest u jego boku. Klaudia, po wielu miesiącach samotności, bezskutecznego szukania pracy, topienia smutków w alkoholu i bezsensownego zabijania czasu, nareszcie poczuła, że gdzieś, do kogoś należy. I wszystko ma jakiś określony, słuszny rytm. I sens.

Kiedy Eliza i Salah zaprosili wszystkich przyjaciół na iftar, Klaudia zjawiła się w ich domu kilka godzin przed innymi.

– Cieszę się, że przyszłaś wcześniej, nareszcie będziemy miały okazję trochę same porozmawiać. – Eliza szerokim gestem zaprosiła koleżankę do środka.

– Ładnie się urządziliście – pochwaliła Klaudia po wejściu do przytulnego salonu z dużą, pokrytą poduszkami sofą i stylowym białym kominkiem.

– Dziękuję, chociaż trochę czasu nam to zajęło. – Eliza poprawiła jedną z poduszek. – Proszę, siadaj i czuj się jak u siebie w domu.

– Bardzo wygodna – stwierdziła Klaudia, zapadając się w rozłożystą sofę. – I fajne obicie. – Przesunęła dłonią po miękkiej szaroniebieskiej tkaninie.

– Długo jej szukaliśmy. – Eliza usiadła obok koleżanki. – Niby w sklepach masz duży wybór, ale jeżeli polujesz na coś konkretnego, to albo rozmiar nie taki, albo wzór, albo kolor… I oczywiście ta sofa musiała się podobać i mnie, i Salahowi… Nie było łatwo.

– Dobrze, że mimo wszystko znaleźliście taką, jaka wam odpowiadała.

– Tak, po wielu poszukiwaniach w końcu się udało – przyznała Eliza. – Ale my tak od razu się rozgadałyśmy i nawet cię nie zapytałam, czego się napijesz. Kawa? Herbata?

– Nie, dziękuję, nie chcę teraz niczego, poczekam do iftaru.

Kiedy Klaudia chociaż przez parę godzin przed zachodem słońca doświadczała głodu i pragnienia, to później dużo bardziej rozumiała i przeżywała spożywanie wspólnego iftaru. Ponieważ Eliza postępowała tak samo, to nie nalegała na koleżankę, żeby ją czymś w tym momencie poczęstować.

– To ja chciałam zapytać, czy nie potrzebujesz pomocy w kuchni – zaoferowała się Klaudia. – Musiałaś przygotować posiłek dla tylu gości, więc jeżeli jeszcze coś trzeba zrobić, to ja chętnie...

– Dla przyjaciół – poprawiła Eliza. – I zrobiłam to z wielką radością.

– Na pewno już nic nie zostało do przyrządzenia? – dopytywała Klaudia.

– Nie, od rana stałam w kuchni i ze wszystkim już się uporałam. Tadżin gotuje się na wolnym ogniu, a znając Aiszę, Jessicę i Lily, to na pewno coś jeszcze od siebie przyniosą.

– Właśnie Jessica i Lily... Od początku mnie to nurtuje... Kiedy one przeszły na islam?

– Jessica zaraz po tym, gdy poznała Samira i zakochała się w nim bez pamięci. Ona świata poza nim nie widzi.

– Tak, to od razu widać. – Klaudia zauważyła bezgranicznie oddane spojrzenie Jessiki, którym raz po raz obdarzała męża podczas wspólnych spotkań.

– Chociaż chyba trafniej jest powiedzieć, że Jessica widzi świat oczami Samira. Uważa go za ostateczny autorytet dosłownie we wszystkim.

– Samir też jest zapatrzony w nią i w synka. Jest bardzo troskliwy i opiekuńczy. Jessica często podkreśla, że jej mąż ciężko pracuje, żeby niczego im nie brakowało.

– To prawda, ale to samo można stwierdzić o Ahmadzie i Nabilu. Dla arabskich mężów rodzina jest najważniejsza.

– A Lily? Ona też przyjęła islam od razu, gdy zaczęła się spotykać z Nabilem?

– Nie, Lily przeszła na islam później i myślę, że oprócz Nabila przyczyniła się do tego również w dużym stopniu Jessica, bo zrobiła to zaraz po niej.

– Nabil pewnie był przeszczęśliwy.

– Oczywiście, że tak! Podkreślał, że to jest niezwykle ważne nie tylko dla samej Lily, ale przede wszystkim dla Mariam, której mama muzułmanka zapewni lepsze wychowanie.

– Mariam... Cudowna dziewczynka... I bardzo mądra... – Klaudię rozczulała szczera dziecięca sympatia, którą obdarzyła ją córka Lily.

– Polubiła cię już na pierwszym spotkaniu i do tej pory lgnie do ciebie przy każdej okazji.

– Taka mała przylepka... – pieszczotliwie powiedziała Klaudia, po czym jej wzrok padł na leżące na stoliku kolorowe magazyny. – Ta suknia ślubna Meghan Markle... Co o niej myślisz?

Eliza wzięła do ręki jedno z czasopism i otworzyła je na stronie, gdzie było zdjęcie schodzącej po stopniach katedry panny młodej w minimalistycznej, gładkiej sukni z długimi rękawami i dekoltem w łódkę wykonanej z jedwabnej organzy i zaprojektowanej przez dom mody Givenchy.

– Niektórzy się nią zachwycają, doceniając jej prostotę i piękno, a inni wręcz przeciwnie – zarzucają jej, że jest zbyt skromna i po prostu nudna. Nawet przyjaciel księcia Karola stwierdził w wywiadzie dla „Daily Mail", że powinna być zrobiona z cieńszego materiału, bo wydawała się być jak z betonu.

– To dobre, suknia ślubna z betonu. – Klaudia się zaśmiała. – A ty co sądzisz?

– Na pewno zgodzę się z tymi, którzy mówią, że ta sukienka się wyjątkowo źle układała. Zobacz... – Eliza przybliżyła zdjęcie w stronę Klaudii. – Rękawy się marszczą, na brzuchu i przy biuście powstały jakieś nieestetyczne zgięcia i fałdy... Biorąc pod uwagę, że ta kreacja kosztowała setki tysięcy funtów, to... szału nie ma – podsumowała Eliza.

– Setki tysięcy funtów? Ile dokładnie?

– Tego nie wiadomo, bo oficjalnie nie podano sumy, ale eksperci przewidują, że jej cena mogła wynosić od dwustu pięćdziesięciu do czterystu tysięcy funtów.

– Ogromne pieniądze jak za taką sukienkę!

– Prawda? – Eliza była równie sceptyczna jak Klaudia. – A tak naprawdę to podobał mi się tylko welon. Długości pięciu metrów, z jedwabnego tiulu, na którym były ręcznie wyszyte hafty symbolizujące kwiaty ze wszystkich krajów brytyjskiej Wspólnoty Narodów...

– Tak, rzeczywiście był bardzo ładny – zgodziła się Klaudia. – I jeszcze ta wspaniała tiara z kolekcji królowej...

– Tylko że niektórzy zarzucają Meghan, że na swoim ślubie miała źle upięte włosy, więc kosmyki, które jej się wymknęły na twarz, zepsuły efekt perfekcyjnej elegancji. Krytycy uważają, że panna młoda była wręcz rozczochrana i wyglądała niedbale, co nie przystawało do królewskiej ceremonii.

– Widzę, że nie wszyscy tu przepadają za Meghan Markle...

– Nie, nawet niektórzy członkowie rodziny królewskiej przyjęli ją dosyć chłodno. Internauci też nie szczędzą krytyki.

– Jakiś hejt zawsze musi się pojawić...

– Hejt hejtem, a fakty faktami...

– Co masz na myśli?

– Meghan jest aktorką, i to od najmłodszych lat, która dodatkowo była bardzo aktywna w mediach społecznościowych, gdzie kreowała swój wizerunek, więc dużo ludzi, w tym znani międzynarodowi dziennikarze i inne sławy, posądza ją o pewien fałsz i ciągłą aktorską grę.

– Też czytałam, że w porównaniu z księżną Kate, która szczególnie na początku nie czuła się zbyt pewnie w kontaktach z mediami, Meghan bryluje w blasku jupiterów.

– W końcu to jej zawód, z którego żyła przez wiele lat. Wiele osób zauważyło, że jej wyraz twarzy, uśmiech i sposób, w jaki patrzy na księcia Harry'ego, są dokładnie takie same jak w scenach, w których grała zakochaną kobietę w serialu *W garniturach*. Dotyczy to nawet samej ceremonii ślubnej.

– Jeżeli tak jest, to przykre, bo wygląda na to, że książę Harry wierzy w tę miłość.

– No cóż, mężczyźni miewają klapki na oczach... Jednak internautom nic nie umknie i są w stanie wszystko wytknąć, nawet to, że ma brzydkie dłonie i nos oraz chude nogi.

– To już chyba przesada...

– Może i tak... Jednak trudno nie zgodzić się z tymi, którzy nie wierzą, że Meghan Markle nic nie wiedziała o księciu Harrym, kiedy ich wspólna znajoma umówiła ich na randkę w ciemno.

– Rzeczywiście to mało prawdopodobne...

– Szczególnie w świetle wypowiedzi jej przyjaciół, którzy twierdzą, że Meghan od długiego czasu miała obsesję na punkcie rodziny królewskiej.

– W takim razie dopięła swego...

– Podobno wykreowała siebie w taki sposób, żeby książę myślał, że jest dla niego idealną partnerką. A teraz nawet „The Richest" wprost pyta: „Czy ona rzeczywiście kocha księcia Harry'ego?", i dodaje, że „Meghan Markle może odgrywać największą rolę w swoim życiu".

– Wszystko jest możliwe...

– Z pewnością daleko jej do niewinności, bo przedtem związana była z co najmniej kilkoma mężczyznami, w tym nawet z aktorem filmów dla dorosłych.

– Nie wiedziałam o tym.

– Jakby tego było mało, to fragmenty filmów z jej udziałem umieszczone były na stronach pornograficznych, więc ciekawe, jak daleko sięga jej aktorska gra. Może należy do tego typu kobiet, co to wiesz... – Eliza wymownie spojrzała na koleżankę. – Pręży się i jęczy w łóżku, bo nie raz to grała, a facet jest w siódmym niebie, jaki to z niego superkochanek.

– Ale to jest takie... ja wiem... – Klaudia skrzywiła się z niesmakiem – ...odpychające?

– No cóż... Na początku faceci bywają zaślepieni i nie zdają sobie sprawy z takich rzeczy. Dopiero później trzeźwieją... Wiele osób z pierwszych stron gazet mówi bez ogródek: „Nie ufam jej", a internauci nazywają księcia naiwniakiem, który dostał się w szpony starszej od siebie, doświadczonej kobiety, i bezpośrednio zwracają się do niego: „Ona jest wulgarna i rozwiązła, to dziwne, że tobie to nie przeszkadza. Pewnego dnia będziesz tego żałował".

– Tylko żeby nie było za późno...

– Już chyba jest za późno... Książę Harry... – Eliza przerwała, bo usłyszała trzask otwieranych drzwi. – O, to pewnie Salah i Raszid, bo mieli przyjść razem. Wracając do księcia Harry'ego, to nie podpisał przed ślubem intercyzy, chociaż jego ojciec, książę Karol, bardzo na to nalegał. Podobno królowa Elżbieta II też nie jest zadowolona z takiego obrotu sprawy.

– Dobry wieczór. – Raszid wszedł do salonu i usiadł obok Klaudii. – Rozmawiacie o rodzinie królewskiej?

– O ślubie księcia Harry'ego, w końcu to jedno z największych wydarzeń w ostatnim czasie – odpowiedziała Klaudia.

– Dobry wieczór. – Salah zajął miejsce na stojącym naprzeciwko sofy fotelu.

– Jeśli już mowa o rodzinie panującej, to słyszeliście o tym, że w żyłach królowej Elżbiety II płynie krew proroka Muhammada? – zapytał Raszid.

– Co?! – Klaudia się zdziwiła. – Jak to możliwe?

– Poprzez Abu al-Kasima Muhammada ibn Abbada, który był potomkiem Proroka i pierwszym muzułmańskim władcą hiszpańskiej Sewilli – wytłumaczył Raszid.

– Panował w tym mieście w jedenastym wieku – wtrącił Salah.

– Kiedy dynastia Abbadytów upadła, jego córka Zaida poślubiła Alfonsa VI, hiszpańskiego króla Leonu, Kastylii i Galicji – kontynuował Raszid. – W czternastym wieku ich potomkini, Izabela z Kastylii, żona Edmunda z Langley, pierwszego księcia Yorku, urodziła Richarda, hrabiego Cambridge.

– Trochę to skomplikowane... – zauważyła Klaudia.

– W takim razie powiem tylko, że kilka wieków później jego potomek, Jerzy I, został pierwszym królem Królestwa Wielkiej Brytanii i Irlandii, a po paru stuleciach na tronie zasiadła jego potomkini królowa Wiktoria, której królowa Elżbieta II jest praprawnuczką – skończył swój wywód Raszid.

– Interesujące... – przyznała Klaudia. – Skąd to wiadomo?

– Badania te opublikowała jedna z najbardziej znanych na świecie fundacji genealogicznych i brytyjski autorytet w zakresie królewskich rodowodów Burke's Peerage – powiedział Raszid.

– Przedstawiła drzewo genealogiczne królowej Elżbiety II, które przez czterdzieści trzy pokolenia prowadzi wprost do naszego Proroka – dodał Salah. – Co więcej, zapisy genealogiczne z wczesnośredniowiecznej Hiszpanii potwierdzają te ustalenia.

– Nigdy bym nie pomyślała... A ty wiedziałaś o tym? – Klaudia zwróciła się do Elizy.

– Tak, ostatnio gdzieś o tym czytałam.

– Pierwszy raz zostało to ogłoszone już dosyć dawno, bo chyba w latach osiemdziesiątych ubiegłego wieku, ale temat ten na nowo podjęła jedna z popularnych marokańskich gazet i znowu stało się o tym głośno – wyjaśnił Salah.

– Ciekawe, że kiedy to oficjalnie opublikowano, dyrektor wydawniczy Burke's Peerage napisał do ówczesnej premier Margaret Thatcher, że należy zwiększyć troskę o bezpieczeństwo rodziny królewskiej, bo jej bezpośrednie pochodzenie od proroka Muhammada nie zagwarantuje jej na zawsze ochrony przed muzułmańskimi terrorystami. – Eliza podzieliła się przeczytaną w brytyjskiej prasie informacją.

Zapadła niepokojąca cisza, którą przerwał przeraźliwy dzwonek.

– Ja pójdę otworzyć. – Salah zerwał się z fotela.

Po chwili słychać było głosy Ahmada i Aiszy, którzy witali się z Salahem. Małżeństwo z synkiem nie zdążyło wejść do salonu, gdy następny dzwonek obwieścił przybycie pozostałych gości. W przedpokoju zapanował gwar, a do salonu wbiegła rozpromieniona Mariam.

– Ciocia! – Wpadła w ramiona Klaudii.

– Witaj, kochanie. – Klaudia serdecznie wycałowała dziewczynkę. – Śliczną masz sukienkę – pochwaliła rozkloszowaną sukienkę w duże kolorowe kwiaty.

– Mamusia mi kupiła.

– Ty już przy cioci? – Lily z pogodnym wyrazem twarzy zjawiła się w salonie, niosąc w rękach wielki garnek.

– Lily, dobry wieczór, nie za dużo tego? – Eliza wstała z kanapy.

– Udusiłam kurczaka z morelami i migdałami, mam nadzieję, że będzie wam smakował.

– Na pewno. – Eliza wzięła garnek od koleżanki. – Zaniosę go do kuchni.

– To my też zostawimy nasze rzeczy w kuchni – powiedziała Jessica, która razem z Aiszą weszła do salonu.

– Witajcie, co wy tam przyniosłyście? – Eliza spojrzała na wypełnione torby, które taszczyły koleżanki.

– Same pyszności – zaśmiała się Aisza, a Jessica jej zawtórowała.

– Chodź, kochanie, pomożemy nakrywać do stołu. – Klaudia wzięła Mariam za rękę.

– Dobrze, ciociu. – Dziewczynka mocno zacisnęła paluszki na jej dłoni.

Kobiety zakrzątnęły się w kuchni i koło stołu, który już po dwóch kwadransach zapraszał parującymi, aromatycznymi potrawami, dużymi, lśniącymi daktylami i krystalicznie czystą wodą. Tuż przed iftarem Salah włączył recytację Koranu i wszyscy w skupieniu usiedli do ramadanowego posiłku.

Przy kawie Ahmad poprosił wszystkich o chwilę uwagi. Rozmowy umilkły i oczy zgromadzonych zwróciły się w stronę Syryjczyka.

– Zapraszam was jutro do nas, żeby razem celebrować Lajlat al-Kadr[1] – oznajmił uroczystym tonem.

Lily zauważyła niepewną minę Klaudii, która nie zrozumiała, o co chodzi, i od razu pospieszyła z wyjaśnieniem.

– Lajlat al-Kadr, czyli Noc Przeznaczenia, to jedna z ostatnich nieparzystych nocy ramadanu. Wierzymy, że właśnie wtedy zostały objawione pierwsze wersety Koranu. Ponieważ nie jest dokładnie wyjaśnione, która z pięciu nocy jest Lajlat al-Kadr, to zazwyczaj przyjmuje się, że jest to dwudziesta siódma noc ramadanu.

– Nazywana jest też Nocą Mocy, bo to jest błogosławiona noc, podczas której oddawanie czci Bogu ma szczególną wartość – dodała Aisza.

[1] Lajlat al-Kadr (arab.) – Noc Przeznaczenia.

– Dziękujemy za zaproszenie i na pewno przyjdziemy – zadeklarował Raszid.

– My też – odezwał się Salah.

– Oczywiście my również będziemy – szybko powiedział Nabil.

Następnego wieczoru grono przyjaciół zgromadziło się w domu Ahmada. Po jak zwykle uroczystym iftarze i modlitwach Ahmad dumnym głosem zapowiedział, że jego syn będzie recytował Koran.

Faris usiadł na krześle na środku salonu, żeby każdy mógł go dobrze widzieć i słyszeć. Zapadła przejmująca cisza. Chłopiec złączył dłonie i po chwili z poważną miną zaczął recytować:

W imię Boga Miłosiernego, Litościwego

Zaprawdę, zesłaliśmy go
w Noc Przeznaczenia!
A co cię pouczy,
co to jest Noc Przeznaczenia?
Noc Przeznaczenia
– lepsza niż tysiąc miesięcy!
Aniołowie i Duch zstępują tej Nocy,
za pozwoleniem swego Pana,
dla wypełnienia wszelkich rozkazów.
Ona to Pokój
– aż do pojawienia się zorzy porannej.[1]

– Pięknie recytuje – Lily stwierdziła z podziwem.

– Bardzo pięknie – potwierdziła Jessica. – Mam nadzieję, że kiedyś Jusuf też tak się nauczy.

1 Koran, przekład Józefa Bielawskiego, PIW, Warszawa 1986, sura XCVII, wersy 1–5.

Czysty, melodyjny głos Farisa poruszył Klaudię do głębi. Sprawił, że razem z innymi dała się ponieść niezwykłej sile tej wyjątkowej dla wszystkich muzułmanów nocy. Słuchała opowieści o historii i tradycji islamu, przeżywała recytację Koranu, a kiedy inni modlili się i prosili o dobry los, zaklinała w duchu przeznaczenie, żeby jej szczęście trwało wiecznie.

Raszid i Klaudia wrócili do domu w środku nocy. Kiedy znaleźli się w sypialni, szczęśliwa Klaudia mocno przytuliła się do swojego mężczyzny i pomyślała, że przyjazd do Londynu był najlepszą decyzją, jaką podjęła w życiu. Wspaniale się czuła podczas ramadanowych posiłków z przyjaciółmi Raszida, gdzie dominowało silne poczucie wspólnoty i zrozumienia. Panowała tam absolutnie niezwykła atmosfera. Podniosła.

Rozdział VI

Lwiątka kalifatu

Klaudia z Elizą przemierzały ekskluzywną ulicę Oxford Street.

– Jaki tu tłok! – krzyknęła Klaudia, przeciskając się przez tłum ludzi, którzy jak w gorączce przemieszczali się z jednego pełnego towarów sklepu do drugiego.

– W końcu jesteś na najbardziej ruchliwej ulicy handlowej w Europie. – Eliza wyminęła pieszych, żeby znaleźć się bliżej koleżanki. – Szacuje się, że odwiedza ją każdego dnia ponad pół miliona ludzi.

Na chodnikach było gwarno jak w ulu i tylko co pewien czas do uszu Klaudii dolatywały pojedyncze słowa wypowiadane w różnych językach przez zaaferowanych przechodniów. Kilkaset sklepów oferujących całą gamę markowych produktów przyciągało na zakupy klientów z całego świata. Domy towarowe, włączając luksusowy Selfridges oraz John Lewis i Debenhams, jak również popularne sieciówki, takie jak Top Shop, Mango, Zara i New Look, mogły zaspokoić gusta każdego klienta.

Eliza i Klaudia dostały od Salaha i Raszida po tysiąc funtów na nowe ubrania, które miały sobie kupić z okazji zbliżającego się końca ramadanu i związanego z nim święta Id al-Fitr.

– Wejdziemy tu? – zaproponowała Eliza, kiedy przechodziły obok wejścia do ekskluzywnego domu towarowego, który wyróżniał się imponującą fasadą z jońskimi kolumnami udekorowanymi na szczycie rzeźbionymi kwiatami i małymi listkami, charakterystyczną, polichromowaną rzeźbą *Królowa czasu* oraz wielkimi, pokrywającymi prawie całą frontową ścianę błyszczącymi oknami.

– Tak, możemy się rozejrzeć – zgodziła się Klaudia.

Koleżanki weszły do kilkupiętrowego sklepu, który oferował ubrania, buty, torebki, kosmetyki, zegarki, biżuterię i inne towary najlepszych marek.

– Co chcesz kupić? – zapytała Eliza.

– Myślałam o sukience – odpowiedziała Klaudia. – Ale jeśli nie znajdę nic ciekawego, to jakaś fajna spódniczka z bluzką też może być. A ty?

– Też chciałabym sukienkę. – Eliza skierowała się w stronę ruchomych schodów. – Chodź, z tego, co pamiętam, działy z damską odzieżą są wyżej.

Wkrótce koleżanki przebierały wśród wielobarwnych sukienek w różnych fasonach.

– Mają tu duży wybór – zauważyła Klaudia.

– To jeden z najlepszych sklepów – stwierdziła Eliza, biorąc do ręki wieszak z asymetryczną żółtą sukienką midi w kwiatowe wzory. – Co o niej myślisz? – Przyłożyła sukienkę do swojej sylwetki.

– Bardzo twarzowa – oceniła Klaudia. – Ile kosztuje?

Eliza spojrzała na metkę.

– Czterysta pięćdziesiąt funtów.

– To drogo – stwierdziła Klaudia.

– Masz rację, ale niektóre ciuchy potrafią tu kosztować nawet kilka tysięcy funtów, więc jeszcze nie jest tak źle.

– Chcesz ją przymierzyć?

– Tak, bo bardzo mi się podoba. A ty coś wybrałaś?

– Zastanawiam się między tymi dwiema... – Klaudia pokazała koleżance interesujące ją fasony. – Która według ciebie jest ładniejsza?

– Każda z nich jest w innym stylu, więc trudno powiedzieć. – Eliza porównywała satynową sukienkę na ramiączkach w egzotyczne, różowo-szare desenie z klasycznym, lekko dopasowanym modelem z błękitnej, wzorzystej koronki na cielistym tle. – I lepiej sprawdź ceny, bo tu nigdy nie wiadomo... – ostrzegła koleżankę. – Nawet z pozoru zwykły ciuch może kosztować krocie.

– O matko! – wyrwało się Klaudii, kiedy rzuciła okiem na metki.

– Warte są majątek? – domyśliła się Eliza.

– Tylko jedna z nich.

– Ile kosztuje?

– Tysiąc dwieście osiemdziesiąt funtów. – Klaudia odwiesiła sukienkę na ramiączkach.

– Za dużo – oceniła Eliza.

– Stanowczo za dużo – przyznała Klaudia.

– A ta druga?

– Trzysta pięćdziesiąt funtów.

– Do przeżycia. Idziemy przymierzyć?

– Tak, zobaczymy, jak w nich wyglądamy.

Sukienki leżały znakomicie, więc koleżanki zdecydowały się je kupić. Później poszukały pasujących do nich sandałków, co zajęło im sporo czasu, bo buty, które im się początkowo podobały, często były za drogie.

– Nie zapłacę ponad pięćset funtów za sandałki! – dobitnie zadeklarowała Eliza.

– Ja też nie! – Klaudia ją poparła. – Nie musimy mieć butów Saint Lurenta ani Valentino.

– Jasne, że nie.

Następnie koleżanki przeszły do działu z torebkami, w którym oglądały produkty firm Gucci, Givenchy, Fendi, Burberry i innych luksusowych marek.

– Trzeba przyznać, że torebki są piękne, ale ceny... – Klaudia zajrzała do środka jednej z nich, gdzie dyskretnie była ukryta metka. – Dwa tysiące siedemset piętnaście funtów – przeczytała. – I kto to kupuje?

– Chętne zawsze się znajdą... – Eliza wzrokiem pokazała koleżance trzy kobiety w czarnych abajach z zakrytymi hidżabami włosami i zasłonami na twarzach, które z zapamiętaniem wybierały torebki. – Krąży plotka, że jeśli spodoba się im jakiś model, to często kupują go w różnych kolorach.

– Chyba to nie tylko plotka... – stwierdziła Klaudia, która zauważyła, że jedna z kobiet odłożyła dwie różniące się tylko barwą torebki i energicznie dopytuje sprzedawczynię o inne kolory.

– Turyści z Zatoki Perskiej... – Eliza kątem oka obserwowała kupujące. – To teraz najlepsi klienci. Przyjeżdżają tu pod koniec ramadanu i wydają fortuny...

– Widziałam w tym sklepie napisy *Ramadan Kareem!*[1].

– Ekskluzywne domy towarowe dbają o swoich bogatych, muzułmańskich klientów – zauważyła Eliza. – Przygotowują specjalne ramadanowe oferty i atrakcje oraz wydłużają godziny pracy, a ich restauracje przyciągają szyldami w języku arabskim oraz oferują najlepsze dania i słodycze z różnych wschodnich krajów...

– Trudno się dziwić... – Klaudia zauważyła, że każda z ubranych w czarną abaję klientek wybrała po kilka torebek.

[1] *Ramadan Kareem!* (arab.) – dosł. Hojny ramadan. Formuła używana jako pozdrowienia i życzenia w okresie ramadanu, rozumiana jako „Szczęśliwego ramadanu!".

– Chyba wystarczy nam oglądania, i tak tu nic nie kupimy – stwierdziła Eliza. – To gdzie teraz chcesz iść?

– Może do wyposażenia wnętrz? – zasugerowała Klaudia.

– Chcesz coś kupić do domu?

– Tak tylko się rozejrzeć... Mieszkanie Raszida wydaje mi się nieco surowe, przydałoby się w nim parę zmian.

– Rzeczy do domu są na ostatnim piętrze.

– To chodźmy tam.

Gustownie zaaranżowana rozległa przestrzeń oferowała artykuły i dekoracje do kuchni, jadalni, łazienki i sypialni. Koleżanki krążyły po ekspozycji, od czasu do czasu zatrzymując się i oglądając interesujące je produkty.

– Ładne rzeczy, ale jak dla mnie stanowczo za drogie – Klaudia stwierdziła po kwadransie.

– W wielu innych sklepach możesz dostać równie interesujące akcesoria, ale dużo tańsze.

– W takim razie kiedyś musisz mnie koniecznie do nich zabrać.

– Z przyjemnością, lubię wypady do takich miejsc.

– To świetnie. A teraz chętnie zajrzałabym do działu kosmetyków – wyraziła życzenie Klaudia.

– Musimy zjechać na parter.

– Dobrze.

– Co potrzebujesz?

– Szminkę i perfumy.

– Ja też się rozejrzę za nowymi perfumami.

Koleżanki zjechały piętro niżej i Eliza nagle się zatrzymała.

– Co się stało? – spytała Klaudia.

Eliza nie odpowiedziała i wyglądała tak, jakby biła się z myślami.

– Czemu tu stanęłaś? – drążyła Klaudia. – Chcesz coś obejrzeć na tym piętrze?

– Skoro już tu jesteśmy, to może... – Eliza się zawahała.

– Może co?

– Pójdziemy do działu dziecięcego? – Eliza wyrzuciła z siebie jednym tchem.

– Oczywiście. – Klaudia przypuszczała, że koleżanka chce zobaczyć zabawki z myślą o Mariam, Jusufie i Farisie. – Przecież mamy czas.

Jednak ku jej zdziwieniu Eliza skierowała swoje kroki prosto do miejsca, gdzie były wyeksponowane ubranka dla noworodków. Koleżanka z błogim wyrazem twarzy zaczęła przeglądać małe ciuszki.

– Zobacz, jakie słodkie! – powiedziała rozanielonym głosem, biorąc do ręki śpioszki z nadrukiem główek sarenek, czerwonych kwiatuszków i błękitnych kokardek. – Cudne są!

Klaudia uważnie przyjrzała się rozanielonej Elizie.

– Czy jest coś, o czym ja nie wiem? – zapytała.

Eliza z trudem oderwała wzrok od malutkiego ubranka.

– Chyba jestem w ciąży – powiedziała drżącym ze wzruszenia głosem.

– I ty mi dopiero teraz o tym mówisz?! – wykrzyknęła zdziwiona Klaudia.

– Ciii... – Eliza położyła palec na ustach. – To jeszcze nic pewnego.

– Zrobiłaś test?

– Jeszcze nie.

– Kiedy powinnaś mieć ostatnią miesiączkę?

– Dwa tygodnie temu.

– Będziesz miała dziecko... – Klaudię ogarnął nieznany jej dotychczas rodzaj wzruszenia. – Salah już wie?

– Tak... – Eliza bezwiednie położyła rękę na brzuchu.

– I co on na to?

– Oszalał ze szczęścia. – Twarz Elizy rozjaśniła się w szerokim uśmiechu.

– To szczerze gratuluję!

– Nie dziękuję, żeby nie zapeszać. Mam nadzieję, że test to potwierdzi. – Eliza wróciła do oglądania śpioszków. – Śliczniutkie są.

– To kup je na dobry początek.

– Za wcześnie... Poza tym spójrz na to. – Eliza pokazała koleżance cenę.

– Dwieście funtów!

– Gucci – skwitowała Eliza i odłożyła ubranko.

– Ceny rzeczywiście dla klientek z krajów Zatoki... Chciałabyś mieć chłopca czy dziewczynkę?

– Czy ja wiem... – Eliza podeszła do wywieszonych maleńkich sukieneczek dla kilkumiesięcznych modniś. – Dziewczynki są takie rozkoszne...

– To prawda – przyznała Klaudia. – Tak jak Mariam... Jest przeurocza...

– Salah pewnie chciałby mieć chłopca...

– Tak powiedział?

– Nie, ale widzę, z jaką chęcią zawsze bawi się z Farisem i Jusufem.

– Faceci wolą małych facetów...

– Tak jak my dziewczynki... – Eliza pokazała Klaudii sukienkę firmy Burberry w charakterystyczną kratkę fantazyjnie marszczoną poniżej talii.

– Tylko mieć dziewczynkę i ją tak ubierać.

Klaudia przypomniała sobie pytanie Raszida o to, czy chciałaby mieć dzieci. Tak, chcę mieć dzieci, odpowiedziała sobie w duchu. Chcę mieć dzieci z mężczyzną, którego kocham do szaleństwa. Moim mężczyzną.

Eliza zaciągnęła jeszcze koleżankę do działu z zabawkami, gdzie na kremowych półkach panoszyły się różnej wielkości pluszaki.

– Zobacz, jaki milusi kotek. – Klaudia zwróciła uwagę na miękką, białą zabawkę. – Ma takie śliczne niebieskie oczka... Może kupię go Mariam na Id al-Fitr?

– Na Id al-Fitr zazwyczaj daje się dzieciom banknoty – powiedziała Eliza. – Poza tym musiałabyś kupić też zabawki dla Farisa i Jusufa, bo przecież to święto spędzamy wszyscy razem.

– Masz rację. – Klaudia z żalem odstawiła mięciutką przytulankę na miejsce. – W takim razie tego kotka podaruję jej przy innej okazji.

– Na przykład na urodziny... – podpowiedziała Eliza.

– Dobry pomysł – zgodziła się Klaudia.

Na koniec zakupów w luksusowym domu towarowym koleżanki udały się do działu z kosmetykami, gdzie ponownie zobaczyły kilka całych zakrytych na czarno kobiet, które wybierały perfumy oraz produkty do pielęgnacji cery i makijażu.

– Nawet nie pytają o cenę... – Klaudia zauważyła cicho, chociaż mówiła po polsku.

– Stać je na to – Eliza odpowiedziała głośniej. – Takie to mają dobrze... Na wszystko mogą sobie pozwolić, żadnych trosk...

Jedna z zasłoniętych kobiet odwróciła głowę w ich stronę, a po chwili się do nich zbliżyła.

– Troski też są, i to czasami większe, niż ktokolwiek mógłby sobie wyobrazić – stwierdziła po polsku niezwykle poważnym tonem.

Zaskoczone koleżanki spojrzały po sobie, a Eliza poczuła się bardzo zakłopotana.

– Ja bardzo panią przepraszam, nie powinnam... – Naprawdę było jej głupio, a zasłonięta twarz kobiety i brak możliwości zobaczenia jej reakcji jeszcze potęgowały niezręczność.

– Nic się nie stało, jednak myślę... – Kobieta na chwilę zamilkła. – Myślę, że nie należy zbyt pochopnie... – Widząc zażenowaną minę Elizy, kobieta ponownie przerwała.

– Tak, ma pani całkowitą rację, jeszcze raz bardzo przepraszam. – Elizie naprawdę było przykro.

– Zapomnijmy o tym. – Głos kobiety zabrzmiał pojednawczo. Klaudia pomyślała, że dziwnie rozmawia się z kimś, gdy nie ma możliwości zobaczenia jego twarzy, a nawet oczu.

– Jestem Isabelle – przedstawiła się nieznajoma.

– Eliza. Bardzo mi miło. – Koleżanka Klaudii chciała zatrzeć złe pierwsze wrażenie.

– Klaudia.

– Miło mi was poznać. – Czarna postać nieco pochyliła się w stronę koleżanek. – Mieszkacie w Londynie czy jesteście tu turystycznie?

– Ja mieszkam – odpowiedziała Eliza.

– A ja... – Klaudia zawahała się przez moment. – Tak samo.

– Ja na stałe mieszkam w Dubaju. – Teraz głos nowo poznanej Polki był wyjątkowo miły. – Jeżeli kiedykolwiek odwiedzicie Emiraty, to serdecznie zapraszam do mojego pałacu...

– Dziękujemy. – Klaudię zdumiało niespodziewane zaproszenie.

– Zapiszcie sobie kontakt do mnie... – Isabelle podyktowała swój numer, a koleżanki z grzeczności wstukały go w swoje telefony. – Gdybyście były w Dubaju, to... – Czarna abaja nagle zafalowała, a głos Isabelle stał się trochę nerwowy. – Mój mąż wraca, muszę już iść... – Isabelle szybko oddaliła się w stronę przystojnego Emiratczyka o pewnym siebie spojrzeniu.

– Niezły facet – wyraziła swoje zdanie Klaudia. – Ma takiego męża i mieszka w pałacu... Tylko pozazdrościć...

– W pałacach nie mieszkamy, ale niezłych facetów też mamy. – Eliza się zaśmiała.

– Nie mogę zaprzeczyć – zawtórowała jej Klaudia.

Eliza sięgnęła po wystawiony jako tester flakonik i psiknęła trochę perfum na swój nadgarstek.

– Jak ci się podobają? – Zbliżyła rękę, żeby koleżanka powąchała.

– Zbyt mdłe.

– Lubisz drapieżne zapachy? – Eliza odstawiła buteleczkę i wzięła następną.

– Bardziej wyraziste.

– A te? – Eliza rozpyliła zapach na drugi nadgarstek, który podsunęła pod nos koleżanki.

Klaudia lekko się skrzywiła.

– Nie podobają ci się? – bardziej stwierdziła, niż zapytała, Eliza.

– Nie bardzo – przyznała Klaudia.

– To chodźmy dalej. Na pewno w końcu znajdziesz idealne dla siebie perfumy.

– I szminkę – przypomniała Klaudia.

Koleżanki ponad godzinę krążyły od stoiska do stoiska, żeby wybrać i kupić odpowiadające im kosmetyki. Później opuściły dom towarowy i ponownie znalazły się na Oxford Street, gdzie tłok i gwar były jeszcze większe niż poprzednio. Po paru minutach na ulicy rozległ się straszliwy ryk silników, a uwagę pieszych przykuły posuwające się jeden za drugim supersamochody. Niektórzy przechodnie nagrywali pojazdy, biegnąc za nimi wzdłuż ulicy.

– Świetne wozy. – Klaudia powiodła wzrokiem za ferrari i jadącym tuż za nim lamborghini.

– Ich właścicielami są obywatele krajów Zatoki Perskiej – wyjaśniła Eliza. – Młodzi mężczyźni sprowadzają je tu z Arabii Saudyjskiej, Kataru i Zjednoczonych Emiratów Arabskich i tak sobie jeżdżą...

– Budząc niemałą sensację... – Klaudia wpadła koleżance w słowo.

– Niecodziennie widzi się kilka tej klasy samochodów obok siebie.

– I taką karoserię – zauważyła Klaudia, patrząc na lamborghini, które wyróżniało się nadwoziem pomalowanym w nieregularne stalowe, białe i czarne figury.

Kierowcy supersamochodów podkręcili silniki i kawalkada z hukiem przemieściła się dalej.

– Ta Polka mieszkająca w Dubaju... – Klaudia wciąż miała przed oczami zakrytą na czarno kobietę. – Zdziwiłam się, kiedy tak nagle nas zaprosiła. Ciekawe dlaczego?

– Może czuje się tam samotna? – wyraziła przypuszczenie Eliza. – Gdy dłużej nie ma się kontaktu z rodakami, to nawet zwykła rozmowa po polsku cieszy... Au! – Eliza chwyciła za łokieć koleżanki.

– Źle się czujesz? – zaniepokoiła się Klaudia.

– Nie wiem... Jakoś mi tak dziwnie... W głowie mi się kręci...

– To pewnie przez ten ścisk i hałas. – Klaudia podtrzymała koleżankę. – I z tego wniosek, że na pewno jesteś w ciąży... – Uśmiechnęła się ciepło. – Myślę, że lepiej będzie, jeśli już na dzisiaj zakończymy nasz rajd po sklepach.

– Nie chcesz nic więcej kupować?

– Nie, odwiozę cię do domu.

– Jak uważasz. – Eliza nadal nie czuła się dobrze, więc nie oponowała.

Kiedy dotarły do mieszkania Elizy, ta od razu się położyła.

– Zostać tu z tobą, dopóki nie przyjdzie Salah? – zapytała Klaudia, siadając przy niej.

– Nie, dziękuję, zaraz dojdę do siebie.

– Powinnaś jak najszybciej zrobić test ciążowy, a później iść do lekarza.

– Masz rację, nie ma co z tym zwlekać.

– Jak teraz się czujesz?

– Lepiej, tylko jestem trochę śpiąca.

– To ja już lecę, a ty się prześpij. – Klaudia się podniosła. – Daj mi od razu znać, gdy zrobisz test ciążowy.

– Dobrze. – Eliza położyła obie dłonie na brzuchu.

– Cieszysz się, że będziesz miała dziecko?

– Im więcej o tym myślę, tym bardziej jestem szczęśliwa.

– No pewnie, przyjdzie na świat takie twoje słodkie maleństwo...

– Moje i Salaha... – dopowiedziała Eliza.

– Oczywiście. Dbaj o siebie i niedługo się widzimy.

– Tak, wszyscy się spotykamy na świętowanie Id al-Fitr w domu Ahmada i Aiszy. – Eliza wstała z łóżka.

– Ty lepiej leż i odpoczywaj – powiedziała Klaudia z troską.

– Muszę zamknąć drzwi. – Eliza odprowadziła koleżankę do przedpokoju.

– Dbaj o siebie. – Klaudia uścisnęła Elizę.

– Na pewno będę. Do zobaczenia wkrótce.

– Do zobaczenia.

Eliza zasunęła zamek w drzwiach, a następnie położyła się na łóżku i myśląc o swoim maleństwie, zapadła w słodki sen.

* * *

Aisza w kuchni przygotowywała ramadanowy posiłek, a Faris w salonie oglądał materiały propagandowe tak zwanego Państwa Islamskiego. Syryjka zrobiła kompilację z nagrań, na które jej synek najbardziej żywiołowo reagował, i puszczała mu ją wielokrotnie w ciągu dnia. Dziecko bawiło się, naśladując chłopców na ekranie, którzy wielkimi nożami podcinali gardła misiom, celowali lufy pistoletów w tył głowy klęczących więźniów lub w wojskowych uniformach biegali przyczajeni z karabinami, wypatrując wroga. Faris miał podarowanych mu przez jego ojca kilka strojów, które z upodobaniem zakładał, kiedy bawił się w „lwiątko kalifatu". Najbardziej lubił ubierać się w wojskowy mundur w panterkę, a na głowę zakładać odkrywającą tylko oczy czarną kominiarkę, na której na wysokości czoła umieszczony był biały napis po arabsku: *Aswad al-chilafa* – „Lwy kalifatu". W rękach trzymał czarny karabin skierowany lufą do góry, identycznie jak robili to widoczni na ekranie chłopcy, i razem z nimi donośnym głosem wyraźnie deklarował:

– Dzięki Bogu jesteśmy Jego armią i walczymy z Jego wrogami!

Faris wyglądał w tym momencie dokładnie tak samo i mówił to samo, co szkolone na zabójców dzieci na terenach Syrii i Iraku pozostających pod kontrolą ISIS. To pozwalało mu czuć się jednym z nich. Stawał się prawdziwym lwem kalifatu.

* * *

Pod kontrolą tak zwanego Państwa Islamskiego żyły dziesiątki tysięcy dzieci, które były wychowywane i edukowane na jego ślepo posłusznych żołnierzy. Kobiety rodziły dzieci, które już w momencie przyjścia na świat zasilały szeregi nieletnich dżihadystów. Położna Samira, która była zmuszona do odbierania porodów w Rakce, nieformalnej stolicy ISIS, opowiedziała na łamach „The Washington Post" o swoich koszmarnych przeżyciach.

Samira została wyznaczona przez bojowników tak zwanego Państwa Islamskiego do asystowania przy porodach „lwiątek kalifatu" – przyszłych morderców i terrorystów samobójców. Przez trzy lata jej telefon mógł zadzwonić o każdej porze, a ona sama była przewożona taksówkami w asyście uzbrojonych dżihadystów do domów zwolenników ISIS, aby tam pomagać przy porodach.

– Ogarniał mnie strach, złość i bezsilność – zwierzała się Samira. – Nie było przy tym żadnej radości ani dumy, że uczestniczę w przyjściu na świat następnego pokolenia mieszkańców Rakki.

Islamscy bojownicy traktowali ją lekceważąco i nie mieli do niej ani krzty zaufania.

– Nie mogłam podać rodzącej nawet szklanki wody, chyba że jej mąż osobiście ją wlał – Samira opowiadała o zamkniętym świecie dżihadystów, do którego nikt z zewnątrz nie miał wstępu. – Jako obcej nie pozwalano mi też złagodzić bólu rodzącej żadnymi tabletkami przeciwbólowymi ani środkami rozluźniającymi mięśnie, które stosowałam wcześniej podczas mojej długoletniej praktyki. Niektóre rodzące w okrutnych bólach męczyły się dziesięć godzin, zanim przyszło rozwiązanie. Ich mężowie narzucali surowe zasady, mówiąc, że podanie lekarstw naruszyłoby ich tradycję religijną, oraz głosili frazesy, że ich żony czeka wielka nagroda od Boga za ich cierpienie. Posłuszne żony godziły się na to bez słowa sprzeciwu.

Jednak Samira uważa, że bojownicy stosowali te wymówki, ponieważ bali się, że ich żony mogą zostać przez nią otrute. Dżihadyści nie ufali też lekarzom i pielęgniarkom z lokalnych szpitali, bo sądzili, że zatrudniony tam personel jest wrogo nastawiony do ich rządów, więc również może otruć ich żony i nowo narodzone dzieci. W związku z tym większość porodów odbywała się w domu pod groźnym spojrzeniem i kontrolą bojowników.

– Nie szanowali mojego zawodu – wyznawała Samira, odnosząc się do dżihadystów i ich żon. – Traktowali mnie jak rekwizyt, którego się używa, a nie jak opiekunkę, która niesie pomoc. Brałam udział w narodzinach, a później od razu mnie wyrzucali.

Położna została ponadto zmuszona do świadczenia swoich usług w Domu Wdów, gdzie mieszkały ciężarne kobiety, których mężowie zginęli w walce.

– Na początku się nie zgodziłam, tłumacząc, że jestem już stara i słaba, więc wycofałam się z zawodu. Mimo to administrator tak zwanego Państwa Islamskiego, który był odpowiedzialny za sprawy wdów, nie przyjął mojej odmowy do wiadomości i nalegał, żebym udała się z nim do dużego domu, gdzie przebywały.

Administrator był uzbrojony, więc kobieta nie miała wyboru.

– W Domu Wdów zetknęłam się z ciężarnymi z różnych zakątków świata. „Lwiątka kalifatu" rodziły Marokanki, Tunezyjki, Saudyjki, Egipcjanki, Jemenki, Somalijki, Francuzki, Niemki, Rosjanki, Turczynki oraz kobiety z Kaukazu i krajów afrykańskich, których nie udało mi się zidentyfikować.

Położna nie pamięta, przy ilu porodach pomagała, bo było ich zbyt dużo. Wstrząsające jest to, że Samira zawsze miała nadzieję, że „każde nowo narodzone dziecko będzie ostatnie".

– Uderzył mnie fakt bardzo młodego wieku Syryjek, które były żonami bojowników – wspominała z przerażeniem. – Najmłodsze miały po trzynaście lat, a najstarsze często nie przekroczyły piętnastu. Muszę z przykrością stwierdzić, że w ciągu trzech lat mojej przymusowej praktyki pod okupacją tak zwanego Państwa Islamskiego nie spotkałam żadnej syryjskiej żony, która miałaby więcej niż osiemnaście lat. To ilustruje, jakiej straszliwej destrukcji lokalnej ludności dokonali nowi władcy Rakki, głównie cudzoziemcy.

Wiele potwornych sytuacji, których doświadczyła Samira, na zawsze pozostało w jej pamięci, do tej pory wzbudzając jej oburzenie i żal.

– Zaledwie chwilę po tym, gdy urodziło się dziecko tureckiej parze – bojownikowi ISIS i jego młodziutkiej żonie – rodzice próbowali ubrać swojego nowo narodzonego syna w specjalnie dla niego uszyty mundur wojskowy. Ojciec z dumą oświadczył, że dziecko zostanie islamistycznym bojownikiem. Z trudem udało mi się go przekonać, że materiał munduru jest zbyt gruby dla delikatnej skóry noworodka.

Opowiadając o swoim koszmarze, Samira nie zawahała się użyć w odniesieniu do dżihadystów przenikających do szpiku kości słów.

– To nie byli ludzie. Oni byli innym rodzajem stworzenia.

Mrożący krew w żyłach horror, który rozgrywał się na terenach opanowanych przez tak zwane Państwo Islamskie, trwał do końca ich rządów.

– W ostatnich dniach bitwy o Rakkę w październiku[1] zostałam wezwana do domu somalijskiego bojownika i jego jemeńskiej żony. Akcja porodowa już się zaczęła, a w dodatku kobieta miała krwawiącą ranę na głowie, którą chciałam opatrzyć. Dżihadysta powiedział mi, że kiedy jechał z dużą szybkością na motocyklu, żeby uniknąć nalotów amerykańskiej koalicji, jego ciężarna żona spadła z pojazdu. Bojownik zażądał ode mnie asysty przy porodzie, ale stanowczo zabronił mi zajmowania się krwawiącą raną na głowie kobiety.

Samira do tej pory zmaga się z moralnymi wątpliwościami i olbrzymim cierpieniem, które przyniosły jej rządy tak zwanego Państwa Islamskiego. Gnębi ją świadomość roli, jaką odegrała w pomaganiu samozwańczemu kalifatowi w realizacji ogłoszonego przez niego celu „pozostania i ekspansji". Pomimo że na początku akuszerka próbowała się opierać świadczeniu swoich usług na rzecz ISIS, to szybko się przekonała, że może za to

[1] 15 października 2017 roku arabsko-kurdyjskie Syryjskie Siły Demokratyczne wraz ze wsparciem koalicji dowodzonej przez Stany Zjednoczone rozpoczęły ostateczny szturm na Rakkę, nad którą pełną kontrolę uzyskały 17 października 2017 roku.

zostać ukarana więzieniem, a nawet publiczną egzekucją na placu miasta.

– Mój mąż, emerytowany nauczyciel języka arabskiego, został uwięziony na kilka dni po tym, gdy próbował negocjować między policją moralności a sąsiadem, który nie stosował się do surowych reguł wprowadzonych przez tak zwane Państwo Islamskie.

Mieszkańcy Rakki bardzo szybko zdali sobie sprawę z tego, że ich opór skazany jest na niepowodzenie i spotka się z najbardziej okrutnymi karami.

– Jaki ja miałam wybór? – Samira pyta z goryczą. – Robiłam to wbrew swojej woli i nawet jeśli się bałam lub brzydziłam, to w tym momencie nie ma żadnego znaczenia. Zostałam zmuszona, żeby im pomagać.

Zgorzknienie i zagubienie Samiry potęgowała jej ogromna, osobista tragedia. W październiku jej syn wyszedł z domu podczas powietrznego ostrzału, żeby zapewnić opiekę medyczną ofiarom.

– Błagałam go, żeby tego nie robił – mówi Samira, ocierając łzy. – Odpowiedział mi, że to byłby dyshonor dla niego jako lekarza, gdyby nie pomagał potrzebującym.

Syn Samiry opatrywał rannych z poprzedniego nalotu, kiedy budynek, w którym przebywał, został ponownie zbombardowany. Zginął na miejscu.

– Moje serce jest ciemne od niesprawiedliwości – zwierza się kobieta, płacząc. – Mój ból jest głęboki.

Położna przyznała również, że wiele spośród dziesiątek tysięcy dzieci, które żyły pod kontrolą ISIS, traktowano jak rekwizyty. Dzieci z krajów europejskich, azjatyckich i afrykańskich były głównymi bohaterami filmów propagandowych tak zwanego Państwa Islamskiego, w których pokazywano ich zabawy oraz treningi z bronią w ręku. W innych produkcjach nieletni chłopcy dokonywali egzekucji na apostatach lub wrogach samozwańczego kalifatu, co miało pokazać, że rośnie następne pokolenie bezwzględnych dżihadystów, którzy nie cofną się przed najgorszą zbrodnią.

* * *

Aisza dosoliła ostatnią przygotowywaną przez siebie potrawę, przykręciła gaz, żeby gotowała się na wolnym ogniu, i poszła do swojego synka do salonu. Z wielką radością zobaczyła, jak Faris w ubranku dżihadysty trzyma wycelowany do góry karabin i z przejęciem skanduje:

– Dzięki Bogu jesteśmy Jego armią i walczymy z Jego wrogami!

Chłopiec zauważył mamę, więc żeby zasłużyć na jej pochwałę, jeszcze głośniej wykrzykiwał:

– Dzięki Bogu jesteśmy Jego armią i walczymy z Jego wrogami! Dzięki Bogu jesteśmy Jego armią i walczymy z Jego wrogami!

– Walczymy z Jego wrogami! – Aisza dołączyła do Farisa, po czym ucałowała go i mocno uściskała.

Z sercem pęczniejącym z dumy pomyślała, że jej synek rośnie na dzielnego dżihadystę, który kiedyś zabije wielu wrogów i zapewni sobie miejsce w raju.

– Kiedy przyjdzie do nas Jusuf? – chłopiec zwrócił się do mamy.

– Odwiedzi nas z rodzicami podczas Id al-Fitr – odpowiedziała Aisza.

– Chciałbym pobawić się z nim wcześniej – wyraził swoje życzenie Faris, który bardzo lubił bawić się z młodszym kolegą w „lwy kalifatu".

– Dobrze, zadzwonię do cioci Jessiki i zapytam, czy Jusuf może u nas dzisiaj nocować. – Aisza wzięła leżący na stoliku telefon i wyszła z salonu, żeby zadzwonić do koleżanki.

Zadowolony Faris skupił swój wzrok na ekranie, gdzie trenujący w obozie ISIS chłopcy maszerowali w szeregu, robili przysiady, wspinali się po utkanej z lin siatce rozpiętej między drzewami, wkładali magazynki do karabinów, rzucali odbezpieczonymi przez dorosłych granatami i przykładali broń do czoła kolegów, którzy podczas ćwiczeń odgrywali rolę ich wrogów. Faris odłożył na bok karabin do złudzenia przypominający prawdziwy i wziął do ręki pistolet, który był autentyczną bronią. Chłopiec dostał go od taty na swoje szóste urodziny i mógł się nim bawić, kiedy tylko chciał. Tata powiedział mu, że kiedy trochę podrośnie, to nauczy go, jak ładować magazynek nabojami, a następnie wkładać go do broni.

– Kiedy to będzie, tato? – zapytał podekscytowany chłopiec, oglądając ze wszystkich stron pistolet.

– Gdy skończysz osiem lat – odpowiedział Ahmad, który wiedział, że na terenach kontrolowanych przez ISIS „lwiątka kalifatu" często zaczynają w tym wieku intensywny trening wojskowy.

Od tego momentu Faris nie mógł się doczekać, kiedy będzie na tyle duży, że w jego pistolecie znajdą się prawdziwe naboje. Kiedy Jusuf przychodził się z nim bawić, to Faris wyznaczał mu rolę wroga i przykładał lufę do jego czoła. Wtedy w oczach Jusufa pojawiał się niekłamany strach. I to Faris lubił najbardziej.

– Ciocia powiedziała, że przywiezie do nas Jusufa dzisiaj wieczorem – powiedziała Aisza, wchodząc do salonu.

– Super! – Faris podskoczył z radości.

Syryjka również się cieszyła, kiedy Jusuf przebywał w ich domu, bo mogła mu wtedy tłumaczyć, że obowiązkiem każdego muzułmanina jest dołączenie do dżihadu. Żałowała, że nie posiada książek rozprowadzanych na terenach kontrolowanych przez ISIS, dzięki którym dzieci od najmłodszych lat przygotowywano do walki z wrogiem. Nauka liczenia odbywała się na podstawie rysunków pocisków, karabinów i pistoletów, które dzieci musiały do siebie dodawać. Inne problemy matematyczne przedstawiane były za pomocą czarnych flag ISIS, kindżałów, kałasznikowów, czołgów, wozów bojowych i samolotów wojskowych. Podręczniki uczyły również dzieci, jak walczyć na polu bitwy, samodzielnie konstruować różnego rodzaju bomby oraz jak przygotować atak samobójczy.

– Zobacz, tak trzeba zabijać wrogów. – Aisza włączyła synkowi następny film propagandowy ISIS, który często mu puszczała. – Ten chłopczyk ma tylko cztery lata.

Faris z szeroko otwartymi oczami, które wyrażały podziw dla młodszego od niego chłopca, który potrafił zabijać, chłonął każdy szczegół wyświetlanych na ekranie obrazów. Film przedstawiał trzech mężczyzn, którzy przed kamerą przedstawili się jako Syryjczycy w wieku od dwudziestu dwóch do trzydziestu trzech lat i przyznali się, że zostali zwerbowani przez bojowników oporu i brytyjskie służby wywiadowcze, żeby pomóc „koalicji krzyżowców", jak to sami określili zapewne pod naciskiem dżihadystów, zwalczać rządy ISIS. Opisywali przyjmowanie setek dolarów i sprzętu do fotografowania oraz śledzenia członków ISIS, jednak trudno było stwierdzić, czy mówili prawdę, czy przyznawali się do szpiegostwa pod przymusem. Następnie mężczyźni zostali wepchnięci do środka białego samochodu i przykuci kajdankami w jego wnętrzu.

W pewnej odległości od samochodu stał mały chłopiec, którego charakteryzował niezwykle poważny jak na jego wiek wyraz twarzy. Ubrany był w wojskowy mundur w panterkę, a na głowie nosił czarną szeroką opaskę, identyczną jak flaga ISIS, co podkreślało jego przynależność do „lwiątek kalifatu".

W rogu ekranu cały czas powiewała ta sama złowieszcza flaga ISIS z napisem po arabsku: *La ilaha illa Allah, Muhammad rasul Allah* - Nie ma bóstwa prócz Boga, Muhammad jest wysłannikiem Boga.

Aisza kilka lat temu była niezwykle szczęśliwa, kiedy mężczyzna owinięty czarną flagą ISIS maszerował po ulicach Londynu tuż obok Pałacu Westminsterskiego, siedziby obu izb parlamentu, którego wieża Big Ben symbolizowała brytyjski rząd. Na ramionach mężczyzny siedziało małe, może trzyletnie dziecko, które w podniesionej rączce trzymało flagę ISIS i trzepotało nią z werwą na wszystkie strony.

Tak powinno być, myślała wtedy Aisza. Flaga ISIS powinna powiewać wszędzie. Kalifat powinien panować w każdym zakątku świata.

Od swojej koleżanki, która wróciła z terenów, gdzie kontrolę sprawowało ISIS, Aisza dowiedziała się o aplikacji na telefon, która uczyła dzieci aktów terrorystycznych. Aplikacja o nazwie *huruf*, co znaczy litery lub alfabet, uczyła dzieci arabskich liter, zapoznając je tym samym z terminologią wojenną. Na przykład literkę „d" obrazował wyraz *dababa*, czołg, a emfatyczną literkę „s" - *saruh*, rakieta. Jeśli dziecko nauczyło się kolejnej litery, dostawało punkty i w momencie kiedy zdobyło ich odpowiednią liczbę, zasługiwało na nagrodę, którą było wyznaczenie celu i przeprowadzenie ataku terrorystycznego. Dziecko mogło wybrać wieżę zegarową Big Ben w Londynie, wieżę Eiffla w Paryżu albo Statuę Wolności w Nowym Jorku i zaatakować wskazany przez siebie obiekt, stosując różne terrorystyczne metody, w tym użycie samolotów pasażerskich tak jak w przypadku zamachów na wieże World Trade Center oraz budynek Pentagonu jedenastego września dwa tysiące pierwszego roku.

Aisza bardzo chciała, żeby jej synek uczył się liter z takiej właśnie aplikacji, ale do tej pory nie zdołała jej zainstalować. Ahmad obiecał, że spróbuje jak najszybciej rozwiązać ten problem, a Aisza robiła wszystko, żeby inną drogą nauczyć Farisa walki z niewiernymi. Teraz obserwowała z zadowoleniem, jak jej syn patrzy z zafascynowaniem na ekran telewizora i żywo reaguje na niektóre pojawiające się na nim obrazy.

– Zabijemy tam *kuffar*[1] – powiedział z wielkim zaangażowaniem czterolatek, wskazując na więźniów, którzy siłą zostali wciągnięci do samochodu.

– Zabijemy tam *kuffar* – Faris powtórzył za chłopcem.

Na ekranie mignęły trzy twarze znajdujących się w samochodzie wychudzonych, przerażonych mężczyzn. Ubrani w pomarańczowe stroje więźniów, z długimi, czarnymi brodami, z gęstymi, zmierzwionymi i dawno nieobcinanymi włosami, patrzyli w oko kamery przerażonym wzrokiem, który mówił, że znaleźli się w najgłębszych czeluściach piekieł.

Małemu chłopcu towarzyszył wyglądający z postury na nastolatka zamaskowany bojownik ISIS, który mówił o szpiegach wysyłanych do Syrii i zabijaniu jego braci.

– Dzisiaj zatem zabijemy waszych szpiegów w taki sam sposób, w jaki oni pomogli wam zabić naszych braci w islamie. – Faris powtarzał każde słowo nastoletniego dżihadysty, który po angielsku adresował swoje przesłanie do Wielkiej Brytanii. – Przygotujcie więc swoją armię i zbierzcie swoje narody, bo my również przygotowujemy naszą armię.

Po skończeniu swojej niezwykle ekspresyjnej mowy bojownik ISIS położył dłoń na głowie czterolatka. Malec na krótką chwilę zamknął oczy, co mogło oznaczać całkowite posłuszeństwo i poddanie się woli dżihadysty. Następne ujęcie pokazywało chłopczyka, który, zbliżając do siebie kciuk i palec wskazujący, pokazał znak „OK". Później w zbliżeniu widać było małe rączki

[1] *Kuffar* (arab.) – niewierni; liczba mnoga od słowa *kafir* – niewierny.

czterolatka zaciśnięte na detonatorze. Faris wziął do ręki pilota, wyobrażając sobie, że jest to detonator. Czterolatek kciukiem nacisnął przycisk. Faris kciukiem nacisnął pilota. Potężna eksplozja podłożonych pod samochód ładunków wybuchowych wstrząsnęła pustynią. Pojazd wyleciał w powietrze i rozpadł się na kawałki razem ze znajdującymi się w jego środku ludźmi. Ogromne tumany szarego i burego piasku oraz czerwone i czarne kłęby dymu ułożyły się w postać olbrzymiego, terrorystycznego potwora.

– *Allahu akbar!* – dziecięcym głosikiem krzyknął czterolatek już przy spalonym fragmencie wysadzonego przez siebie samochodu z więźniami.

– *Allahu akbar!* – krzyknął Faris.

– *Allahu akbar!* – powtórzyła za synkiem Aisza.

Faris bardzo lubił oglądać sam moment silnego wybuchu i odtwarzał go wielokrotnie. Imponował mu również mały chłopiec, który z taką determinacją potrafił walczyć z niewiernymi. Faris marzył o tym, że kiedyś też będzie dokonywał tak wielkich czynów.

Czterolatek o imieniu Isa był synem Grace, Brytyjki, która wychowana była w swoim kraju jako chrześcijanka. Później Grace przeszła na islam i wyjechała na tereny tak zwanego Państwa Islamskiego, zabierając ze sobą swojego maleńkiego synka Isę. W samozwańczym kalifacie poślubiła pochodzącego ze Szwecji bojownika ISIS, Abu Bakra, który prawdopodobnie został zabity na polu walki.

Potrzeba nam więcej takich dzieci jak Isa, stwierdziła w duchu Aisza. Szczególnie w obecnej sytuacji, kiedy dwa lata temu w walce o Mosul straciliśmy aż trzysta „lwiątek kalifatu". Szkoda, że ja nie mogę mieć więcej dzieci…

Syryjka po skomplikowanym pierwszym porodzie miała trudności z zajściem w ciążę i bardzo nad tym ubolewała.

Dobrze, że Jusuf do nas przychodzi. I jest jeszcze Mariam... – myśli szybko przepływały przez głowę Aiszy, podczas gdy jej synek po raz kolejny oglądał bezwzględną egzekucję rzekomych szpiegów. Ona może łatwo zwieść wroga, bo mało kto będzie podejrzewał, że ta słodka i niewinnie wyglądająca dziewczynka...

Matka Mariam dużo bardziej niż matka Jusufa rozumiała potrzebę włączania się do dżihadu całych rodzin, w tym również dzieci, bez względu na ich wiek. Aisza dawała im za przykład niedawny krwawy atak, który miał miejsce w mieście Surabaja na południu Indonezji, gdzie członkowie jednej sześcioosobowej rodziny dokonali samobójczych zamachów bombowych podczas niedzielnych mszy w trzech chrześcijańskich kościołach – katolickim, zielonoświątkowym i prezbiteriańskim.

– To były bardzo wyrafinowane i złożone ataki! – ekscytowała się Aisza. – I przeprowadziła je cała rodzina!

Inicjatorami ataku byli rodzice, którzy pozostawali pod wpływem ideologii tak zwanego Państwa Islamskiego. Ojciec wjechał samochodem z ładunkami wybuchowymi w bramę przed jednym kościołem. Drugi kościół zaatakowała jego żona Puji z dwiema córkami – dwunastoletnią Fadilą i dziewięcioletnią Pamelą. Wszystkie trzy miały przypięte do swoich ciał pasy szahida i dziewczynki wysadziły się w powietrze przed swoją mamą, która stała się pierwszą kobietą terrorystką samobójczynią w historii Indonezji. Najsilniejszy, trzeci atak przeprowadzili nastoletni synowie owładniętego ekstremizmem islamskim małżeństwa – osiemnastoletni Jusuf i szesnastoletni Firman. Użyta przez nich bomba samochodowa była najbardziej dewastująca, a jej siła zniszczyła kilkadziesiąt pojazdów i spowodowała pożar części kościoła.

Aisza pokazała Lily i Jessice zdjęcie indonezyjskiej rodziny zamachowców.

– Patrzcie i bierzcie z nich przykład – powiedziała, mocno wierząc w to, że jej rodzina i przyjaciele zasłużą się tak samo, a może nawet bardziej, w walce z niewiernymi.

Fotografia przedstawiała zwyczajną wielodzietną rodzinę, którą mało kto posądziłby o terrorystyczne zamiary. Z tyłu stał ojciec, obok niego najstarszy syn, drugi zaś z braci wysunął się trochę do przodu. Ubrana w błękitny hidżab matka nosiła okulary i miała łagodny wyraz twarzy. Obie dłonie położyła na ramionach dwóch siedzących na samym przedzie córek. Dziewczynki zasłaniały włosy czerwonymi hidżabami, a w ręku każda z nich trzymała biały kwiatek. Na obliczach chłopców i starszej siostry widniały trochę krzywe uśmiechy. Najmłodsza z rodzeństwa nie uśmiechała się, w jej oczach widoczny był wielki smutek. A może nawet bezgraniczny strach.

Na nieszczęście to nie był w Indonezji jedyny przypadek wciągnięcia dzieci w przerażającą terrorystyczną machinę. Po okrutnych atakach na kościoły tego samego dnia wieczorem w kompleksie apartamentowym eksplodowała bomba. Tragiczne zdarzenie miało miejsce, kiedy policja dokonała nalotu na jedno z mieszkań. Okazało się, że członkowie grupy terrorystycznej przygotowywali w nim bomby, żeby przeprowadzić kolejne zamachy na kościoły. Jedna z bomb wybuchła przedwcześnie, zabijając znajdujące się w pokoju małżeństwo i ich siedemnastoletnią córkę. Pozostała trójka dzieci, w wieku piętnastu, jedenastu i dziesięciu lat, chociaż przebywała w tym samym pokoju, przeżyła. Cała czwórka dzieci za sprawą swoich rodziców była wciągnięta w działalność terrorystyczną.

Następnego dnia doszło do ponownego zbrodniczego ataku, w który zaangażowana była cała pięcioosobowa rodzina, w tym ośmioletnie dziecko. Rodzice na dwóch motorach podjechali z dziećmi, szesnastolatkiem, czternastolatkiem i najmłodszą córeczką, do punktu kontrolnego komisariatu policji i zdetonowali ładunki. Zginęli wszyscy oprócz ośmiolatki, która nie miała na sobie materiałów wybuchowych. Po ataku zszokowana dziewczynka chodziła wśród rozerwanych ciał swoich najbliższych, krzycząc i płacząc. W poważnym stanie została przewieziona do szpitala.

W wyniku tych tragicznych wydarzeń zginęło piętnaście osób cywilnych i trzynastu terrorystów samobójców, a ponad pięćdziesiąt osób zostało rannych, w tym wielu ciężko. Po raz pierwszy w historii Indonezji ataki terrorystyczne przeprowadziły całe rodziny, włączając niepełnoletnie dzieci. Późniejsze doniesienia ujawniły wstrząsającą prawdę, że niektóre z dzieci bezskutecznie odmawiały rodzicom swojego udziału w zamachach. Dotyczyło to wszystkich dzieci w apartamentowcu oraz dzieci, które brały udział w atakach na kościoły. Te ostatnie były widziane dzień przed zamachem, jak rozpaczliwie zanosiły się płaczem. Lamentowały, bo wiedziały, że następnego dnia będą musiały się wysadzić w powietrze. A one chciały żyć, a nie umierać.

Jednak rodziny te były dla Aiszy doskonałym przykładem pełnego zaangażowania w dżihad.

– Mówię wam, że nawet najmłodsze dzieci muszą dołączyć do dżihadu. – Aisza, kiedy tylko mogła, przekonywała matki Jusufa i Mariam. – A waszym najważniejszym zadaniem jest przygotowanie ich na śmierć.

* * *

Zadzwonił telefon i Klaudia po kilku sygnałach odebrała.

– Jestem w ciąży! – wykrzyknęła radośnie Eliza, zapominając nawet o powitaniu.

– To już pewne? – spytała Klaudia.

– Tak! – W głosie Elizy rozbrzmiewało wielkie szczęście. – Zrobiłam test ciążowy.

– W takim razie serdecznie gratuluję – powiedziała Klaudia, czując coś na kształt życzliwej zazdrości. Jak to jest nosić w sobie dziecko ukochanego mężczyzny? – zadała sobie w duchu pytanie.

– Dziękuję. Bardzo się z Salahem cieszymy.

– Też bym się cieszyła – wyrwało się Klaudii.

– No to do dzieła! – Eliza się zaśmiała. – To chyba nic trudnego.

– Koniecznie musimy się spotkać, żebym mogła ci osobiście pogratulować.

– Widzimy się przecież pojutrze u Aiszy na Id al-Fitr – przypomniała Eliza.

– To już pojutrze? – zdziwiła się Klaudia. – Jak te dni szybko płyną…

– Masz rację, dopiero zaczynał się ramadan, wszyscy tu na ciebie czekaliśmy, a pojutrze już się kończy…

– Twoja ciąża też pewnie minie błyskawicznie i za chwilę będziesz trzymała w ramionach swoje dziecko…

– Moje dziecko… – Eliza powtórzyła tkliwym głosem.

– Aisza już wie? – zapytała Klaudia.

– Nie, jeszcze nie – odpowiedziała Eliza. – Nikomu oprócz ciebie nie powiedziałam. Salah chce to oficjalnie ogłosić, kiedy wszyscy się spotkamy na Id al-Fitr.

– Dobry pomysł. A jak się czujesz?

– Dziękuję, dobrze.

– Nie masz żadnych mdłości?

– Nie, nawet nie.

– To świetnie.

– Co u was słychać?

– Wszystko dobrze. Raszid jest taki wyjątkowy… – Klaudia poczuła miłe ciepło w sercu. – Bardzo się cieszę, że do niego przyjechałam.

– On też wygląda na szczęśliwego.

– Nigdy nie myślałam, że mieszkanie z mężczyzną może być takie przyjemne…

– Na pewno jest…

– A wam jeszcze raz gratuluję. Po tylu latach związku zaczynacie teraz nowy etap życia.

– Wspaniały etap – z przekonaniem powiedziała Eliza. – Przepraszam, ale muszę już kończyć. Widzimy się pojutrze u Aiszy.

– Tak, i dziękuję za fantastyczną wiadomość. Do zobaczenia.

– Do zobaczenia.

* * *

W dniu święta Id al-Fitr w domu Ahmada i Aiszy panował radosny gwar. Wszyscy składali sobie życzenia, a wiadomość o ciąży Elizy spotęgowała uroczystą atmosferę. Aisza ucieszyła się tak bardzo, jakby to ona sama spodziewała się następnego dziecka. Jessica i Lily wspominały swoje ciąże i dzieliły się z przyszłą mamą cennymi radami. Mariam jak zwykle nie odstępowała Klaudii na krok i uczyła ją nowych arabskich słówek i zwrotów.

– *Kull 'am wa antum bichair*[1] – dziewczynka wymówiła wyraźnie, żeby ciocia mogła powtórzyć.

– *Kull 'am wa antum bichair* – Klaudia powtórzyła poprawnie ku dużej uciesze Mariam.

W tym momencie Faris podszedł do cioci, bo on też chciał ją nauczyć nowego arabskiego słowa.

[1] *Kull 'am wa antum bichair* (arab.) – życzenia składane z okazji świąt i różnych uroczystości w znaczeniu „Wszystkiego najlepszego", „Szczęśliwych, wesołych świąt".

– Dżihad – powiedział dziecięcym głosikiem i skierował w stronę Klaudii baczne spojrzenie, czekając, aż prawidłowo wypowie ten ważny dla niego wyraz.

– Dżihad – Klaudia powtórzyła bezwiednie pod wpływem wyczekującego wzroku dziecka.

Rozdział VII

Barwne zaślubiny

Eliza po potwierdzeniu ciąży jeszcze bardziej zbliżyła się do Klaudii, z którą zaczęła spędzać coraz więcej czasu. Raszid i Salah nadal całe dnie byli zajęci, w związku z czym koleżanki same jeździły do sklepów z wyprawkami, ciuszkami i mebelkami dla dzieci. Chociaż Eliza tak naprawdę niewiele kupowała, bo uważała, że jest jeszcze na to za wcześnie, to przyjemnie było oglądać kolorowe ubranka i zabawki, wyobrażając sobie mającego przyjść na świat maluszka.

– Zobacz, jaka cudna kolekcja! – Eliza zachwyciła się maleńkimi śpioszkami, bluzami i sweterkami, które ozdobione były subtelnymi skrzydłami anioła.

– Rzeczywiście przesłodkie – Klaudia się z nią zgodziła. – Będziesz miała takiego swojego aniołka...

– Wszystkie małe dzieci są aniołkami... – Eliza wzięła do ręki jasnoróżowe śpioszki. – Kupić je już teraz? Jak myślisz?

– A jeśli będzie chłopiec?

– To wziąć niebieskie? – żartem zapytała Eliza.

– A może jednak będzie dziewczynka?

Przyjaciółki się roześmiały.

– Masz rację, jeszcze nie czas na takie zakupy. – Eliza z widocznym żalem odłożyła ubranko.

Klaudia rozejrzała się wkoło, po czym jej uwagę przykuł biały szlafroczek kąpielowy z kapturkiem.

– Zobacz, tu też masz taką ozdobę. – Pokazała koleżance doszyte do szlafroczka niewielkie skrzydełka aniołka. – Jest też czapeczka... To specjalny zestaw dla noworodka.

Eliza dotknęła delikatnej tkaniny.

– Jaki mięciutki... – Gładziła materiał palcami. – W sam raz dla wrażliwej skóry niemowlaka.

– Myślę, że to możesz kupić już teraz – poradziła Klaudia. – Biały kolor będzie dobry zarówno dla dziewczynki, jak i dla chłopca, a taki szlafroczek to nieodzowny element wyprawki.

– Masz rację. – Eliza wzięła komplet i spojrzała na cenę. – Chyba jednak go nie wezmę...

– Ile kosztuje?

– Prawie sto funtów.

– To faktycznie dużo.

– Za dużo... Niestety – westchnęła Eliza i położyła rzeczy na półkę.

– Poczekaj, nie odkładaj go.

– Muszę – powiedziała zdecydowanie Eliza. – Za dużo wydatków nas czeka. Chcemy odnowić i urządzić pokoik dla dziecka, a to już wiąże się z naprawdę wysokimi kosztami.

– Ja ci go kupię. – Klaudia sięgnęła po komplet. – To będzie mój prezent dla twojego aniołka.

– Dziękuję, ale nie wiem, czy mogę...

– Możesz – stwierdziła Klaudia. – Mam swoje oszczędności i sprawisz mi ogromną przyjemność, jeżeli go przyjmiesz.

– Bardzo dziękuję. – Eliza położyła dłoń na brzuchu. – Widzisz, jaką masz dobrą ciocię, aniołku? – powiedziała z czułością, a Klaudia odwdzięczyła się życzliwym uśmiechem.

Później przyjaciółki przeszły do działu z ubraniami ciążowymi.

– Bardzo gustowne rzeczy tu mają. – Eliza wyraziła swoje zdanie, przeglądając sukienki, spodnie i bluzy.

– Tak, i wyglądają na wygodne – Klaudia jej przytaknęła.

– To prawda. Wrócimy tu później, bo zanim mi brzuch urośnie, to zmieni się pogoda i będą mi potrzebne cieplejsze ubrania.

– Masz rację.

– Chodźmy do kasy, a później to ja cię zapraszam na kawę i deser – zaznaczyła Eliza.

– Pójdę z wielką przyjemnością.

– To dobrze, bo mam ci coś ważnego do powiedzenia.

– Co to takiego? – Klaudia się zaciekawiła.

– Powiem ci na spokojnie, kiedy gdzieś usiądziemy.

– Skoro to ważne, to nie mogę się doczekać.

Po wyjściu ze sklepu przyjaciółki poszukały kawiarni, gdzie zajęły stojący w rogu stolik. Klaudia zamówiła kawę i ciastko, a Eliza tylko świeżo wyciskany sok z pomarańczy.

– Nie pijesz kawy? – zapytała Klaudia.

– Staram się ją ograniczać.

– Dobrze robisz, spożywanie dużej ilości kofeiny w ciąży to nie jest dobry pomysł.

– Na pewno nie.

– Czyli przeszłaś na sok z pomarańczy?

– Ma dużo witaminy C, co oczywiste, ale wyczytałam, że zawiera też foliany, które mają istotny wpływ na wzrost tkanek matczynych.

– Czyli powinnaś go pić jak najwięcej.

– Staram się.

– Świeży sok z pomarańczy od razu kojarzy mi się z Marokiem. – Klaudia przypomniała sobie wspaniałą podróż z ukochanym po jego kraju.

– Hmm... To prawda, nigdzie nie ma tak pysznego i słodkiego soku jak tam. – Eliza podzieliła zdanie koleżanki.

– Wybieracie się w najbliższym czasie do Maroka? – zapytała Klaudia. – Bo za parę miesięcy już nie będziesz mogła podróżować.

– Nie, chcemy jechać tam dopiero z dzieckiem.

– Może i lepiej... Ale miałaś mi powiedzieć coś ważnego? – przypomniała Klaudia.

– Ach, tak... – Twarz Elizy rozjaśniła się w szerokim uśmiechu. – Salah chce wziąć ze mną ślub...

– Naprawdę? To wspaniale!

– Prawdę mówiąc, już od dawna to planowaliśmy, ale jakoś tak schodziło...

– A teraz macie dla kogo! – Klaudia wymownie spojrzała na brzuch koleżanki.

– Tak, i dlatego dla Salaha to takie ważne. I dla mnie oczywiście też – dodała szybko Eliza. – Tylko...

– Tylko co?

– Te wszystkie formalności... One tak długo trwają... Właśnie dlatego tak z tym zwlekaliśmy, bo załatwianie tych wszystkich papierków... Ja z Polski, on z Maroka...

– Przynajmniej teraz macie motywację.

– Jednak nie zmienia to faktu, że pewnych rzeczy nie da się przeskoczyć i to może się ciągnąć miesiącami.

– Poczekacie cierpliwie i w końcu będziecie małżeństwem.

– Sęk w tym, że Salah chce, żebym jak najszybciej została jego żoną.

– Może da się coś przyspieszyć...

– Właśnie nie bardzo... – Eliza napiła się soku pomarańczowego. – W związku z tym Salah chce, żebyśmy zawarli związek małżeński według szariatu[1].

– To znaczy?

[1] Szariat – prawo muzułmańskie, którego głównymi źródłami są Koran i sunna, czyli zespół tradycji (czynów, wypowiedzi itd.) proroka Muhammada.

– Według prawa muzułmańskiego.

– Przecież ty nie jesteś muzułmanką.

– Jeszcze nie...

– Myślisz o przejściu na islam?

– Zastanawiam się... – Eliza zamilkła na chwilę, żeby po chwili podjąć temat. – Patrzę na te wspaniałe rodziny Aiszy i Ahmada, Jessiki i Samira, Nabila i Lily i myślę, że mogłabym przyjąć islam. Poza tym według szariatu muzułmanin może pojąć za żonę chrześcijankę.

– To ślub będzie w meczecie?

– Niekoniecznie. Imam może przyjść do domu, gdzie spiszemy kontrakt małżeński.

– Do waszego domu?

– Do naszego albo do domu Ahmada... – Eliza dokończyła sok. – Aisza bardzo się o mnie troszczy w ostatnich dniach i zaproponowała, że ceremonia może się odbyć u nich.

– Trzeba przyznać, że u nich w domu zawsze panuje wyjątkowa atmosfera.

– Tak, masz całkowitą rację, więc pewnie skorzystam z jej zaproszenia. Poza tym jej mieszkanie jest większe od naszego, a chciałabym was wszystkich zaprosić i wyprawić chociaż skromne przyjęcie.

– To już zdecydowałaś się na taki ślub?

– Prawie... – Eliza zawołała przechodzącą akurat kelnerkę i zamówiła jeszcze jeden świeżo wyciskany sok z pomarańczy. – Salah powiedział, że ten ślub jest dla niego ważniejszy niż wszystkie inne formalności.

– Z jego punktu widzenia to zrozumiałe.

– Tak, on jakoś to tak ładnie ujął... – Eliza zastanowiła się przez moment. – Wyznał, że marzy o tym, żeby mógł mnie nazywać swoją żoną.

– Ładnie... – zgodziła się Klaudia i od razu pomyślała o Raszidzie. – Powiedziałaś rodzicom?

– Nie, wiesz dobrze, jak u mnie jest. – Twarz Elizy pokrył smutek. – Oni już kilka lat temu mi oznajmili, że dopóki jestem z Salahem, to nie mam czego szukać w domu.

– Ale przecież teraz sytuacja się zmieniła... – zauważyła Klaudia.

Do stolika podeszła kelnerka z sokiem pomarańczowym.

– Może jednak zdecydujesz się na jakieś ciastko? – Klaudia zasugerowała koleżance.

– Nie, trochę obawiam się jeść słodkości... Niby nie mam mdłości, ale gdy tylko pomyślę o ciastku, to mi od razu tak jakoś dziwnie.

– To lepiej nie zamawiaj nic słodkiego. A wracając do twoich rodziców, to myślę, że na wieść o wnuku...

– Albo wnuczce... – szybko wtrąciła Eliza.

– Albo o wnuczce... – dodała z uśmiechem Klaudia – ...serca szybko im zmiękną.

– Właśnie tego nie byłabym taka pewna – stwierdziła poważnie Eliza. – Boję się, że... – Zagryzła nerwowo wargi.

– Czego się boisz?

Eliza zamilkła na długą chwilę.

– Jeżeli nie chcesz, to nie będziemy o tym rozmawiały. – Klaudia doskonale rozumiała koleżankę, bo też nie miała dobrych kontaktów ze swoją matką, która, od kiedy ojciec odszedł od nich, gdy była mała, wychowywała ją sama. Matka nigdy nie wybaczyła Klaudii, że wyjechała do dużego miasta i podjęła pracę w korporacji.

– Myślisz tylko o sobie! – często jej wymawiała. – Zostawiłaś mnie tu samą i w ogóle się nie przejmujesz, jak bardzo czuję się samotna!

– Boję się, że kiedy rodzice dowiedzą się o mojej ciąży, to będzie jeszcze gorzej – wyznała drżącym głosem Eliza. – Bo jeżeli przez tyle lat nie potrafili zaakceptować Salaha, to teraz... jeśli wyjdzie na jaw, że będę miała z nim dziecko... to może... to może zupełnie się mnie wyrzekną! – wyrzuciła z siebie ze łzami w oczach.

– Przepraszam, że w ogóle zaczęłam ten temat. – Klaudii zrobiło się przykro, że zasmuciła przyjaciółkę. – Nie myśl teraz o tym, tylko o swoim aniołku, bo on jest najważniejszy. Przecież nie możesz się denerwować, to na pewno nie jest dobre dla dziecka.

– Masz rację. – Eliza wytarła łzy. – Muszę myśleć przede wszystkim o maluszku... A później może jakoś to się ułoży...

– Z pewnością! – gorliwie zapewniła Klaudia. – Kiedy twoi rodzice zobaczą wnuczka, to nie będą w stanie go odrzucić. I w końcu zaakceptują twój związek z Salahem. Tym bardziej że będziecie już małżeństwem.

– Oby tak było! – wyraziła życzenie Eliza.

– Na pewno tak będzie! – Klaudia ponownie wsparła przyjaciółkę.

– Miejmy taką nadzieję, ale nie mówmy już o tym więcej – poprosiła Eliza.

– Oczywiście – zgodziła się Klaudia. – Powiedz mi lepiej o swoich ślubnych planach. Kiedy chcecie zawrzeć małżeństwo?

– Pomyślałam sobie w tym momencie, że im szybciej, tym lepiej. Staniemy się prawdziwą rodziną z naszym maleństwem. – W głosie Elizy pojawiło się wzruszenie.

– W takim razie trzeba pannie młodej wybrać suknię ślubną – stwierdziła z uśmiechem Klaudia.

– Zastanawiałam się już nad tym i uważam, że najlepszym wyborem będzie kaftan.

– Kaftan? – zdziwiła się Klaudia. – Jak to kaftan?

– Nie rób takiej miny! – Eliza się zaśmiała. – Kaftan to niezwykle elegancka, tradycyjna marokańska suknia, którą zakłada się na najważniejsze uroczystości, w tym śluby i wesela.

– Nie wiedziałam.

– Może nie słyszałaś tej nazwy, ale na pewno w medynie w Marrakeszu widziałaś niejeden kaftan.

– Marrakesz... – Przed oczami Klaudii stanęła romantyczna podróż z ukochanym po jego barwnym kraju. – Na straganach było tak wiele różnorodnych rzeczy, że mogło mi coś umknąć. Jak wygląda marokański kaftan?

– Składa się z dwóch części, z których wierzchnia jest bardzo bogato zdobiona.

– Teraz kojarzę. – Klaudia przypomniała sobie upiększone licznymi haftami i koralikami oraz złotymi lub srebrnymi ornamentami długie suknie godne stroju księżniczki. – Wierzchnia część ma rozcięcia od kolan w dół, a całości dopełnia szeroki, wyjątkowo strojny pas? – upewniała się Klaudia.

– Owszem – potwierdziła Eliza. – Najdroższe szyte są z najlepszej jakości jedwabiu i wyszywane prawdziwą złotą nitką.

– Muszą wyglądać przepięknie.

– Rzeczywiście tak wyglądają. Wyobraź sobie, że nawet w Anglii doceniono szyk i urok marokańskiego kaftana.

– Jak to?

– Jej Królewska Wysokość księżna Lalla Salma, żona króla Maroka, na ślub księcia Williama i Kate Middleton założyła bladoróżowy, ozdobiony złotymi motywami kaftan i w plebiscycie tygodnika „Hello!" zdobyła tytuł najbardziej eleganckiej kobiety na tej wspaniałej uroczystości.

– To naprawdę imponujące. – Klaudia pokiwała głową. – Przecież na ślubie członka brytyjskiej rodziny królewskiej musiało pojawić się wiele kobiet we wspaniałych kreacjach.

– Jednak czar marokańskiego kaftana zwyciężył. – Eliza upiła łyk soku pomarańczowego. – Dlatego pomyślałam, że taka suknia będzie najlepszym wyborem na mój ślub.

– Tylko skąd w Londynie weźmiesz marokański kaftan?

– Może i gdzieś bym znalazła, ale nie sądzę, żeby był tutaj duży wybór. Na szczęcie mam w domu trzy nowe kaftany przywiezione z Maroka.

– To świetnie, czyli suknię ślubną już masz.

– Tak, ale nie jestem pewna, który z kaftanów wybrać. Mogłabym cię prosić o radę?

– Oczywiście – ochoczo przystała Klaudia.

– Wpadniesz do mnie i doradzisz mi, w którym najlepiej wyglądam.

– Zrobię to z wielką przyjemnością.

– A może już dzisiaj tym się zajmiemy? – Eliza coraz bardziej ekscytowała się czekającą ją uroczystością.

– Dzisiaj?

– Prosto stąd możemy jechać do mnie i... – Eliza prosząco spojrzała na przyjaciółkę.

– Jasne, jak mogę odmówić pięknej pannie młodej? – Klaudia roześmiała się życzliwie. – I przyszłej mamusi?

– To tylko dokończę sok i od razu wychodzimy – ucieszyła się Eliza.

Po drodze Eliza opowiadała koleżance o obyczajach ślubnych w Maroku.

– Tradycyjne ceremonie mogą trwać nawet do siedmiu dni.

– Wesele trwa siedem dni? – Klaudia się zdumiała.

– Nie tyle samo wesele, ile obrzędy związane z zaślubinami.

– Jakie na przykład?

– Do najważniejszych należy wizyta panny młodej w marokańskiej łaźni, gdzie razem ze swoimi krewnymi i przyjaciółkami spędza cały dzień na kąpielach, masażach, nacieraniu olejkami i innych zabiegach pielęgnacyjnych.

– To ma jakieś szczególne znaczenie oprócz funkcji upiększającej?

– Uważa się, że jest to symboliczny rytuał oczyszczenia – wyjaśniła Eliza. – Słyszałam, że panna młoda przy świecach i tradycyjnych pieśniach śpiewanych przez jej towarzyszki bierze nawet kąpiel w mleku.

– Ciekawe...

– Oprócz tego doświadczone kobiety udzielają jej rad dotyczących życia małżeńskiego...

– To się zawsze przyda... – Klaudia się zaśmiała.

– Ten szczególny dzień ma przygotować pannę młodą na czekający ją za kilka dni ceremoniał zaślubin. Wtedy musi wyglądać olśniewająco.

– Jak każda panna młoda niezależnie od kraju...

– Następnym istotnym obrzędem jest wieczór henny, podczas którego ręce i stopy panny młodej ozdabiane są misternymi geometrycznymi i kwiatowymi wzorami.

– Widziałam na placu Dżami al-Fana w Marrakeszu, jakie wspaniałe ornamenty można wyczarować z henny.

– Henna oprócz tego, że pełni funkcję ozdobną, to również ma zapewnić pannie młodej szczęście i płodność oraz chronić ją przed ciemnymi mocami i złym okiem – wyjaśniała Eliza.

– Piękna tradycja.

– Podczas tego rytuału panna młoda ubrana jest w zielony kaftan...

– Dlaczego akurat zielony?

– Też o to dopytywałam i najczęściej odpowiadano mi, że zielony to zarówno kolor islamu, jak i samej henny, która przy nakładaniu ma kolor ciemnozielony.

– A twoje kaftany jakiego są koloru?

– Jeden jest właśnie zielony, drugi bordowy, a trzeci niebieski... Właściwie ten trzeci jest koloru blue Majorelle.

– Ogród Majorelle... – Klaudia przypomniała sobie spacer po rajskim ogrodzie z ukochanym, po raz kolejny upewniając samą siebie, że jej przyjazd do Londynu był bardzo dobrą decyzją. Nie zniosłaby rozłąki. Nie, na pewno nie. – A ty do którego z nich skłaniasz się najbardziej?

– Myślałam o zielonym, ale niebieski chyba prezentuje się lepiej. Ma bardzo bogate zdobienia z koronki i kamieni szlachetnych od pasa w górę, a delikatne jak mgiełka przezroczyste rękawy dodają całości niepowtarzalnego szyku.

– Zielony może bardziej pasować do twoich kasztanowych włosów i zielonych oczu.

– W tym sęk i dlatego poprosiłam cię o radę.

– A jak to jest w Maroku? Jakiego koloru kaftan zakładają panny młode?

– Najczęściej biały, ale nie jest obowiązkowy. Poza tym panna młoda przebiera się w ciągu wesela nawet do siedmiu razy, prezentując swoje różnorodne kreacje, ma zatem pole do popisu.

– Aż siedem razy?

– Panna młoda w Maroku to prawdziwa królowa wieczoru! – podkreśliła Eliza. – Nawet ma koronę na głowie i noszona jest w lektyce.

– Rzeczywiście królewskie traktowanie!

– Lektyka jest niezwykle okazała i bogato udekorowana, często kunsztownie inkrustowana, oraz przysłonięta wystawnym baldachimem. Z czterech stron jest otwarta, żeby wszyscy goście mogli dokładnie przyjrzeć się pannie młodej w całej jej wyjątkowej krasie.

– Czyli panna młoda jest obnoszona w tej lektyce wśród gości?

– Tak, czterech mężczyzn w tradycyjnych strojach niesie lektykę na ramionach, a przed nią kroczy pan młody. Chociaż obyczaje mogą się różnić w zależności od regionu, a nawet rodziny.

– Czym się różnią?

– W tradycyjnych kręgach odbywają się przyjęcia oddzielnie dla kobiet i mężczyzn, w związku z czym lektykę niosą same kobiety. Czasem z kolei pan młody też jest obnoszony, ale jego lektyka jest dużo skromniejsza niż panny młodej.

– A ty co planujesz na swoje przyjęcie?

– Na pewno nie obnoszenie w lektyce! – Eliza zaśmiała się głośno. – Po prostu podpiszemy akt małżeński, a później zjemy uroczysty obiad.

– Masz wspaniałych przyjaciół, więc na pewno to będzie niezapomniany dzień.

– To prawda – przyznała Eliza. – I bardzo się cieszę, że będziesz w tym ważnym momencie ze mną.

– Ja też się cieszę – Klaudia zapewniła ciepło, uśmiechając się do przyjaciółki.

Później Eliza kontynuowała swoją opowieść o tradycjach ślubnych w Maroku. Mówiła, że akt małżeński podpisywany jest zazwyczaj długo przed finałowym przyjęciem weselnym, nawet rok czy dwa lata wcześniej, tylko w gronie najbliższej rodziny. Pan młody podarowuje pannie młodej prezenty, z których większość ma znaczenie symboliczne odnoszące się do ich wspólnej przyszłości. Mleko oznacza czystość, a cukier – szczęśliwe życie. Również inne proste prezenty, takie jak daktyle, woda, kwiat pomarańczy i henna, mają zagwarantować szczęście. Mężczyzna podarowuje też swojej wybrance pierścionek zaręczynowy. W niektórych regionach Maroka, szczególnie w bogatych rodzinach, do darów symbolicznych mogą dołączyć też inne prezenty, na przykład złota biżuteria, drogie tkaniny, kaftany, ubrania, buty, torebki i perfumy. Dary przynoszone są w dużych, błyszczących srebrnych pudłach ze stożkowymi przykrywami przypominającymi pokrywę tadżinu.

– Co się dzieje w czasie między podpisaniem aktu małżeńskiego a przyjęciem weselnym? – zapytała Klaudia.

– Młodzi przygotowują się do wspólnego życia razem – cierpliwie tłumaczyła Eliza. – Przede wszystkim muszą znaleźć mieszkanie i je wyposażyć. Jeżeli rodzina pana młodego jest bogata, to pokrywa wszystkie związane z tym koszty. Może to zrobić również sam mężczyzna, jeżeli na przykład wrócił z zagranicy i zarobił wystarczającą ilość pieniędzy. A koszty są naprawdę wysokie, bo sięgają kilkudziesięciu tysięcy dolarów, więc zdarza się, że rodzina kobiety również uczestniczy w tych wydatkach.

– Przyjemnie jest wprowadzić się zaraz po ślubie do kompletnie umeblowanego domu – zauważyła Klaudia.

– Tak, i z tym wiąże się następny rytuał, który ma miejsce podczas tygodniowej ceremonii zaślubin.

– Jaki rytuał?

– Tak zwane „party urządzające". Jest to impreza głównie dla kobiet, które głośno śpiewają i klaszczą, podkreślając tym samym, że panna młoda wkrótce zacznie nowe życie. Do przyszłego domu małżonków dostarczane są różne potrzebne im przedmioty, między innymi ręcznie robione koce, materace, pościel, poduszki, dywany oraz elementy dekoracyjne. Często właśnie podczas tego obrzędu przynoszone jest marokańskie łoże jako niezwykle ważna część małżeńskiego życia.

– Łoże jako ważną część małżeńskiego życia jak najbardziej rozumiem. – Klaudia się uśmiechnęła. – Ale w jakim sensie marokańskie?

– Chodzi przede wszystkim o kunsztownie rzeźbiony i zdobiony duży zagłówek, który czerpie inspiracje z najlepszych wzorów sztuki marokańskiej. Oczywiście inne elementy łóżka oraz nocne szafki również mogą być artystycznie udekorowane.

– Trzeba przyznać, że ze sztuką obcuje się w Maroku niemal na każdym kroku. – Przed oczami Klaudii stanęły zwiedzane z Raszidem miasta. – Bogata architektura jest tam wprost oszałamiająca.

– Zgodzę się z tobą. A rytuały weselne są takie same jak całe Maroko: kolorowe, dźwięczne, wibrujące, a czasami tajemnicze. Towarzyszy im głośna, tradycyjna muzyka, śpiewy, tańce i głębokie zaangażowanie całej społeczności. Panna młoda może poczuć się jak prawdziwa królowa.

– Jesteś moją królową. – W głowie Klaudii zabrzmiały słowa Raszida, które wypowiedział, kiedy stała przy cedrowych drzwiach Pałacu Królewskiego w Fezie.

Po przybyciu do apartamentu Eliza od razu wyciągnęła z szafy marokańskie kaftany.

– Co o nich myślisz? – Eliza pokazywała przyjaciółce kolejne barwne, wyszywane nitką koloru złota suknie.

– Piękne są. – Klaudia się zachwyciła. – Wszystkie są piękne.

– Którą pierwszą przymierzyć?

– Może tę koloru blue Majorelle – Klaudii akurat ta najbardziej się podobała.

– Dobrze. Pomożesz mi ją włożyć? – poprosiła Eliza, odkładając uszytą z kilku warstw materiału suknię.

– Jasne. – Klaudia nie mogła oderwać oczu od kobaltowej, bajecznej kreacji.

Eliza zdjęła spódniczkę i bluzkę, a następnie z pomocą Klaudii ubrała się w pierwszą suknię.

– I jak wyglądam?

– Bardzo dobrze. – Klaudia z zachwytem patrzyła na koleżankę.

– Przejdę do przedpokoju, tam jest duże lustro, więc będę mogła dokładnie się obejrzeć.

– Pójdę z tobą.

Po chwili Eliza przekręcała głowę, żeby zobaczyć się w lustrze ze wszystkich stron.

– Sama nie wiem… – Miała niezdecydowaną minę.

– Ładnemu we wszystkim ładnie.

– Miałaś mi pomóc w wyborze! – Eliza powiedziała z udawanym wyrzutem.

– Przymierz następne dwie i razem zdecydujemy.

– To teraz może zieloną?

– Dobrze, chodź, pomogę ci ją włożyć.

Po chwili Eliza paradowała w następnej sukni.

– W tym kaftanie wyglądasz prześlicznie. – Klaudia zachwyciła się na widok koleżanki. – Ten wyszywany białymi perełkami pas pięknie podkreśla twoją figurę.

– To trzeba szybko brać ślub, bo niedługo z tej figury niewiele zostanie. – Eliza się zaśmiała.

– Podobają mi się te rozsiane białe perełki… – Klaudia dokładnie przyglądała się sukni. – Są niezwykle delikatne i nadają całości szyku.

– Sugerujesz, żebym wybrała ten kaftan? – dopytywała Eliza.

– Ubierz się jeszcze w ten ostatni, żeby nie było żadnych wątpliwości.

– Przymierzę go, ale teraz wydaje mi się, że ten bordowy kolor jest jakby trochę… jak tu powiedzieć… – Eliza namyśliła się chwilę – …może jest za bardzo przytłaczający jak na taką okazję? – wyraziła swoją wątpliwość.

– Włóż kaftan i zobaczymy, jak wyglądasz – poradziła Klaudia.

Pomimo że ostatnia suknia była równie wspaniała jak poprzednie, to przyjaciółki zgodnie stwierdziły, że w zielonej kreacji przyszła panna młoda prezentuje się najlepiej.

– Dobrze, że mamy takie samo zdanie – ucieszyła się Eliza. – Dzięki temu mam problem z głowy.

Klaudia wzięła kaftan koloru blue Majorelle i przyłożyła go do siebie.

– Pasuje mi? – zapytała przyjaciółki.

– Bardzo – zapewniła Eliza. – Cudnie wygląda przy twoich blond włosach. Jeśli chcesz, to mogę ci go pożyczyć na mój ślub – zaproponowała z uśmiechem.

– Nie będę konkurowała z panną młodą. – Klaudia również się uśmiechnęła. – Tego dnia to ty będziesz królową.

– Jeżeli jednak byś zmieniła zdanie... – Eliza z uznaniem patrzyła na przyjaciółkę. – To chętnie służę... Wyglądałabyś w nim uroczo.

Jeszcze długo rozmawiały o zbliżającej się uroczystości i Klaudia wyszła od Elizy dopiero przed wieczorem.

* * *

Minęło kilka dni. Raszid przyszedł wieczorem do domu niezwykle podekscytowany.

– Jak ci minął dzień? – Czule pocałował Klaudię.

– Dziękuję, dobrze. A tobie?

– Świetnie. Będę świadkiem na ślubie Salaha – oznajmił Raszid, nie kryjąc radości.

– To data już ustalona?

– Jeszcze nie, ale Salah chce wybrać najbliższy możliwy termin. Czeka na dziecko, więc nie chce odwlekać ceremonii.

Raszid przytulił Klaudię tak mocno, że czuła bicie jego serca.

– A ty chciałabyś mieć ze mną dziecko? – zapytał półszeptem.

Klaudia już kiedyś słyszała to pytanie, ale teraz zabrzmiało dla niej zupełnie inaczej. Raszid powiedział „ze mną" i „dziecko". To dla Klaudii znaczyło całkiem co innego niż „A ty chcesz mieć dzieci?". To znaczyło dziecko z ukochanym mężczyzną.

Znaczyło tkliwe uczucie, kiedy oglądała z Elizą słodkie ubranka dla maluszków. Znaczyło małego aniołka. Zrodzonego z ich wielkiej miłości.

– Tak – szepnęła tak cicho jak powiew skrzydła anioła.

– Kochana... Najdroższa... – Raszid obsypał Klaudię gorącymi pocałunkami.

– Kocham cię. – Klaudia odpowiedziała żarliwą namiętnością, która rozpaliła Raszida do szaleństwa.

* * *

Następnego dnia mężczyzna zadzwonił do Klaudii w ciągu dnia i poprosił, żeby wieczorem była gotowa do wyjścia.

– Gdzie idziemy? – zapytała Klaudia.

– Niespodzianka.

– Lubię niespodzianki. Na którą mam być gotowa?

– Na siódmą.

– Dobrze, będę czekała.

– Do zobaczenia.

– Do zobaczenia.

Klaudia nie mogła się doczekać wieczoru, bo była ciekawa, jaką niespodziankę przygotował dla niej Raszid. Już pół godziny przed czasem siedziała ubrana w niedawno kupioną błękitną sukienkę i z niecierpliwością wyglądała ukochanego. Raszid przyszedł o siódmej z nieprzeniknionym wyrazem twarzy.

– Prześlicznie wyglądasz. – Musnął ustami jej policzek.

– Dziękuję. Wychodzimy już?

– Daj mi kwadrans. Muszę się odświeżyć po całym dniu.

– Oczywiście.

Kiedy Raszid brał szybki prysznic, Klaudia poprawiła makijaż i spryskała się zmysłowymi perfumami. Mężczyzna po wyjściu z łazienki włożył czarne spodnie i elegancką białą koszulę. Klaudia poczuła intrygujący zapach mocnej wody kolońskiej.

– Gotowa? – zapytał z czarującym uśmiechem.

– Tak.

– To chodźmy. – Wziął ją za rękę i wyszli.

Po godzinie siedzieli w luksusowej restauracji, gdzie Raszid wcześniej zarezerwował stolik. Zamówili wykwintne dania i butelkę francuskiego szampana. W pewnym momencie mężczyzna pochylił się w stronę Klaudii.

– Kochana... – zaczął głębokim głosem. – Czy jesteś ze mną szczęśliwa?

– Tak – Klaudia odpowiedziała bez namysłu. – Jestem bardzo szczęśliwa.

Bo szczęściem było co noc zasypiać w jego ramionach. Budzić się u jego boku. Czuć jego namiętne pocałunki. Rozpalające pieszczoty. Odkrywać nieznane jej dotąd tajemnice rozkoszy. Kochać. Czuć jego troskę. Oddanie. I miłość.

Raszid położył na stoliku otwarte aksamitne, czerwone pudełeczko. W blasku palących się świec błysnął duży diament. Mężczyzna wziął do ręki pierścionek z białego złota i patrząc Klaudii prosto w oczy, zapytał:

– Najdroższa, czy zostaniesz moją żoną?

Wzruszona Klaudia spojrzała na roziskrzony drogocenny kamień i w jego refleksach zobaczyła hipnotyzujące spojrzenie czarnych oczu Raszida, kiedy stanął w drzwiach jej pokoju w Agadirze, wspólne śniadanie na tarasie riadu w różowawej medynie w Marrakeszu, ich pierwszą noc w Casablance, kiedy falowali w ekstazie razem z wodami szumiącego oceanu, i rajski klimat bohemy w ogarniętej wiecznym transem As-Suwajrze. Przeniosła wzrok na ukochanego mężczyznę.

– Tak, zostanę twoją żoną – odpowiedziała, podając mu prawą dłoń.

Raszid wsunął pierścionek na jej serdeczny palec.

– Kocham cię – szepnął szczęśliwy.

– Kocham cię – szepnęła szczęśliwa.

Miłość w brylancie lśniącym, błyszczącym zaklęta.

* * *

Nazajutrz, gdy tylko Raszid wyszedł z domu, Klaudia od razu zadzwoniła do Elizy.

– Halo! – Koleżanka odebrała po paru sygnałach.

– Cześć, jak się czujesz? – radosnym tonem zaczęła Klaudia.

– Dziękuję, dobrze. Coś ty taka rozszczebiotana od rana?

– Raszid mi się oświadczył! – Klaudia prawie krzyknęła.

– Naprawdę?! Kiedy?

– Wczoraj w restauracji. Podarował mi pierścionek z diamentem.

– Wielkie gratulacje!

– Dziękuję.

– Kiedy ślub?

– Właśnie w tej sprawie dzwonię.

– To znaczy?

– Wczoraj po powrocie do domu długo na ten temat rozmawialiśmy i Raszid mówił dokładnie to co ty, czyli że te wszystkie formalności mogą zająć długie miesiące.

– Niestety...

– Zaproponował więc, żebyśmy podpisali kontrakt małżeński taki jak wy, bo wtedy w jego oczach będę jego prawowitą żoną i to jest dla niego najważniejsze.

– Tak jak dla Salaha...

– W związku z tym dzwonię zapytać, bo takie rozwiązanie zaproponował Raszid, czy moglibyśmy odbyć tę ceremonię wspólnie...

– Oczywiście, jak najbardziej! – Eliza wykrzyknęła żywiołowo, wpadając Klaudii w słowo.

– Dziękuję... – Klaudii zrobiło się bardzo miło na entuzjastyczną reakcję przyjaciółki. – Raszid ma dzisiaj w tej sprawie porozmawiać z Salahem, ale ja chciałam wiedzieć, co ty o tym myślisz. To w końcu w największym stopniu jest twoja uroczystość...

– I będzie fantastycznie, jeśli zorganizujemy ją razem! – szczerze zapewniła Eliza. – Nie ma sensu robić dwóch identycznych uroczystości w krótkich odstępach czasu...

– To samo powiedział Raszid... – wtrąciła Klaudia.

– Salah już rozmawiał z imamem, Aisza jest gotowa nas przyjąć, wszyscy nasi przyjaciele przyjdą... – Eliza mówiła podniecona. – Naprawdę bardzo się cieszę, że będziemy świętowały ten ważny dzień we dwie...

– Ja też się cieszę. Jeszcze chciałam zapytać o ten kaftan w kolorze blue Majorelle. Pożyczysz mi go?

– Tak jak obiecałam.

– Tylko kiedyś wpadnę do ciebie, żeby go przymierzyć.

– Wpadaj, kiedy chcesz, ale skoro na mnie jest dobry, to na ciebie też będzie – stwierdziła Eliza. – Mamy podobne figury, a poza tym kaftany są w raczej uniwersalnych rozmiarach.

– To mogę przyjść jutro rano?

– Jasne, o której?

– Może być dziesiąta?

– Tak, będę w domu.

– W takim razie do zobaczenia jutro. Przy okazji omówimy sobie szczegóły przyjęcia, bo teraz organizujemy je wspólnie.

– Świetnie. Do zobaczenia.

Wszystko potoczyło się błyskawicznie. Nazajutrz Klaudia odwiedziła Elizę i przymierzyła kreację w kolorze blue Majorelle, w której wyglądała prześlicznie. Kilka dni później poszli z Raszidem do jubilera i wybrali piękne obrączki z białego złota. Po dwóch tygodniach niezwykle zadowolona z podwójnych zaślubin Aisza dołożyła wszelkich starań, żeby uroczystość związana z podpisaniem aktów ślubnych przebiegła bez zarzutu. Stoły zastawione były marokańskimi i syryjskimi potrawami, a dwa piętrowe, kolorowe torty zostały ceremonialnie przekrojone przez młode pary. Przyjaciele z serca gratulowali nowożeńcom, a panny młode były szczęśliwe, że poślubiły swoich ukochanych mężczyzn. I tylko nie wiedziały jednego. Nie zdawały sobie sprawy z tego, że właśnie zostały żonami terrorystów.

* * *

Od uroczystych zaślubin minęło pięć miesięcy. Eliza urządzała pokoik dla synka, bo według oceny lekarza na świat miał przyjść chłopiec. Klaudia pomagała przyjaciółce i z wielkim zaangażowaniem zajmowała się domem. Namówiła Raszida, żeby dokupić nowe meble, zasłony, firany, lampy i inne elementy wystroju, dzięki czemu ich dom stał się bardziej wygodny i przytulny. Raszid bardzo chciał, żeby jak najszybciej postarali się o dziecko, Klaudia odwlekała to jednak w czasie, mówiąc, że chce jeszcze trochę nacieszyć się życiem małżeńskim tylko we dwoje. Mężczyzna nie nalegał, wierząc, że wkrótce żona zapragnie zostać matką.

Klaudia często odwiedzała Aiszę, która uczyła ją języka arabskiego. Nauka nowych liter i wyrazów, pisanie od prawej strony do lewej i opanowanie podstawowych zwrotów wymagały dużej koncentracji, więc to zajęcie zajmowało Klaudii sporo czasu. Niekiedy dołączały do niej Jessica i Lily, które, dużo bardziej zaawansowane w arabskim, lubiły jej pomagać w opanowywaniu tego trudnego języka. Mariam nadal przepadała za ciocią i w miarę swoich możliwości uczyła ją nowych słówek.

Czas spędzony w domu Syryjki Klaudia uważała za bardzo przyjemny, z wyjątkiem tych momentów, kiedy Aisza, a czasami również Lily nachalnie przekonywały ją, żeby przeszła na islam. Klaudia chętnie słuchała opowieści muzułmanek o ich religii, ale nie czuła się komfortowo, kiedy kobiety wywierały na nią presję. Podobnie niezręcznie czuła się wtedy, kiedy dopytywały, dlaczego jeszcze nie jest w ciąży.

– Tyle miesięcy po ślubie, a tu nic... – mówiła Aisza, wymownie patrząc na jej płaski brzuch.

– Raszid na pewno chciałby jak najszybciej mieć dziecko... – dodawała Lily i zawieszała głos, próbując wywołać u Klaudii poczucie winy.

Klaudia bezgranicznie kochała Raszida i pragnęła mieć z nim dziecko, jednak chciała sama zdecydować, kiedy będzie gotowa.

Pewnego razu po intensywnej lekcji języka arabskiego Aisza zrobiła kawę z kardamonem, podała syryjskie ciasteczka z sezamem i włączyła telewizor, puszczając gościom wstrząsające nagranie.

– Zobaczcie, co nasz wróg nam robi.

Na ekranie przewijały się przerażające obrazy miejsc w Syrii, gdzie została użyta broń chemiczna. Lejące się przez ręce matek maluchy z mokrymi włosami, wpółprzymkniętymi powiekami i wychodzącą z nozdrzy białą pianą, która tworzyła upiorne kulki. Leżąca na ziemi kobieta z nienaturalnie odchyloną do tyłu głową, połową twarzy pokrytą białą mazią i bez jednego oka. Ciała leżących obok siebie w dziwnych pozycjach dzieci, które nie wiadomo, czy już nie żyły, czy dopiero konały. Leżące na plecach dzieci, które z przerażeniem w oczach, z otwartymi ustami i w straszliwych drgawkach próbowały złapać oddech. Nieprzytomne dzieci na prowizorycznych łóżkach z maskami tlenowymi na twarzach. Krzycząca ze strachu i bólu poparzona mała dziewczynka z różowymi kokardkami w zaplecionych warkoczykach. Nieruchomi chłopcy w spodniach ściągniętych do kostek. Polewane wodą krzyczące i rzucające się maluchy, z których próbowano ściągnąć ubranie, aby zmyć śmiercionośną chemię. Rozpaczliwe próby uciskania klatki piersiowej dzieci, żeby wyrwać je ze szponów śmierci. Ofiary z krwawiącymi nosami i ustami. Ofiary...

Klaudię uderzył fakt, że straszliwe obrazy śmierci i przerażliwego cierpienia dzieci nie robiły żadnego wrażenia na Farisie. Mariam również oglądała potworne sceny bez jakiejś szczególnej reakcji.

Kiedy na ekranie pojawiły się leżące w nieładzie, poskręcane ciała dzieci, Klaudia odwróciła głowę.

– Odwrócenie głowy nie ożywi tych dzieci – Aisza stwierdziła twardo, zwracając się do Klaudii.

– I nie oszczędzi bólu poranionym – szorstko dodała Lily.

– Te dzieci trzeba pomścić! – Słowa Aiszy zabrzmiały groźnie.

– Tak, te dzieci trzeba pomścić! – Lily powtórzyła ostrym głosem.

* * *

Był środek nocy, kiedy zadzwonił telefon Raszida.

– *Allahu akbar!* – krzyknął mężczyzna, kiedy tylko odebrał telefon i usłyszał przekazaną mu wiadomość.

– Co się stało? – spytała na wpół rozbudzona Klaudia.

– Wstawaj szybko! – Raszid zerwał się jak oparzony i prawie na siłę wyciągnął żonę z łóżka.

– Co się dzieje? Dlaczego? – Klaudia nic nie rozumiała.

– Wychodzimy!

– Poczekaj, muszę się ubrać.

– Nie ma czasu! – Raszid złapał żonę za rękę i szybko pobiegł do drzwi.

Zmusił Klaudię, żeby biegiem pokonali schody, i wsiedli do czekającego na nich na dole samochodu, który błyskawicznie odjechał sprzed budynku. W pojeździe na tylnym siedzeniu siedziała szlochająca Mariam.

– Co Mariam tu robi? – spytała Klaudia.

– Nabil nie może się nią teraz zająć – odpowiedział Raszid.

Klaudia, ciągle oszołomiona sytuacją, pomyślała, że zajęty Nabil przysłał do nich swoją córkę, żeby ją zawieźli do domu.

– Nie płacz, kochanie, zaraz pojedziemy do twojej mamusi. – Klaudia otarła łezki Mariam i ją do siebie przytuliła.

– Moja mamusia nie żyje – powiedziała dziewczynka, wybuchając spazmatycznym płaczem.

Rozdział VIII

Małżeński gwałt

Dziesięcioletni chłopiec w mundurze w panterkę i z czarną chustą na głowie zbliża się do schodów prowadzących na platformę karuzeli w opuszczonym wesołym miasteczku. Widać na niej wyprostowaną, złowróżbną sylwetkę ubranego całego na czarno dżihadysty. Mały bojownik dociera do schodów i rozlega się głuchy odgłos jego kroków stawianych na metalowych stopniach. Na górze czarna ręka dżihadysty podaje chłopcu wielki nóż z ozdobną rękojeścią i długim krwiożerczym ostrzem. Młodociany terrorysta silnie zaciska dłoń na rękojeści.

Brudny, wychudzony więzień jest unieruchomiony na makabrycznym miejscu egzekucji. W nienaturalnej pozycji na plecach, które pośrodku opierają się na krawędzi siedzenia dawnej karuzeli, z podniesionymi do góry rękoma i nadgarstkami przyczepionymi do metalowej rury, głowę ma mocno odchyloną do tyłu, odkrywając swoje bezbronne gardło. Czeka na śmierć z rąk dziesięciolatka.

Mały terrorysta staje nad swoją ofiarą, trzymając w ręku ogromny nóż. Drugą ręką odchyla głowę więźnia jeszcze bardziej do tyłu. Patrzy na ogarniętego potwornym strachem mężczyznę. Na skrzywionej twarzy chłopca maluje się gniew, obrzydzenie i nienawiść. Bez chwili wahania brutalnie podcina ofierze gardło.

W innym propagandowym filmie ISIS, w którym w prawym rogu powiewa flaga samozwańczego kalifatu, ubrany na czarno chłopiec prowadzi na śmierć więźnia w pomarańczowym uniformie. Mężczyzna ma ręce skute z tyłu i idzie zgięty wpół, co sprawia, że jest równy wzrostem chłopcu. Mały dżihadysta prowadzi więźnia przed sobą jak zwierzę na rzeź, trzymając rękę na jego karku. W pewnym momencie chłopiec staje i zmusza mężczyznę do upadku na kolana. Zbliżenie pokazuje pokryte biało-czarną panterką ostrze masywnego noża. Mały terrorysta podnosi kilka razy rękę do góry, kierując ostrze wprost w oko kamery, i grozi śmiercią wrogom ISIS.

Następnie chłopiec silnie popycha więźnia, który pada na twarz. Na pomarańczowej bluzie ofiary widać wielką plamę wywołanego straszliwym lękiem potu. Chłopiec chwyta mężczyznę za gęste, zmierzwione włosy i odchylając głowę do tyłu, przybliża grube ostrze do jego gardła. Dokonuje barbarzyńskiej egzekucji.

* * *

Klaudia zamarła. Trzęsąca się w spazmatycznym płaczu Mariam z pewnością mówiła prawdę. Jej mamusia nie żyła.

– Co się stało Lily?! – Klaudia zapytała z przerażeniem.

Dziewczynka zaczęła jeszcze głośniej zawodzić. Raszid nic nie odpowiedział, a kierowca przyspieszył. Tonący w półmroku Londyn wydał się Klaudii pełen okrutnych tajemnic. Przytuliła do siebie mocniej lamentującą Mariam i ponownie zwróciła się do męża.

– Powiedz mi, co z Lily. Miała wypadek?

Milczenie obu mężczyzn jeszcze bardziej potęgowało grozę całej sytuacji.

– Mamusia wybuchła – Mariam powiedziała przez łzy przerywanym głosem.

– Co?! – krzyknęła Klaudia. – Co się stało z Lily? – nerwowo powtórzyła pytanie.

Raszid całkowicie ignorował żonę siedzącą na tylnym siedzeniu z dzieckiem przyjaciółki. Brak odpowiedzi wyprowadził Klaudię z równowagi.

– Natychmiast mi powiedz, co się dzieje! – krzyczała. – Gdzie my jedziemy w środku nocy?! Dlaczego nawet nie mogłam się ubrać?! I co się stało z Lily?!!!

– Zamknij się, kobieto! – ostro wrzasnął Raszid.

Mężczyzna do tej pory nigdy tak nie traktował Klaudii, która w tym momencie zrozumiała, że sytuacja jest bardzo poważna i zupełnie nieprzewidywalna. Z wielkim trudem starała się opanować i nie zadawać więcej pytań, żeby nie zaogniać i tak już napiętej do granic możliwości atmosfery. Postanowiła, że porozmawia o wszystkim z Raszidem w domu, kiedy emocje trochę opadną i będzie mogła dowiedzieć się więcej o tajemniczej śmierci Lily.

Po godzinie krążenia po ciemnych ulicach Londynu samochód zatrzymał się przy wyglądającym na ruinę domu.

– Ucisz dziecko! – Raszid rozkazał Klaudii szorstkim tonem.

Zdecydowany głos mężczyzny spowodował, że Klaudii nie pozostało nic innego, jak tylko zastosować się do jego polecenia.

– Cicho, kochanie, ciiii… – Przyciągnęła do siebie Mariam i pocałowała ją w główkę.

– Ja… ja… ja chcę do mamusi… – Mariam zanosiła się płaczem.

Serce Klaudii ścisnęło się z żalu. Jak pocieszać dziecko, które właśnie straciło swoją ukochaną mamę? Słowa nie mogły jej przejść przez gardło, więc tylko bezwiednie całowała włosy dziewczynki, która zaczęła płakać jeszcze głośniej.

– Jeśli będziesz grzeczna, to pójdziesz do mamusi! – huknął Raszid i ku zdziwieniu Klaudii Mariam momentalnie się uciszyła. Klaudia nie wiedziała, czy dziewczynka przestraszyła się groźnego tonu mężczyzny, czy uwierzyła w jego nierealną obietnicę.

Mężczyźni wymienili ze sobą parę zdań po arabsku, a następnie otworzyli drzwi samochodu i uważnie rozejrzeli się wkoło. Ulica była pusta, więc Raszid nakazał żonie i Mariam wyjść z samochodu. Później pożegnał się z siedzącym za kierownicą mężczyzną, który zaraz szybko odjechał. Raszid, cały czas rozglądając się na boki, zaciągnął Klaudię z dzieckiem do zniszczonego domu.

W środku unosił się zapach stęchlizny i kurzu. Mężczyzna pewnie skierował swoje kroki w stronę ukrytej za jednymi z licznych drzwi klatki schodowej, co sugerowało, że dobrze zna budynek. Strome schody prowadziły na dół i Klaudia mocno trzymała Mariam za rączkę, żeby z nich nie spadła. Drugą dłoń opierała na ścianie, utrzymując równowagę. Po pokonaniu kilkudziesięciu stopni cała trójka znalazła się na dole.

Podziemie urządzono jako prowizoryczne mieszkanie. W pomieszczeniu, do którego weszli, na podłodze leżały materace, a na nich poduszki i koce; obok stały butelki z wodą. W rogu zgromadzone były duże zapasy konserw, worki z ryżem, mąką i cukrem. Pod ścianą znajdowały się dwupalnikowa kuchenka, butla z gazem oraz różnego rodzaju i wielkości naczynia kuchenne. Równo poukładane przy nich opakowania kawy i herbaty gwarantowały, że mieszkańcom nie zabraknie ciepłych napojów. W podziemiu znajdowały się nawet lodówka, telewizor i odtwarzacz DVD.

– Gdzie my jesteśmy? Co my tu robimy? – zapytała Klaudia, ale zanim Raszid zdążył odpowiedzieć, w sali pojawiły się Aisza i Jessica.

– Co z Elizą? – Aisza nawet się nie przywitała.

– Nie ma jej tutaj? – Raszid odpowiedział pytaniem.

– Nie.

– Może złapali ją i Salaha? – Raszid głośno wyraził swoją obawę. – Ahmad i Samir są tutaj?

– Tak, są w środku. Zastanawiają się, co dalej robić.

– Idę do nich. – Raszid poszedł w stronę jednego z korytarzy.

Klaudia stała nieruchomo i czuła zimny, paraliżujący strach, który nieubłaganie pełzał po całym jej ciele. Gwałtowna śmierć Lily, nagła ucieczka w środku nocy, wstrząsające słowa Mariam, że „mamusia wybuchła", ponury dom, który sprawiał wrażenie kryjówki, i niepokój Raszida o los Elizy i Salaha – to wszystko układało się w mrożące krew w żyłach podejrzenie.

– Co się stało z Lily? – Klaudia zapytała ze ściśniętym gardłem.

Aisza i Jessica spojrzały po sobie.

– Powiemy jej? – Jessica zwróciła się do Aiszy.

– I tak się dowie – Syryjka odpowiedziała beznamiętnie.

Zapadła cisza, jakby każda z kobiet czekała, aż to ta druga przekaże Klaudii trudną wiadomość. W końcu Jessica otworzyła usta, ale Aisza ją ubiegła.

– Ja to zrobię – stwierdziła zimno. – Pas szahida wybuchł za wcześnie. Lily założyła go, żeby sprawdzić, jak może go najlepiej ukryć pod ubraniami i…

– Może był źle skonstruowany? – Jessica podzieliła się swoim przypuszczeniem.

Mariam zaczęła histerycznie płakać.

– Nie płacz! – W głosie Aiszy nie słychać było cienia empatii. – Mama zrobiła to, bo chciała iść do raju.

– Gdzie jest raj, ciociu? – Mariam podniosła na Klaudię oczy pełne palących łez.

Te dzieci trzeba pomścić! – Klaudia przypomniała sobie ostatnie słowa, które słyszała od Lily przed jej śmiercią. Czy ta ładna Brytyjka o niebieskich, niewinnie wyglądających oczach mogła planować straszliwą zbrodnię, która miała pociągnąć za sobą śmierć przypadkowych ofiar? Bolesne pytanie przemknęło przez głowę Klaudii. Co ja tu robię? Co ja tu robię? Ogarnęła ją panika.

Przyciągnęła do siebie rozpaczającą Mariam i ruszyła w stronę prowadzących na górę schodów. Aisza zagrodziła jej drogę.

– Nie możesz stąd wyjść! – krzyknęła stanowczo.

– Co?!!! – Klaudia zapragnęła jak najszybciej wydostać się z tego piekielnego miejsca i uciec daleko, jak najdalej...

– Nie wyjdziesz stąd, jesteś jedną z nas... – Aisza bezlitośnie uświadomiła Klaudii przerażającą prawdę.

– Jeżeli stąd wyjdziesz, to służby cię złapią – dodała Jessica.

Klaudia przez chwilę stała bez ruchu. Szlochająca Mariam kurczowo zaciskała piąstkę na koszuli nocnej Klaudii, bo bała się, że jej ulubiona ciocia też nagle z jakiegoś powodu odejdzie. Wzmianka o służbach sprawiła, że lęk Klaudii się spotęgował.

Przecież często spotykałam się z Lily i ze wszystkimi, myślała gorączkowo. Kto mi uwierzy, że o niczym nie wiedziałam... Eliza... – zaniepokoiła się o los swojej ciężarnej przyjaciółki.

– Gdzie jest Eliza? – zapytała głośno.

– Nie mamy kontaktu ani z nią, ani z Salahem – powiedziała Aisza. – Kiedy się tylko dowiedzieliśmy, co się stało, to musieliśmy od razu powyłączać wszystkie telefony.

– I co teraz? – bezradnie zapytała Klaudia, bo nagle zdała sobie sprawę z tego, że znajduje się w sytuacji bez wyjścia.

– Musimy tu zostać przynajmniej przez kilka tygodni. – Aisza wyjaśniła położenie, w jakim znalazła się grupa.

– Jak to tu zostać? – Klaudia przeraziła się jeszcze bardziej. – Przecież ja nic tu nie mam... Raszid... – Głos jej się załamał.

Ukochany mężczyzna, którego darzyła bezgraniczną miłością... Kim tak naprawdę jest? Kim był przez ten cały czas, kiedy mu ślepo ufała?

– Co Raszid? – Aisza wyrwała Klaudię z posępnych myśli.

– Raszid... – Bolesny skurcz ścisnął jej serce. – Wyciągnął mnie z łóżka, kiedy spałam, i od razu wybiegliśmy z domu. Nie mam tu żadnych swoich rzeczy, ubrań... Jak mogę tu żyć kilka tygodni? Jak szczur? – dodała gorzko.

– Mamy kilka dżellab i inne niezbędne rzeczy... – Jessica spojrzała w głąb jednego z korytarzy, skąd dobiegł płacz dziecka. – Pójdę do Jusufa, bo się obudził. – Szybko się oddaliła.

Klaudia pozostała w tym samym miejscu niezdecydowana, co dalej robić.

– Musisz pogodzić się z sytuacją – trzeźwo stwierdziła Aisza. – Sama przekonasz się, że naszym obowiązkiem jest branie odwetu za śmierć dzieci w Syrii. Ty wiesz, ilu ludzi zginęło w mojej ojczyźnie od początku wojny? Prawie pół miliona! Pół miliona ludzi straciło życie! Szacuje się, że prawie jedna czwarta z ofiar cywilnych to dzieci poniżej osiemnastego roku życia! Powiedz mi, kto o tym tu głośno mówi! Kto się tym w jakikolwiek sposób przejmuje! No kto!!! – Aisza wykrzyczała zaciekle.

Tak zwane Państwo Islamskie, którego ideologii zapewne hołduje grupa, też jest odpowiedzialne za tę masakrę, przebiegło Klaudii przez głowę. Jednak nie powiedziała tego głośno, bo bała się konsekwencji, jeżeli rozwścieczona Aisza uznałaby ją za wroga...

– Więcej niż milion zostało rannych! Widziałaś te cierpiące każdego dnia dzieci w Syrii? Na ich głowy ciągle spadają bomby! A one się boją, płaczą...

A teraz płacze Mariam, która straciła matkę... – Klaudia prowadziła bezgłośny dialog sama ze sobą.

– Gdzie jest Raszid? – zapytała, bo wiedziała, że z kipiącą gniewem Aiszą nie dojdzie do porozumienia.

– Rozmawia z mężczyznami – odpowiedziała Aisza surowym tonem. – Zostaw ich... Lepiej zajmij się Mariam... – Syryjka była zła, że do Klaudii nie docierają jej argumenty.

Z niezadowoloną miną odeszła i usiadła na jednym z rozłożonych materaców. Otworzyła znajdujący się na drewnianej podpórce Koran i ostentacyjnie zaczęła go półgłosem czytać.

Klaudia zaprowadziła pochlipujące dziecko na znajdujący się w drugim końcu pomieszczenia materac.

– Napij się, kochanie. – Podała Mariam butelkę z wodą. – Napij się...

Smutna dziewczynka upiła kilka łyków. Później Klaudia nalała wodę na swoją dłoń i przemyła jej twarz. Wyczerpana potwornymi przeżyciami i płaczem Mariam wtuliła się w Klaudię.

– Połóż się, kochanie. – Klaudia poprawiła poduszkę i dziewczynka położyła na niej swoją zmęczoną główkę.

– Ciociu... – powiedziała cicho.

– Słucham... – Klaudia wyciągnęła się obok Mariam, przytuliła ją do siebie i nakryła kocem.

– Gdzie jest mój tata?

Może go złapali – to pierwsza myśl, która nasunęła się Klaudii. Tylko co odpowiedzieć temu dziecku? – zadała sobie pytanie.

– Czy mój tata żyje?

– Tak, żyje. – Jednak wcale nie była tego taka pewna. Nabil mógł przecież zginąć z rąk antyterrorystów.

– Kiedy tu do mnie przyjdzie? – drążyła dziewczynka.

– Spróbuj teraz usnąć. – Klaudia wymigała się od odpowiedzi.

– A gdy się obudzę, to mój tatuś tu będzie? – Mariam chciała się upewnić.

– Tak, będzie – Klaudia skłamała z ciężkim sercem.

Dziewczynka przysunęła się bliżej niej i wkrótce zasnęła. Momentami miała nierówny oddech i szeptała:

– Mamusiu, mamusiu, pobaw się ze mną...

Klaudia do świtu nie zmrużyła oka. Myślała o Raszidzie, o Mariam i o Elizie. Myślała o Lily, która postanowiła umrzeć śmiercią samobójczą i osierocić córeczkę. Myślała o najbliższych dniach. Wydały się jej tak szatańsko czarne jak powiewająca na wietrze flaga ISIS.

– Ciociu, chcę siusiu. – Cienki głosik Mariam dotarł do Klaudii jak zza mgły.

– Co, siusiu? – Klaudia była półprzytomna. – A, siusiu, tak, oczywiście, chodź ze mną.

Klaudia wstała i wzrokiem poszukała jakichś drzwi, które mogłyby prowadzić do łazienki. Spojrzała na śpiącą pod kocem Syryjkę.

Aisza mówiła, że zostaniemy tu przez jakiś czas, czyli musi tu być gdzieś toaleta, pomyślała.

– Ciociu, bardzo mi się chce! – żałośnie powiedziała dziewczynka.

– Chodź ze mną. – Poprowadziła dziewczynkę w stronę korytarza, w którym wcześniej zniknął Raszid.

Idąc wzdłuż ściany, natknęły się na drzwi. Klaudia otworzyła je i zobaczyła śpiących na materacach Ahmada, Samira i Raszida. Serce zaczęło jej szybciej bić, bo, zobaczywszy męża, chciała w tej chwili rzucić się na niego z pięściami i wywrzeszczeć mu cały swój ból, niedowierzanie i frustrację.

Jak mogłeś! Jak mogłeś mnie w to wciągnąć! – krzyczała w środku siebie.

– Nie wytrzymam! – Mariam zaciskała nóżki.

– Jeszcze chwileczkę, kochanie.

Poszły dalej i po paru metrach dotarły do następnych drzwi. Klaudia uchyliła je i zamarła. Przy ścianie stały oparte kałasznikowy, obok nich na podłodze leżały pistolety i duże noże z potężnymi ostrzami oraz brązowe pasy z przegródkami na ładunki wybuchowe. Niektóre z nich były tak małe, że musiały być przeznaczone dla dzieci.

– Pasy szahida… – z przerażeniem stwierdziła Klaudia i odruchowo zakryła Mariam oczy.

– Ciociu, ja to już wcześniej widziałam. – Arsenał broni nie wywarł na dziewczynce żadnego wrażenia.

– Gdzie to widziałaś?

– U nas w domu.

Po plecach Klaudii przeszedł zimny prąd. Bez słowa wzięła Mariam za rękę i podeszła do następnych drzwi, za którymi wreszcie znajdowała się łazienka. Dziewczynka szybko wbiegła do środka. Po chwili Klaudia weszła za nią i umyła jej twarz i rączki.

– Przepłucz usta – powiedziała.

Mariam zastosowała się do jej polecenia, prowizorycznie odświeżając usta.

– Poczekaj na mnie na zewnątrz.

– Dobrze, ciociu. – Dziewczynka posłusznie wyszła z łazienki.

Po skorzystaniu z toalety Klaudia umyła się w niewielkiej umywalce, nad którą wisiało lustro. Bała się w nie dłużej patrzeć. Nie mogła znieść widoku swoich przerażonych oczu, w których odbijały się rozpacz i straszliwy lęk o przyszłość.

Kiedy Klaudia z dziewczynką wróciła do głównego pomieszczenia, pomyślała, że wstrząsające przeżycia wywołały u niej jakieś omamy. Aisza rozmawiała z wysokim, dobrze zbudowanym mężczyzną z długą, czarną brodą, ubranym w diszdaszę koloru stali sięgającą przed kostki. Towarzyszyła mu cała zakryta na czarno kobieta, której widać było tylko oczy. Stojący przy niej kilkuletni chłopiec wlepił w Klaudię pełen nagany wzrok, gdy zobaczył ją w nocnym stroju. Aisza również spojrzała w jej stronę i przedstawiła nowo przybyłych.

– To jest Abu Osama[1].

Mężczyzna z odrazą spojrzał na koszulę nocną i odsłonięte włosy Klaudii, a następnie rzucił kilka szybkich słów po arabsku. Kobieta od razu sięgnęła po stojącą obok niej torbę.

– To jest Umm Osama[2], a to ich syn. – Aisza dokończyła prezentację.

Kobieta wyjęła z torby czarną abaję i chustę, a następnie podała je Klaudii.

– Załóż to i zakryj włosy! – rozkazała Aisza nieznoszącym sprzeciwu tonem.

Klaudia zrobiła to, co kazała jej Syryjka, bo we wzroku i w postawie mężczyzny było coś takiego, co sugerowało jego absolutną władzę nad wszystkimi.

– Oni mieszkali w kalifacie – Aisza obwieściła z dumą.

– To jest twoja córka? – Umm Osama zapytała Klaudię po angielsku.

– Nie.

– To jest Mariam, córka tej... – Aisza na chwilę zawiesiła głos. – A Klaudia nie ma dzieci.

– Jesteś mężatką? – Umm Osama wbiła w Klaudię świdrujący wzrok.

– Tak.

W oczach kobiety pojawiła się dezaprobata, a pogarda bijąca od początku w spojrzeniu chłopca skierowanym w stronę Klaudii stała się jeszcze większa.

[1] Abu Osama (arab.) – ojciec Osamy.

[2] Umm Osama (arab.) – matka Osamy.

Nagle rozległy się głosy mężczyzn, którzy jeden za drugim wyłaniali się z korytarza. Ahmad wylewnie przywitał się z ojcem Osamy, a następnie przedstawił swoich kolegów. Mężczyźni pogrążyli się w pełnej zaangażowania rozmowie, w ogóle nie zwracając uwagi na kobiety. Klaudia patrzyła na Raszida z zapałem dyskutującego z terrorystami, odnosząc wrażenie, że widzi go pierwszy raz w życiu. W pewnym momencie Ahmad powiedział kilka słów do Aiszy. Klaudia już na tyle znała arabski, że zrozumiała wydane żonie polecenie, żeby przygotowała śniadanie. Później Syryjczyk szerokim gestem zaprosił mężczyzn do środka i wszyscy podążyli w stronę korytarza. Raszid po drodze rzucił w stronę Klaudii przelotne spojrzenie. Był wyraźnie zadowolony, zobaczywszy ją w czarnej abai i chuście narzuconej na głowę.

Osama dołączył do mężczyzn.

Aisza i Umm Osama zaczęły krążyć między lodówką a kuchenką. Wyjmowały jajka, serki topione, słoiki z dżemem i zamrożone chlebki arabskie. Brak bieżącej wody przy prowizorycznej kuchni powodował, że Aisza wielokrotnie wysyłała Klaudię do kranu znajdującego się przy dużej gospodarczej umywalce, aby napełniała kolejne naczynia. Wkrótce w pojemnym czajniku bulgotała woda na herbatę, a w garnku gotowały się jajka.

Śniadanie było już prawie gotowe, kiedy pojawiła się Jessica z Jusufem i Farisem. Kobieta przywitała się z Umm Osamą, a następnie zaczęła pomagać w ustawianiu małych szklaneczek z herbatą na tacy. Później wspólnie z Aiszą zaniosły śniadanie do pokoju, gdzie przebywali mężczyźni. Dopiero gdy Syryjka się upewniła, że niczego im nie brakuje, porozstawiała resztę talerzy z jedzeniem na ceracie rozłożonej na podłodze głównego pomieszczenia. Klaudia zrozumiała, że kobiety i mężczyźni zjedzą posiłek oddzielnie.

– Ciekawe, co z Elizą – zastanawiała się Jessica, kiedy kobiety z dziećmi usiadły do śniadania.

– Długo jej nie ma... – stwierdziła Aisza, sugerując, że jej nieobecność nie wróży nic dobrego.

Klaudia martwiła się o przyjaciółkę. Nawet nie chciała sobie wyobrażać, co mogła czuć będąca w ciąży Eliza, kiedy została obudzona w środku nocy i zmuszona do ucieczki. A jeśli ją aresztowano?

– Jeżeli ją złapali i zaczęli przesłuchiwać... – Jessica podała synkowi obrane ze skorupki jajko.

– Przecież ona nic nie wie – zauważyła Aisza.

– Ona nie, ale jeśli dopadli też Salaha... – W głosie Jessiki zabrzmiał niepokój.

Syryjka nic nie powiedziała, bo również musiała się obawiać, że kryjówka grupy zostanie wykryta. Przez chwilę wszyscy, oprócz Mariam, która siedziała osowiała, jedli w milczeniu.

– Kochanie, zjedz coś. – Klaudia odwróciła się w stronę dziewczynki.

Mariam tylko pokręciła przecząco głową. Klaudia początkowo chciała ją namawiać do zjedzenia chociaż kawałka chleba, ale zaraz odstąpiła od tego zamiaru.

Przecież to dziecko w tragiczny sposób dopiero co straciło matkę, pomyślała. Trudno się dziwić, że nie może przełknąć ani kęsa.

Przytuliła Mariam do siebie. Tylko tyle mogła zrobić. Dać jej do zrozumienia, że tu jest i że się o nią troszczy. Dziewczynka położyła główkę na kolanach Klaudii i zamknęła oczy. Mocno zacisnęła powieki, jakby chciała się odseparować od świata, który ją w tak bestialski sposób skrzywdził.

Po śniadaniu nastąpiło wielkie sprzątanie i mycie naczyń, co było dosyć utrudnione, bo kobiety musiały krążyć pomiędzy poszczególnymi pomieszczeniami. Kiedy się z tym uporały, każda z nich usiadła na swoim materacu, żeby trochę odpocząć. Klaudia, wykończona po ostatnich wstrząsających zdarzeniach i nieprzespanej nocy, zapadła w płytki sen.

W pewnym momencie wydało się jej, że słyszy rozmawiającą Elizę. Przez moment nie była pewna, czy to jest rzeczywistość, czy tylko marzenie senne wywołane pragnieniem ujrzenia przyjaciółki całej i zdrowej. Jednak znajomy głos był coraz wyraźniejszy i Klaudia pod jego wpływem otworzyła oczy.

– Eliza!!! – Zerwała się i wpadła w objęcia zbliżającej się do niej przyjaciółki.

Ta przez dłuższą chwilę mocno trzymała się Klaudii, odnajdując w niej iluzoryczną, bezpieczną przystań.

– Eliza... – Po policzkach Klaudii popłynęły łzy. – Jak się czujesz?

– Dobrze, już dobrze... – odpowiedziała Eliza, jednak jej blada twarz i podkrążone oczy mówiły zupełnie co innego.

– Jak dziecko?

– Nie wiem...

– Boli cię coś?

– Nie wiem...

– Połóż się, najlepiej się połóż... – Klaudia pomogła przyjaciółce usiąść na materacu.

– Salah przyjechał z tobą?

– Tak, poszedł do mężczyzn.

– To dobrze... Napijesz się wody?

– Tak, poproszę.

Klaudia poszła po szklankę, a do Elizy podbiegła Mariam.

– Ciociu, gdzie jest mój tatuś? – zapytała z nadzieją, że nareszcie dowie się o losie ojca.

– Skarbie... – W oczach Elizy zaszkliły się łzy. Jeszcze kilka dni temu widziała się z pogodną, roześmianą Lily.

– Tatuś tu po mnie przyjdzie?

Zanim Eliza zdążyła odpowiedzieć, wróciła Klaudia ze szklanką.

– Ona pyta o ojca – powiedziała Eliza po polsku.

– A ty coś wiesz? – Klaudia nalała wody i podała Elizie.

– Niewiele...

– Gdzie jest mój tatuś?! – krzyknęła Mariam.

Zwabiona krzykiem dziewczynki Jessica przykucnęła przy niej i wzięła ją za ręce.

– Chodź ze mną, pobawisz się z Jusufem – zaproponowała.

– Nie chcę! Nie chcę się bawić! Chcę do tatusia! I do mamusi! – Mariam wybuchnęła histerycznym płaczem.

– Aua! – Eliza złapała się za brzuch.

– Coś nie tak? – przestraszyła się Klaudia.

– Jakiś nagły kurcz... – Twarz Elizy wykrzywił grymas bólu.

– Ja wezmę Mariam, a ty zostań przy niej. – Jessica zwróciła się do Klaudii i odciągnęła płaczącą dziewczynkę do Aiszy i Umm Osamy.

Eliza wypiła parę łyków wody.

– Lepiej? – Klaudia spytała z troską.

– Trochę...

– Co jest z Nabilem?

– Kiedy pas szahida eksplodował, to Nabil wybiegł szybko z Mariam z mieszkania...

– To oni tam byli?!

– W drugim pokoju...

– O matko! – Klaudia aż się wzdrygnęła.

– Nabil zawiadomił kogo trzeba, przekazał Mariam i zniknął... Powiedział tylko, że może tu nie dotrzeć, żeby zmylić ślady. Tylko tyle wiem.

– Dobrze, że ty chociaż zdążyłaś się ubrać – zauważyła Klaudia. – Mnie Raszid prosto z łóżka zaciągnął do samochodu.

– To dlatego masz na sobie abaję…

– Umm Osama dała mi ją na polecenie swojego męża… Żebyś ty go widziała! Już sam jego widok przyprawia o ciarki na plecach!

– Skąd oni się tu wzięli?

– Z tego niby-kalifatu…

– I nie zatrzymali ich na lotnisku?

– Z tego wniosek, że nie… Może wrócili jakąś okrężną drogą, a nie na przykład z Turcji.

– Nawet jeśli tak było, to przecież służby mogły ich zatrzymać.

– Jak to?

– Na początku tego roku na lotnisku Heathrow aresztowali Brytyjkę z niespełna dwuletnim synkiem, która leciała z Addis Abeby.

– Z jakiego powodu?

– Właśnie dlatego, że była żoną dżihadysty… – Ostatnie słowa ledwie przeszły przez usta Elizy. – Jej synka uważa się za pierwsze dziecko, które zostało urodzone na terenach kontrolowanych przez ISIS i przywiezione do Wielkiej Brytanii. Ona została aresztowana pod zarzutem przygotowywania aktów terrorystycznych, a dziecko zabrała opieka.

Eliza zamilkła i położyła rękę na brzuchu. Klaudii nietrudno było zgadnąć, o czym w tym momencie myśli przyjaciółka, więc złapała ją za dłoń i mocno ścisnęła.

– Będzie dobrze – powiedziała z taką dozą przekonania, na jaką ją było stać w ich dramatycznym położeniu. – Będzie dobrze.

Do końca tego dnia Klaudia starała się, jak mogła, żeby wspierać Elizę i przynajmniej trochę ulżyć cierpieniu Mariam. Chociaż sama czuła się podle, to wiedziała, że w tym momencie jest największą podporą dla ciężarnej przyjaciółki i osieroconej dziewczynki. Walczyła ze wzbierającą w niej złością na Raszida, którego w ogóle nie widziała, bo pozostawał z mężczyznami w innym pomieszczeniu. Pomagała kobietom w przygotowywaniu posiłków i sprzątaniu po nich, żeby tylko czymś się zająć i oderwać od przygnębiających myśli. Jakkolwiek duże były jej wewnętrzne opory, to musiała się przystosować, żeby przetrwać.

Nazajutrz poprosiła Aiszę o czystą dżellabę, którą założyła po odświeżeniu się w łazience. Znajdował się w niej prysznic, jednak ze względu na dużą liczbę ludzi korzystanie z niego było utrudnione. Syryjka dała jej również nowe komplety bielizny i szczotkę do włosów, co Klaudia przyjęła z wdzięcznością – nie miała przecież żadnych rzeczy osobistych. Eliza zdołała zapakować kilka niezbędnych przedmiotów, bo ze względu na jej stan Salah dołożył starań, żeby ich ucieczka nie była zbyt gwałtowna. Klaudia martwiła się brakiem tabletek antykoncepcyjnych, ale ze względu na ustaloną od samego początku ścisłą separację kobiet i mężczyzn miała nadzieję, że uchroni się od małżeńskich powinności. Poza tym olbrzymi zawód, który sprawił jej Raszid, i panujące wkoło warunki nie skłaniały jej do myślenia o miłosnych igraszkach.

Po obiedzie przyjaciółki siedziały na jednym materacu, a obok nich leżała Mariam. Klaudia zastanawiała się, jak to było możliwe, że przez tyle lat wspólnego życia Eliza nie uświadomiła sobie, że związała się z terrorystą.

– Posłuchaj... – zwróciła się do zamyślonej koleżanki. – Czy ty niczego wcześniej nie podejrzewałaś?

– Od wczoraj się nad tym zastanawiam... Próbuję znaleźć jakieś znaki, ostrzeżenia... – Z tonu Elizy przebijał wielki żal. – Wydaje nam się, że kogoś znamy... Oddajemy mu serce i duszę... A później... – Głos uwiązł jej w gardle.

– Raszid również był niezwykle czarujący... – Wspomnienie podróży z ukochanym po Maroku było dla Klaudii największym skarbem, który nosiła w sercu. A codzienne życie z nim w Londynie sprawiało, że czuła się szczęśliwa i kochana.

– To wszystko jest dziwne... – Eliza tak samo jak Klaudia nadal nie mogła do końca zrozumieć tego, co się stało. – Ale z drugiej strony... – Zamilkła, rozważając coś głęboko.

– Z drugiej strony...

– Widziałam ostatnio w prasie zdjęcia dwóch terrorystów, którzy rok temu byli zaangażowani w zamachy w Hiszpanii. Pamiętasz, te w Barcelonie i w Cambrils...

– Tak, pamiętam.

– Ci zamachowcy też pochodzili z Maroka... – stwierdziła z goryczą Eliza. – I byli tacy młodzi... Jeden miał dziewiętnaście lat, a drugi dwadzieścia dwa...

– W Barcelonie furgonetka wjechała w pieszych na popularnym deptaku, prawda? – przypomniała Klaudia.

– Tak, kierował nią ten starszy Marokańczyk. Kilkanaście osób zostało zabitych, a ponad sto rannych... Później, niedaleko Cambrils, zamachowcy ponownie użyli samochodu i zabili kobietę oraz ranili kilku przypadkowych przechodniów. W przygotowywaniu ataków uczestniczył ten dziewiętnastolatek, który, zanim ich dokonano, zginął w wyniku niespodziewanej eksplozji przy konstruowaniu ładunków wybuchowych.

– Wspomniałaś coś o zdjęciach...

– Do tego właśnie zmierzam. Na fotografiach zrobionych w domu przed zamachami ci Marokańczycy są zrelaksowani i uśmiechnięci...

– Może akurat kamera złapała ich w radosnym momencie...

– I tu dochodzimy do sedna... Oni trzymają w rękach ładunki wybuchowe, które przygotowują do ataku terrorystycznego... Na drugim zdjęciu dziewiętnastolatek z założonym pasem szahida i uniesionym do góry palcem wskazującym uśmiecha się od ucha do ucha, a z jego oczu bije szczęście...

– Przerażające...

– Tak, i dlatego te zdjęcia wstrząsnęły opinią publiczną.

– To zrozumiałe...

– I tak sobie pomyślałam, że z ich punktu widzenia dżihad jest integralną częścią życia, które może zaprowadzić ich do raju...

– Aisza też mówiła o raju...

– To może dlatego nic nie podejrzewałyśmy? – głośno zastanawiała się Eliza. – Czy zawsze, nawet w najtragiczniejszych okolicznościach, staramy się zrozumieć mężczyzn, których bezgranicznie kochamy?

– Chociaż kiedyś... – ciągnęła Eliza. – Może coś mnie zastanowiło...

– Co takiego?

– To było kilka lat temu... Słyszałaś o muzułmańskich *no-go zone* w Londynie?

– Coś mi się obiło... To dzielnice, w których muzułmanie deklarowali, że obowiązuje w nich prawo muzułmańskie?

– Tak. Ekstremiści wydrukowali tysiące ulotek, które głosiły: „Wchodzisz do strefy kontrolowanej przez szariat. Egzekwowane tu są zasady islamu", a następnie poprzyklejali je do lamp, słupów i witryn sklepowych.

– I rzeczywiście egzekwowali to prawo?

– Na pewno bardzo się starali, żeby je wprowadzić.

– W jaki sposób?

– Utworzyli muzułmańskie patrole, które krążyły po okolicy i pilnowały, czy przestrzegane jest prawo szariatu.

– Przecież to jest Londyn...

– Jednak ekstremiści muzułmańscy traktowali ten teren jak swój... Obrażali kobiety, które według nich ubrane były niewłaściwie, na przykład w krótkie spódniczki albo szorty. Obrzucali obelgami mężczyzn, którzy dla nich wyglądali na homoseksualistów. Podchodzili do osób pijących piwo w parku i kazali im wylewać alkohol. A kogoś, kto kiedyś im się sprzeciwił, pobili tak, że blizny na twarzy zostaną mu do końca życia.

– Straszne!

– Widzisz, ty się oburzasz, a ja pamiętam, że wtedy Salah na pewno ich nie potępiał, a nawet jakby z nimi sympatyzował...

– Skąd to wiesz?

– Oglądaliśmy wtedy materiał filmowy poruszający ten problem, w którym jeden z członków takiego patrolu, z długą brodą i ubrany w krótką diszdaszę...

– Jak Abu Osama... – wtrąciła Klaudia.

– Tak, jak Abu Osama – zgodziła się Eliza, bo zdążyła go już zobaczyć. – Jeden z członków takiego patrolu... – wróciła do tematu. – Najlepiej przytoczę ci jego słowa, bo wtedy w pełni zrozumiesz, jak koszmarnie to brzmiało. „Chcę widzieć w tym kraju każdą kobietę zakrytą od stóp do głów", grzmiał. „Chcę widzieć obcinaną dłoń złodzieja, chcę widzieć cudzołożnicę ukamienowaną na śmierć, chcę widzieć prawo muzułmańskie w Europie, i mogę nawet powiedzieć, że w Ameryce również...".

– Aż strach tego słuchać!

– Coś podobnego wtedy powiedziałam! – Eliza podniosła głos. – A Salah mi na to, że to jest odpowiedź na zepsucie Zachodu... Na prostytucję, aborcję i hazard... Chyba nawet się wtedy o to pokłóciliśmy, ale wiesz, jak to jest w związku... Sprzeczki się zdarzają...

– To prawda...

* * *

W kryjówce popłynęły dni, z których jeden był podobny do drugiego. Życie kobiet ograniczało się do sporządzania posiłków i dbania o czystość, a mężczyźni debatowali w swoim pokoju i tylko sporadycznie któryś z nich wymykał się na zewnątrz, żeby uzupełnić zapasy. Kobiety wtedy bały się o swoich mężów, bo nigdy nie było wiadomo, czy bezpiecznie wrócą.

Jedno pomieszczenie, które znajdowało się w głębi korytarza, zostało przeznaczone na intymne spotkania małżonków. Dla Klaudii było to dość krępujące, bo jeżeli któryś z mężczyzn prosił tam swoją żonę, to wszyscy wiedzieli, co będą robili. Na szczęście kiedy Raszid pierwszy raz zaproponował jej spotkanie we dwoje, akurat miała okres, więc mogła odmówić. Nie bardzo sobie wyobrażała ich intymną relację w takich warunkach i w sytuacji, kiedy tyle złego się zdarzyło. Miała nadzieję, że w przyszłości jej mąż ją zrozumie i nie będzie się domagał swoich małżeńskich praw.

Najbardziej Klaudię denerwowało zachowanie chłopców, którzy w największym pomieszczeniu urządzili sobie salę zabaw. Chociaż ich pełne przemocy aktywności trudno było nazwać zabawami, bo czasami, obserwując je, czuła, że włos jej się jeżył na głowie. Nie mogła jednak chłopców ani uspokoić, ani nawet zwrócić im uwagi, ich rodzice bowiem traktowali to, co robili, jako zupełnie normalne.

Wyszkolony w obozach „lwiątek kalifatu" dziewięcioletni Osama był nie tylko najstarszy z całej trójki, ale też najbardziej agresywny. Odznaczający się niezwykłą siłą i sprawnością fizyczną bez skrupułów bił i poniżał młodszych chłopców, którzy w kierowanych przez niego zabawach zawsze odgrywali rolę ofiar. Związywał im ręce z tyłu, a potem kazał klękać i przystawiał do głowy prawdziwy pistolet albo jeździł po gardłach ostrzem wielkiego noża. Klaudia miała wrażenie, że zaraz tryśnie z nich na wszystkie strony jaskrawa, czerwona krew. Dla niej Osama to był diabeł wcielony.

Pewnego dnia Raszid przyszedł po żonę, żeby zaprosić ją do spędzenia wspólnych chwil na osobności. Klaudia od razu chciała się od tego wykręcić.

– Nie bardzo dzisiaj się czuję, może jutro... – Miała nadzieję, że następnego dnia Raszidowi przejdzie ochota na małżeński seks.

– Chodź! – nalegał.

– Nie, naprawdę nie chcę. – Klaudia mówiła cicho, ale przebywające w pomieszczeniu kobiety natychmiast się zorientowały, co się dzieje między małżonkami.

– Żona powinna być posłuszna swojemu mężowi – Aisza powiedziała na tyle głośno, żeby ta ważna zasada rodziny muzułmańskiej dobiegła do uszu Klaudii.

– I nie może mu odmawiać – z mocą dodała Umm Osama.

– Idziemy! – Raszid szarpnął Klaudię i pociągnął ją za sobą, bo był zły, że żona mu się publicznie sprzeciwiła.

Klaudia w ciemnym korytarzu, przez który Raszid wlókł ją za sobą, przypomniała sobie o barbarzyńskich gwałtach, których dopuszczali się dżihadyści na terenach kontrolowanych przez ISIS. Ich ofiarami stawały się nawet małe dziewczynki, które miały zaledwie po osiem lub dziewięć lat. Stosunki seksualne z małymi niewolnicami często odbywały się publicznie, na oczach innych dzieci. Jakikolwiek sprzeciw kończył się długim sadystycznym biciem, czasem z użyciem kamieni, które mogło doprowadzić do śmierci. Gwałty, również grupowe, odbywały się nieustannie i te same dziewczynki mogły być wykorzystywane wielokrotnie w ciągu jednego dnia albo nocy. Naoczni świadkowie mówili, że jeżeli któraś dziewczynka uporczywie odmawiała współżycia, wyrywając się i krzycząc, ginęła na miejscu zastrzelona przez mężczyzn.

Raszid z opierającą się żoną dotarł do odizolowanego pomieszczenia. Po długiej abstynencji nie potrzebował wiele, żeby się podniecić. Rzucił Klaudię na materac, podniósł jej dżellabę i brutalnie chciał ściągnąć z niej majtki.

– Nie, nie chcę... – Klaudia próbowała się bronić.

Mężczyzna, nie zważając na opór, rozdarł jej majtki i silnym ruchem rozchylił jej nogi.

– Zostaw mnie... – Klaudia bezskutecznie próbowała odepchnąć męża.

Raszid wszedł w nią bestialsko twardym członkiem, a każdy jego mocny ruch sprawiał jej przeraźliwy ból. Klaudia była w Londynie, a poczuła się tak, jakby znalazła się w samym sercu okrutnego, samozwańczego kalifatu.

Rozdział IX

Wyrwane serce

„Żywe tykające bomby" – tak szef niemieckiego kontrwywiadu określił dzieci, które urodziły się lub wychowały na terenach kontrolowanych przez tak zwane Państwo Islamskie, a następnie razem z matkami przybyły do Europy.

– To są dzieci, które na obszarach rządzonych przez ISIS przeszły pranie mózgu i zradykalizowały się w bardzo dużym stopniu – ostrzegał. – Widzimy, że dzieci wychowane w tak zwanym Państwie Islamskim zostały poddane indoktrynacji w szkołach lub przedszkolach. Bardzo wcześnie wpojono im ideologię ISIS... Nauczyły się walczyć i były w niektórych przypadkach zmuszane do znęcania się nad więźniami, a nawet do ich zabijania.

Według szefa niemieckiego kontrwywiadu to właśnie kobiety i dzieci powracające z terenów ISIS stanowią olbrzymie niebezpieczeństwo. Kobiety, które mieszkały w samozwańczym kalifacie, tak silnie zidentyfikowały się z jego ideologią, że śmiało można je nazwać dżihadystkami, a dzieci poddane intensywnym treningom i manipulacji mają zaszczepioną misję przeprowadzania ataków terrorystycznych.

Co więcej, zagrożeni są również młodzi ludzie stale mieszkający w Niemczech, bo ISIS za pośrednictwem internetu i mediów społecznościowych kieruje do nich odpowiednie dla ich wieku komunikaty propagandowe, które zachęcają do przyłączania się do dżihadystów. Szef niemieckiego kontrwywiadu powiedział:

– Geograficzny upadek ISIS w Syrii i Iraku nie prowadzi do zniknięcia terrorystycznej milicji. ISIS jest obecnie reprezentowane w niektórych innych krajach i jest tam dość silne. Ponadto grupa tworzy ogromne sieci w przestrzeni wirtualnej. Istnieje globalny cyberkalifat.

Przerażający fakt, jak bardzo szybko dzieci mogą zostać zradykalizowane przez muzułmańskich ekstremistów, obrazuje przypadek dwunastolatka, który w listopadzie i grudniu dwa tysiące szesnastego roku próbował przeprowadzić na południu Niemiec zamachy za pomocą samodzielnie skonstruowanej bomby. Pierwszy raz podłożył wypełnioną gwoździami bombę na jarmarku bożonarodzeniowym, ale ładunek nie wybuchł, ponieważ nie zadziałał zapłon. Druga próba również skończyła się niepowodzeniem, bo schowany w krzakach w pobliżu ratusza plecak z bombą znalazł przypadkowy przechodzień, który zawiadomił policję. Wezwani na miejsce zdarzenia saperzy rozbroili ładunek.

Urodzony w Niemczech dwunastolatek, którego rodzice pochodzili z Iraku, został zatrzymany. W trakcie śledztwa wyszło na jaw, że planował wyjechać do Syrii i tam przyłączyć się do bojowników ISIS, którzy walczą z oddziałami reżimu Baszszara al-Asada. Młodego terrorystę prowadził i instruował przez internet siedemnastolatek z Wiednia, Lorenz, którego po aresztowaniu oskarżono o przynależność do organizacji terrorystycznej, próbę użycia urządzenia wybuchowego i podżeganie do przemocy. Lorenz urodził się w Austrii, a jego rodzice pochodzili z Albanii. W wieku szesnastu lat trafił za rozbój do więzienia, gdzie został zradykalizowany. Dalszy proces ekstremizacji jego poglądów przebiegał w meczetach, do których zaczął chodzić po wyjściu na wolność.

– Załóż grubą kurtkę – Lorenz wydawał dwunastolatkowi precyzyjne polecenia, jak przeprowadzić atak terrorystyczny z użyciem bomby na świątecznym jarmarku. – Później idź za stragan, odpal i uciekaj.

Media niemieckie rozpisywały się o niebezpieczeństwie, które mogły stanowić dzieci owładnięte ideologią tak zwanego Państwa Islamskiego, nazywając je „przedszkolnymi dżihadystami". Cytowały słowa liderów ISIS, którzy z zaciekłością głosili, że przygotowują dzieci i młodzież do objęcia krwawego dziedzictwa kalifatu i kształtują „pokolenie, które pokona Bagdad, Jerozolimę, Mekkę i Rzym".

Służby niemieckie nie były jedynymi, które alarmowały opinię publiczną o śmiertelnym zagrożeniu ze strony dzieci, które wychowały się w samozwańczym kalifacie, a później wracały do Europy. Takie same ostrzeżenie w Wielkiej Brytanii wydał szef policyjnej jednostki antyterrorystycznej.

– One widziały mnóstwo przerażających rzeczy – stwierdził, odnosząc się do dzieci, które mogły wrócić z Syrii i Iraku. – Niektóre grupy terrorystyczne szkolą nieletnich do popełniania okrucieństw. Musimy zrozumieć nie tylko ryzyko, jakie stwarza matka, ale także ryzyko, jakie stanowi każde dziecko. Będziemy im się uważnie przypatrywać, sprawa po sprawie, i niektóre z nich mogą być aresztowane.

Na początku dwa tysiące osiemnastego roku media brytyjskie obiegła wstrząsająca wiadomość o pochodzącym z Bangladeszu nauczycielu, który stworzył i trenował „armię dzieci dżihadu" rekrutowaną wśród młodzieży z dwóch szkół i meczetu we wschodnim Londynie, gdzie prowadził lekcje islamu i wychowania fizycznego. Dzieci w wieku od jedenastu do czternastu lat szkolono do przeprowadzenia zamachów na ponad trzydzieści celów w Londynie, w tym na transport publiczny, centra handlowe, media, ambasady, banki City, Tower Bridge, strażników Gwardii Królewskiej, wieżę zegarową Big Ben i na lotnisko Heathrow. Ustalono, że w ciągu pięciu lat swojej działalności dżihadysta zdołał zradykalizować stu dziesięciu chłopców, co stanowiło prawie połowę nastolatków, których uczył. Przygotowywał ich do męczeńskiej śmierci w walce z niewiernymi, która według nauk islamu uważana jest za zaszczytną i gwarantuje nagrodę wieczną, czyli szczęśliwe życie w raju.

– Jesteśmy szwadronem śmierci wysłanym przez Allaha i jego posłańców, żeby pomścić krew moich arabskich braci – głosił nauczyciel według zeznań jednego ze świadków podczas procesu, w którym został oskarżony o spiskowanie terrorystyczne.

Sąd usłyszał również, że zafascynowany ekstremistyczną ideologią dwudziestopięcioletni nauczyciel pokazywał swoim uczniom filmy propagandowe ISIS przedstawiające broń, palenie paszportów oraz ścięcia głowy za pomocą noża lub miecza, żeby „zachęcić ich do swojego sposobu myślenia". Używając prywatnego laptopa, przy zamkniętych drzwiach, wyświetlał im barbarzyńskie sceny pełne krwi, ran, ludzi spadających z budynków, w tym obrazy z przeprowadzonych wcześniej ataków terrorystycznych.

Nauczyciel indoktrynował dzieci, opowiadając im, że zamierza umrzeć jako męczennik, a tak zwane Państwo Islamskie jest dobre.

Straszył uczniów, pokazując im ekshumowane ciało chłopca w stanie częściowego rozkładu i grożąc, że spotka ich taki sam los, jeżeli nie dołączą do dżihadu i nie zostaną męczennikami. Obiecywał, że gdy tylko trochę podrosną, to nauczy ich prowadzić samochody, żeby mogli za ich pomocą dokonywać zamachów w Londynie. Podczas prowadzonych przez siebie zajęć przydzielał dzieciom role i inscenizował sceny ataku na policjantów z użyciem broni i bomb samochodowych, a sam krzyczał *Allahu akbar!*

– Przysięgliśmy, że nie powiemy o niczym naszym rodzicom – wyznał jeden z chłopców, który należał do szwadronu śmierci. – Jeślibyśmy nie przysięgli, to musielibyśmy opuścić grupę.

Ekstremista zobowiązał dzieci do tajemnicy jeszcze innym stwierdzeniem:

– Cokolwiek mówimy w meczecie, musi pozostać w meczecie.

Szkolony przez nauczyciela dwunastolatek opisał, co uczniowie robili na lekcjach.

– Po prostu udawaliśmy, że atakujemy policjantów. Łapiemy ich i podrzynamy im gardła.

Na prowadzonych przez dżihadystę lekcjach uczniowie symulowali też bombowe zamachy samobójcze z użyciem samochodów i noży. Jeden z chłopców ze zradykalizowanej grupy po pełnych przemocy zajęciach przyznał:

– Miałem ochotę zabić królową.

Wrogowie, których role grali chłopcy, często nazywani byli „Amerykanami" lub „chrześcijanami".

Nauczyciel terroru groził swoim uczniom, że jeżeli kiedykolwiek komukolwiek powiedzą o lekcjach dżihadu, to skończą z obciętymi głowami, tak jak więźniowie, których oglądali na pokazywanych przez niego filmach.

W dwa tysiące szesnastym roku owemu nauczycielowi skonfiskowano paszport na lotnisku Heathrow, kiedy wybierał się do Turcji. Kraj ten jest częstym kierunkiem dla setek brytyjskich dżihadystów, którzy później przedostają się na tereny kontrolowane przez ISIS. Ponieważ podjęta przez nauczyciela próba dołączenia do bojowników tak zwanego Państwa Islamskiego na terenie Syrii się nie powiodła, więc zaczął przygotowywanie zmasowanych zamachów na terenie Wielkiej Brytanii. Podczas śledztwa ujawniono, że jego celem było utworzenie armii składającej się z trzystu młodocianych dżihadystów, którzy za sześć lat dokonać mieli skoordynowanych krwawych ataków na niewiernych oraz na ważne cele w Londynie przy użyciu pistoletów, łańcuchów, noży, bomb i samochodów.

– Dlaczego pokazywałeś dzieciom propagandowe filmy i nakłaniałeś je do przeprowadzania ataków? – pytali go policjanci.

Bez cienia skruchy terrorysta odpowiedział:

– To lepsze niż bzdury, których wy uczycie swoje dzieci.

Chłopiec należący do „szwadronu śmierci" stwierdził:

– On nauczał terroryzmu, uczył nas, jak walczyć. Jeśli walczysz dla Allaha, to w Dniu Sądu, kiedy ważone są twoje dobre i złe czyny, walka zostanie uznana za dobry czyn.

* * *

Klaudia leżała na brudnym materacu, trzęsąc się z bólu i obrzydzenia. W powietrzu unosił się stęchły zapach starego potu i spermy. Czuła się tak bardzo zbrukana i upokorzona, że nawet nie miała siły płakać. Nie chciała tam wracać. Nie chciała wracać do przeszywającego wzroku Umm Osamy, która śledziła każdy jej ruch, a czasem komentowała po arabsku jej zachowanie w rozmowie z Aiszą, co było bardzo frustrujące. Nie chciała wracać do małej Mariam, której matka wysadziła się w powietrze niemalże na jej oczach, a Klaudia już nie znajdowała słów, żeby ją pocieszać. Nie chciała wracać do Elizy, z którą z powodu jej coraz bardziej zaawansowanej ciąży nie mogła szczerze o wszystkim rozmawiać. Nie chciała wracać do Jessiki, która nie potrafiła zareagować, kiedy starsi chłopcy maltretowali jej synka. Nie chciała wracać do pogardliwego spojrzenia Osamy, który, biorąc w rękę wielki nóż, przyprawiał ją o zimny dreszcz strachu. Nie chciała wracać do Raszida, który... Nie chciała wracać do tego świata, do którego z taką radością kiedyś przyjechała.

– Idź już stąd, nasza kolej. – Aisza weszła do ciemnego pokoju, a Klaudii zebrało się na wymioty.

Z wielkim trudem wstała z materaca, poprawiła wygniecioną dżellabę i abaję, a następnie podniosła rozerwane majtki i chustę, która spadła jej z głowy. Wyszła bez słowa, kierując się do łazienki, żeby wziąć prysznic. Po drodze natknęła się na Abu Osamę, który popatrzył na nią z góry lepkim, pożądliwym wzrokiem. Skuliła się w sobie, jakby po raz drugi została zgwałcona. Mężczyzna pierwszy wszedł do łazienki, a po chwili minął ją Ahmad, na którego czekała jego żona.

W korytarzu rozległ się głośny płacz Mariam, która szukała swojej ulubionej cioci. Po stracie matki i ojca, którego los nadal był nieznany, nikłe chwile ukojenia odnajdywała tylko w ramionach Klaudii.

– Ciociu! Ciociu! – dziewczynka wołała żałośnie.

– Tu jestem, kochanie – Klaudia z trudem wydobyła z siebie głos.

– Gdzie?

– Tu...

Drzwi się otworzyły i Abu Osama wyszedł z łazienki. Mijając Klaudię, po raz kolejny skierował na nią lubieżne spojrzenie.

– Ciociu! – Mariam dobiegła do Klaudii i do niej przylgnęła.

– Chwileczkę, kochanie, zaraz tu będę z powrotem. – Klaudia, zanim weszła do łazienki, poczekała, aż Abu Osama się oddali.

Wyrzuciła podarte majtki do kosza, po czym zdjęła abaję i dżellabę, wzięła szybki prysznic, ubrała się i wyszła do Mariam.

– Jestem już, skarbie. – Przytuliła dziewczynkę do siebie.

– Ciociu, ja ich nie lubię – poskarżyła się Mariam.

– Kogo nie lubisz? – Klaudia wzięła dziecko za rękę i skierowała się w kierunku głównego pomieszczenia.

– Chłopców... Oni ciągle się biją i biją. Namawiają mnie, żebym się z nimi bawiła, ale ja nie chcę.

– Jeżeli nie chcesz, to się z nimi nie baw.

– Ale Osama stale do mnie przychodzi i mówi, że muszę się z nimi bawić.

– Nie musisz.

– On mówi, że muszę, bo potrzebna mu jest niewolnica.

– Jaka niewolnica?

– On opowiada, że tam, gdzie mieszkał, to zawsze byli więźniowie i niewolnice. I teraz Faris i Jusuf są więźniami, a ja mam być niewolnicą.

Przed oczami Klaudii stanęło zdjęcie niewolnic ISIS, które kiedyś widziała w jakimś magazynie przy materiale przedstawiającym wstrząsający raport wysłanniczki ONZ po jej podróży do Iraku. Całe ubrane na czarno kobiety, z zasłonami na twarzach, spod których nie było widać nawet oczu, szły jedna za drugą w pewnej odległości od siebie, a ich ruchy krępował gruby łańcuch, którym były razem skute.

Ich dłonie zakrywała czarna tkanina, a uwagę przykuwały owinięte wokół ich nadgarstków ciężkie ogniwa łańcucha. Na innym zdjęciu takie same czarne postacie skrępowane łańcuchem były znacznie mniejsze, co sugerowało, że niewolnicami są nieletnie dziewczynki.

– Seksualne niewolnice ISIS są teraz jak żywe trupy. – Tak wysłanniczka ONZ określiła kondycję dziewcząt i kobiet wykorzystywanych przez bojowników tak zwanego Państwa Islamskiego.

– Ja nie chcę być niewolnicą, ciociu – płaczliwie stwierdziła Mariam.

– Nie będziesz, skarbie. – Klaudia mocniej ścisnęła malutką dłoń, wchodząc do głównego pomieszczenia.

Umm Osama czytała półgłosem Koran, a Jessica siedziała obok niej i wzrokiem śledziła tekst. Chłopcy podawali sobie z rąk do rąk pistolet Farisa, a Osama z zaangażowaniem coś im przy tym opowiadał. Eliza leżała na boku na materacu, trzymając się za już całkiem pokaźny brzuch.

– Źle się czujesz? – spytała Klaudia, podchodząc do niej.

– Zastanawiam się, czy z małym wszystko w porządku. – Przez głos Elizy przebijał niepokój. – Przecież tu w ogóle nie ma świeżego powietrza...

– Może powinnaś porozmawiać z Salahem, żeby cię zabrał na zewnątrz? – zasugerowała Klaudia.

– Już mu to mówiłam.

– I co?

– Powiedział, że to zbyt niebezpieczne.

– Nawet w nocy?

– Nawet w nocy... – Eliza westchnęła ciężko.

Klaudia podeszła do swojego materaca, spod koca wyjęła czyste majtki i dyskretnie schowała je w rękaw abai. To ciągłe przebywanie z kobietami i dziećmi we wspólnym pomieszczeniu, gdzie w każdym momencie mógł się pojawić obcy mężczyzna, stawało się dla niej coraz trudniejsze do zniesienia.

– Zostań z ciocią Elizą, ja zaraz tu wrócę – poprosiła małą Mariam najspokojniej, jak potrafiła.

– Na pewno wrócisz, ciociu? – W oczach dziewczynki pojawił się strach jak zawsze wtedy, kiedy Klaudia się oddalała.

– Na pewno – obiecała.

– Gdzie idziesz? – spytała Eliza.

– Do łazienki.

Kiedy wróciła, usiadła przy zatroskanej Elizie.

– Nie zadręczaj się, wszystko jakoś się ułoży – próbowała wesprzeć przyjaciółkę.

– Trudno się nie martwić w takich warunkach. – Eliza wymownie rozejrzała się wkoło. – Gdy sobie przypomnę nasz dom... – Oczy jej się zaszkliły. – Pokoik dla małego był już prawie gotowy... Łóżeczko, ubranka, wanienka, przybory do kąpieli, piękny szlafroczek ze skrzydełkami aniołka... – Łzy spłynęły po jej twarzy.

Klaudię również zalała fala cierpkiej goryczy.

Gdzie te cudowne czasy, kiedy razem z Elizą, szczęśliwe ze swoimi ukochanymi mężczyznami, chodziłyśmy po ekskluzywnych sklepach i wybierałyśmy sukienki, buty i kosmetyki, a potem wyprawkę dla noworodka, mebelki... – myślała. Tak się cieszyłam, że udało mi się urządzić nasz dom z Raszidem tak, jak chciałam... Dzięki temu stał się przytulniejszy, cieplejszy... A teraz... – wspomnienie obskurnego, śmierdzącego pokoju, w którym mąż brutalnie ją posiadł, przyprawiło ją o bolesny skurcz serca.

– Nie wiem, jak długo to wytrzymam... – Twarz Elizy oblekły smutek i zwątpienie. – Mój synek... Jak ja go urodzę?

Pytanie o zbliżający się wielkimi krokami poród Klaudia zadawała sobie nie raz, ale nigdy nie mówiła o tym głośno, żeby jeszcze bardziej nie przygnębiać i tak już wystarczająco zatroskanej przyjaciółki. Eliza usiadła i objęła brzuch obiema rękami, jakby matczyna miłość mogła ochronić dziecko przed całym złem tego świata.

– Mój kochany synek... Co z nim będzie? Co z nim będzie? – bezustannie pytała, zalewając się łzami.

Udręka paliła Klaudię jak piołun, jednak musiała odrzucić na bok swoje nawet najbardziej bolesne uczucia, żeby pomóc przyjaciółce i jej czekającemu na przyjście na świat dziecku.

– Już wiesz, jak mu dacie na imię? – zapytała, aby skierować myśli Elizy na nieco przyjemniejsze tory.

– Mnie najbardziej podoba się Kamil. – Eliza otarła policzki.

– Kamil... Bardzo ładne imię – pochwaliła Klaudia.

– I jest to jednocześnie imię i arabskie, i polskie...

– Tym bardziej to dobry wybór.

– Jednak Salah nie jest do niego przekonany.

– Ma jakąś inną propozycję?

– Dżamal albo Fahd...

– Kamil dużo ładniejsze.

– Ja też tak myślę... – Eliza pogładziła się po brzuchu. – Mój synek Kamilek...

– Na pewno będzie śliczny.

– Mój mały aniołeczek...

Umm Osama skończyła czytać Koran, zamknęła go i spojrzała w stronę Elizy. Wstała, podeszła do przyjaciółek i się do nich przysiadła. Jessica również do nich dołączyła.

– Jak się czuje dziecko? – Umm Osama podniosła zasłonę, pokazując swoją surową twarz, która miała w sobie coś odpychającego.

Eliza nie lubiła, kiedy Umm Osama znajdowała się blisko niej, bo podświadomie czuła, że sama jej obecność stanowi zagrożenie dla jej synka.

– Dobrze... – odpowiedziała zdawkowo.

– Rusza się? – dopytywała Umm Osama.

– Tak, czasem kopie. – Eliza wciąż trzymała ręce na brzuchu.

– Będzie silny chłopiec – stwierdziła z satysfakcją Umm Osama.

Z korytarza rozległy się kroki i kobieta zasłoniła twarz. Okazało się, że to idzie Aisza, więc ponownie ją odkryła. Syryjka z niezwykle zadowoloną minę dosiadła się do zgromadzonych kobiet.

– Czemu płakałaś? – Zwróciła się do Elizy, widząc jej zaczerwienione oczy.

Przyjaciółki wymieniły się znaczącymi spojrzeniami, bo obie w tym momencie pomyślały to samo.

Jak tu nie płakać, kiedy nie ze swojej winy trzeba się ukrywać, mieszkać z dżihadystami w prymitywnych warunkach i zupełnie nie wiadomo, co przyniesie każdy następny dzień?

Eliza wyobraziła sobie swojego malutkiego synka i jej oczy znowu zrobiły się mokre.

– Nie becz, bo zupełnie nie masz do tego powodu – powiedziała z irytacją Aisza.

– Chyba jednak Eliza ma do tego prawo... – Klaudia stanęła w obronie przyjaciółki. – Boi się porodu...

– Co tam poród! – prychnęła Aisza. – Przecież od wieków kobiety rodzą i to jest zupełnie normalne.

– Pamiętam, że ja również trochę się obawiałam, a później wszystko przebiegło bardzo sprawnie – wtrąciła Jessica.

– Ja też zupełnie nie rozumiem, czym ona tak się przejmuje. – Usta Umm Osamy wykrzywiły się z przyganą. – U nas w kalifacie... – w głosie kobiety zabrzmiała nutka nostalgii – ...setki kobiet rodziło w domach, a nawet poza nimi bez żadnych problemów.

– Umm Osama ma całkowitą rację – Aisza poparła dżihadystkę. – My ci pomożemy i raz-dwa będzie po sprawie.

Eliza zbladła, bo nie wyobrażała sobie porodu w podziemiu. Przypomniała sobie raport jednej z organizacji charytatywnych, która zajmowała się Irakijkami zbiegłymi z Mosulu, kiedy toczyły się o niego ciężkie walki. Podczas nich bojownicy ISIS, broniąc się przed nacierającymi wojskami irackimi, używali cywilów jako ludzkich tarcz. W pamięć zapadła jej historia zaledwie siedemnastoletniej ciężarnej dziewczyny, która tuż przed porodem musiała razem z rodziną uciekać w środku nocy, bo naloty i walki w sąsiedztwie zintensyfikowały się do tego stopnia, że obawiała się o życie swoje i dziecka.

– Uciekaliśmy, a ja wielokrotnie upadałam – wspominała siedemnastolatka. – Poród zaczął się, kiedy byliśmy w drodze. Schroniliśmy się w ruinach opuszczonego domu. Wokół trwał nieprzerwany ostrzał. Bardzo się bałam o siebie i swoje dziecko, ale moja matka i inna starsza kobieta mi pomogły. To przebiegło bardzo szybko, może piętnaście minut. Urodziłam maleńką córeczkę. Poczekałyśmy około pół godziny, a później pobiegłyśmy dalej.

Czy to jest dla nich normalne? Rodzenie wszędzie i w każdych warunkach, jak uciekające przed bezwzględnymi bojownikami ISIS dziewczyny i kobiety? Czy mój synek też ma przyjść na świat w opuszczonym, zrujnowanym domu? – pełne żałości pytania tłukły się po głowie Elizy.

– Kiedy przejdziesz na islam? – W ostrym tonie głosu Aiszy kryła się krytyka, że Eliza jeszcze do tej pory tego nie zrobiła.

– Niewierna nie może wychowywać muzułmanina – dodała bezlitośnie Umm Osama.

Eliza zrobiła się biała jak ściana. Na słowo „niewierna" znajdujący się w pobliżu chłopcy odwrócili głowy i na moment przerwali zabawę w egzekucję więźniów. W oczach Osamy pojawiła się nienawiść i chłopiec mocniej zacisnął dłoń na rękojeści noża. Faris, który pod wpływem nowego, starszego kolegi stał się jeszcze bardziej agresywny, przybrał taki wyraz twarzy, jakby za chwilę miał splunąć. Mały Jusuf, naśladując starszych chłopców, przyjął groźną postawę. Klaudia poczuła ciarki na plecach.

Wszyscy oprócz Klaudii wbili wyczekujący, srogi wzrok w Elizę, która nagle zaczęła szybciej oddychać i z trudem łapać powietrze.

– Co ci jest? – Klaudia z trwogą zbliżyła się do niej.

– Nie wiem... – Eliza otworzyła usta. – Tak jakoś słabo mi...

– Oddychaj... Głęboko oddychaj... – Klaudia objęła przyjaciółkę. – I lepiej się połóż... Ostrożnie, ja ci pomogę... – Podtrzymała Elizę, która znów położyła się na boku. – Oddychaj... Myśl tylko o dziecku... O niczym więcej...

Eliza posłuchała rady Klaudii i skupiła się wyłącznie na oddechu.

– Tak... Wdech... Wydech... Wdech... Wydech... – Klaudia jak mogła pomagała przyjaciółce.

– Dziękuję, już lepiej... Już dużo lepiej... – stwierdziła Eliza po kilku minutach.

Nagła niedyspozycja ciężarnej nie wywarła wielkiego wrażenia ani na zgromadzonych kobietach, ani na wpatrujących się w nią chłopcach. Tylko Mariam trochę się przejęła i cichutko pytała Klaudii, co się dzieje z ciocią. Kiedy Eliza się nieco uspokoiła, chłopcy podjęli przerwaną zabawę, a Umm Osama kontynuowała poruszony wcześniej temat.

– Im szybciej przejdziesz na islam, tym lepiej dla ciebie! – grzmiała w stronę Elizy. – I ty też powinnaś to zrobić. – Skierowała na Klaudię potępiające spojrzenie. – Powinnyście wiedzieć, że islam zapanuje nad światem, czy tego chcecie, czy nie!

– *In sza' Allah*[1], islam zapanuje nad światem! – Aisza z przekonaniem powtórzyła za Umm Osamą.

– *In sza' Allah*, tak będzie – potwierdziła Jessica.

Wizja przyszłości wyrażona przez kobiety w stanowczy i niepozostawiający żadnych wątpliwości sposób sprawiła, że przed oczami Elizy stanęły transparenty, które rozwścieczeni muzułmanie nosili podczas organizowanych od czasu do czasu demonstracji w Wielkiej Brytanii i w innych krajach.

Masakra dla tych, którzy znieważają islam!

[1] *In sza' Allah* (arab.) – Jeśli Bóg zechce; Jeśli Bóg pozwoli.

Europa to rak, a islam jest odpowiedzią!

Muzułmanie powstaną przeciwko krzyżowcom!

Szariat dla Wielkiej Brytanii!

Zabijcie tych, którzy znieważają islam!

Nie dla demokracji, chcemy tylko islamu! Wolność niech idzie do piekła!

Utnijcie głowy tym, którzy znieważają islam!

Islam zdominuje świat!

Ściąć głowy wszystkim niewiernym!

Eliza wiedziała, że tego typu radykalne poglądy prezentują ekstremiści islamscy, a nie wszyscy muzułmanie, jednak wcześniej nigdy by nie podejrzewała, że grupa jej przyjaciół, z którymi się często spotykała, może również im hołdować. Aisza, przenosząc swój gniewny wzrok raz na Elizę, raz na Klaudię, dobitnie wyrecytowała fragment Koranu, który był często przytaczany przez tych, którzy głosili, że islam będzie dominował nad światem:

On jest Tym, który wysłał Swojego Posłańca
z drogą prostą i religią prawdy,
aby uczynić ją widoczną,
ponad wszelką religię,
chociażby bałwochwalcy czuli do niej wstręt.[1]

– Wszędzie zapanuje kalifat! – Oczy Umm Osamy błyszczały złowrogo. – Wszyscy będą musieli się podporządkować tym samym regułom, które wprowadzają najdoskonalszy sposób życia. Nasz kalifat… Pięknie tam było… – Twarz kobiety rozjaśniła się rzadko na niej widzianym upojeniem. – Wróciliśmy do najczystszej

[1] Koran, op. cit., sura IX, wers 33.

formy islamu... Żyliśmy tak jak nasz prorok Muhammad i jego pierwsi wyznawcy...

Tylko że to było w siódmym wieku... – przemknęło Klaudii przez myśl.

– Nasza policja moralności wszystkiego dokładnie pilnowała... Sprawdzała, czy każda kobieta jest szczelnie zakryta, a każdy mężczyzna nosi brodę. – Umm Osama ciągnęła z przejęciem. – Kontrolowała, czy wszystkie sklepy są zamknięte podczas modlitwy. Sprawdzała, czy nikt nie pije alkoholu, nie pali papierosów i nie słucha muzyki.

– *In sza' Allah*, tak będzie wszędzie... – Aisza zapatrzona w Umm Osamę wyraziła swoją największą nadzieję.

Picie alkoholu – osiemdziesiąt batów, oszczerstwa – osiemdziesiąt batów, szpiegowanie w służbie niewiernych – śmierć, wyrzeczenie się islamu – śmierć, rozbój: jeśli rabunek i zbrodnia są popełniane – śmierć przez ukrzyżowanie – Eliza przypomniała sobie rozpowszechnioną przez media broszurę znalezioną w Aleppo, która wymieniała kary za poszczególne przewinienia i zbrodnie pod rządami ISIS. Inny dekret zezwalał na małżeństwo z dziewięcioletnimi dziewczynkami oraz stanowił, że szesnastolatki i siedemnastolatki powinny już mieć mężów. Czy to jest właśnie ten idealny świat? – zadała sobie w duchu przepełnione zgryzotą pytanie.

– Islam wejdzie do każdego kraju, do każdego miasta, do każdej wioski, do każdego domu... nie przebierając w środkach – Umm Osama zacytowała słowa przypisywane prorokowi Muhammadowi.

– *In sza' Allah* – mocno zaakcentowała Aisza.

– *In sza' Allah* – Jessica jej zawtórowała.

Przyszła pora modlitwy i kobiety się podniosły, żeby dokonać ablucji.

– Chłopcy, chodźcie z nami. – Umm Osama zawołała syna i jego kolegów, a Jessica wzięła za rękę Mariam.

Przyjaciółki oddalenie się dżihadystek przywitały z ulgą.

– Już nie mogłam tego słuchać – wyszeptała spierzchniętymi ustami Eliza.

– Ja też nie. – Klaudia była zdziwiona, jak Jessica mogła się tak bardzo zradykalizować.

Zapadła cisza, bo przyjaciółki wciąż przeżywały znalezienie się w ogniu oskarżeń i ekstremalnych poglądów dżihadystek. Nagle w Elizę wstąpiła niespodziewana siła i zaczęła wyrzucać z siebie całą nagromadzoną od dłuższego czasu frustrację.

– To wszystko przez nich! Przez Ahmada i jego żonę! – mówiła szybko. – Słyszałaś Aiszę! Chce, żeby na całym świecie zapanował kalifat. Ona w to wszystko tak mocno wierzy! Jej mąż pewnie tak samo albo jeszcze bardziej! I to Ahmad wyprał mózg mojemu mężowi! Bo Salah nie jest taki! – Eliza przerwała, żeby zaczerpnąć powietrza. – Na pewno nie jest taki! – podkreśliła z mocą. – On jest dobry… On jest bardzo dobry… To przez nich zaczął inaczej myśleć… I przecież do tej pory nie zrobił nic złego. – Eliza przerwała i zaczęła szybko oddychać.

Czy nasz wybrany mężczyzna, którego darzymy prawdziwą miłością, zawsze pozostanie naszym ukochanym bez względu na to, jakie piekło nam zgotuje?

– Tak, masz rację. – Klaudia bardzo dobrze rozumiała przyjaciółkę, bo jej samej też trudno było uwierzyć, że jej Raszid, jej kochany Raszid, jedyny, najdroższy, mógł być świadomie zamieszany w działalność terrorystyczną. – To wszystko przez nich…

Kobiety z dziećmi wróciły po dokonaniu ablucji, a następnie rozłożyły dywaniki i zaczęły się modlić. Przyjaciółki zamilkły, żeby im nie przeszkadzać i nie narażać się na ich jeszcze większą złość. Po skończonej modlitwie muzułmanki z wyrzutem spojrzały w stronę Polek. Osama zagonił swoich młodszych kolegów do brutalnej zabawy, a kiedy Klaudia przypadkowo na niego spojrzała, z wściekłością przejechał ręką po swoim gardle.

Tej nocy Klaudia prawie w ogóle nie spała. Chłopcy, którzy czasami noc spędzali z mężczyznami, tym razem zostali w głównym pomieszczeniu. Klaudii trudno było zamknąć oczy, kiedy wiedziała, że parę metrów od niej znajduje się „lwiątko kalifatu" wyszkolone od najmłodszych lat w barbarzyńskich obozach ISIS do walki z niewiernymi. Pobudzony pełną przemocy zabawą Osama również nie mógł zasnąć. Wstawał, chodził w kółko, bawił się nożem, zerkał w kierunku Polek, kładł się i znowu wstawał. Klaudia leżała z szeroko otwartymi oczami, czujna na każdy jego ruch. W pewnym momencie wydawało jej się, że chłopiec zasnął, bo prawie godzinę leżał bez ruchu na swoim materacu. Jednak kiedy tylko nakryła się bardziej kocem i ułożyła wygodnie, Osama wysunął się bezszelestnie spod swojego nakrycia, po czym zaczął się wolno, krok za krokiem, skradać w jej kierunku. Dokładnie jak lew, który upatrzył sobie ofiarę. Zerwała się przerażona i usiadła, ale nawet to go nie odstręczyło. Pozostał na podłodze niedaleko niej, trzymając w ręku nóż z długim ostrzem.

Mała maszyna do zabijania, pomyślała Klaudia i do rana nie zmrużyła oka.

„Lwiątko kalifatu" w końcu zasnęło, nie wypuszczając z dłoni śmiercionośnego noża.

Na drugi dzień Klaudia trzymała się blisko Elizy, bo bała się zarówno o siebie, jak i o swoją ciężarną przyjaciółkę, która po ostatnich przeżyciach też była w kiepskim nastroju.

– Jakieś koszmary dręczyły mnie w nocy – zwierzyła się Eliza, kiedy usiadła razem z Klaudią po rutynowym zmywaniu i sprzątaniu po obiedzie.

– Wcale się nie dziwię… – Klaudia pomyślała, że lepiej by było, gdyby skradający się z nożem Osama był tylko senną marą, a nie rzeczywistością. – Co ci się śniło?

– Nawet strach o tym mówić… – Eliza się wzdrygnęła.

– To może lepiej nie mów…

– Ale te obrazy od rana mnie prześladują. – Eliza odruchowo obejrzała się za siebie. – Jest ich tysiące, dosłownie tysiące…

– Kogo?

– Kobiet w ciąży… W czarnych abajach… I krążą tu, krążą…

– To ci się śniło?

– Nie tylko… Jeszcze te dzieci szkolone od urodzenia na żołnierzy, szpiegów, oprawców, terrorystów samobójców…

– To rzeczywiście horror…

– Tak… I nawet wiem, dlaczego mi się to śniło.

– Dlaczego?

– Po naszej wczorajszej rozmowie przypomniał mi się artykuł, który czytałam już dawno, może ze dwa lata temu, w MailOnline…

– O czym on był?

– Już w tamtym czasie uważano, że na terenach tak zwanego Państwa Islamskiego żyje ponad trzydzieści jeden tysięcy kobiet w ciąży.

– I to było dwa lata temu? To co jest teraz? – przeraziła się Klaudia.

– Też się nad tym zastanawiałam. A wtedy… Wtedy… Wiesz, jak to jest… – Eliza się zamyśliła. – Codziennie media bombardują nas strasznymi informacjami, a nam się wydaje, że nas to nie dotyczy… nie dotyczy… dotyczy… – powtarzała wyrazy, co wskazywało na to, że przeprowadzona poprzedniego dnia konwersacja i przywołany tekst bardzo nią wstrząsnęły.

– Masz całkowitą rację…

– Już wtedy raporty ostrzegały, że w Syrii i Iraku urodzi się nowe pokolenie, które będzie indoktrynowane od najmłodszych lat i stanie się dziecięcymi żołnierzami dżihadu, którzy będą jeszcze bardziej brutalnymi, zdolnymi do najgorszych zbrodni bojownikami ISIS.

Osama... – od razu nasunęło się Klaudii, ale nie powiedziała tego głośno, żeby nie przerażać przyjaciółki.

– Szacowano, że ponad pięćdziesięcioro brytyjskich dzieci wychowywanych jest przez dżihadystów na terenach ISIS.

– Teraz jest ich na pewno więcej... Co będzie, gdy wrócą do Wielkiej Brytanii? – Klaudia wyraziła swoją obawę.

– Służby będą zatrzymywać je na granicy... – powiedziała Eliza, ale w jej głosie nie było co do tego całkowitego przekonania. – A jest przed czym się bronić, bo specjaliści oskarżyli ISIS o kopiowanie nazistowskiej taktyki rekrutacji młodych ludzi w celu prania ich mózgów i szkolenia na pokolenie zabójców. Organizacja terrorystyczna oficjalnie stworzyła skrzydło młodzieżowe zwane Fityan al-islam, czyli Chłopcy Islamu.

– Jak Hitlerjugend...

– Tak. Jak Młodzież Hitlera... Tylko mi się wydaje, że dżihadyści są dużo bardziej fanatyczni i krwiożerczy...

– I barbarzyńscy...

– Też tak myślę. Według tego artykułu terroryści, żeby oswoić dzieci ze śmiercią i brutalnością, zmuszali je do trzymania odciętych głów więźniów, a nawet do kopania ich jak piłki podczas meczów futbolowych.

– Nie mów nic więcej...

– Ale właśnie to mi się śniło... – Twarz Elizy oblekł lęk pomieszany ze wstrętem. – Mali chłopcy grający w piłkę... a raczej w głowy... bo tych głów było więcej i więcej...

– Dość już! – Klaudia chciała dodać: „Pomyśl o swoim aniołku”, ale słowa utknęły jej w gardle, bo pomyślała, że zabrzmią one w tym momencie jak piekielny żart Lucyfera.

* * *

Od pamiętnej rozmowy, kiedy dżihadystki bez skrupułów przedstawiły swoje poglądy, atmosfera w podziemiu stawała się coraz bardziej gęsta i nieprzyjemna. Raszid egzekwował swoje małżeńskie prawa i Klaudia za każdym razem przeżywała katusze, próbując oddzielić swoją psychikę od poniewieranego boleśnie ciała. Eliza wpadała w coraz większe przygnębienie, bo nie widziała ani dla siebie, ani dla swojego dziecka żadnej drogi ratunku. Mariam cierpiała z powodu straty rodziców, bo los jej ojca nadal był nieznany.

Abu Osama podczas jednego ze swoich konspiracyjnych wyjść zdobył, a następnie przyniósł do podziemia materiały propagandowe ISIS, które potem dżihadystki i dzieci bezustannie oglądały. Zafascynowani chłopcy z wielką ochotą i zaangażowaniem naśladowali bestialskie zachowania małych terrorystów. Na jednym z filmów syn dżihadysty z Francji odciął głowę więźniowi ogromnym, ostrym nożem. Faris tym razem postawił się Osamie, bo nie chciał w zabawie grać tylko roli ofiary.

– Ja mu obetnę głowę! – krzyknął z myślą o Jusufie, który jak zwykle był więźniem, i pobiegł szybko po kuchenny nóż.

– To mój więzień! – Osama brutalnie szarpnął Jusufa, przyciągając go do siebie.

– A właśnie że mój! – Faris skierował w stronę Osamy długie ostrze noża.

Sprawniejszy i silniejszy Osama wytrącił nóż z ręki kolegi, po czym rozjuszony się na niego rzucił. Zaczął zadawać mu mocne ciosy, a Faris nie pozostał mu dłużny i po chwili chłopcy tarzali się po podłodze, okładając ze wszystkich sił pięściami. W starciu z Osamą Faris nie miał szans i po paru minutach z jego nosa zaczęła płynąć krew. Dopiero wtedy Aisza zareagowała, rozłączając walczących chłopców i bez emocji tamując synowi lecącą z nosa krew.

W innym materiale ISIS „lwiątka kalifatu" biegały i szukały więźniów w starym zamku, żeby na końcu ich nieludzko zabić. Chłopcom ta bezwzględna gra bardzo się spodobała, puszczali ją sobie bez przerwy, a później chowali się w zakamarkach podziemia, udając, że jest to opuszczone zamczysko. Zastanawiali się też, jakim rodzajem śmierci ukarać schwytanego więźnia.

Po pewnym czasie Klaudia doszła do przerażającego wniosku. Pojawiające się od rana do wieczora obrazy palonych żywcem więźniów, egzekucji strzałami w tył głowy i ścinanych głów nie robiły już na niej żadnego wrażenia.

Wreszcie nadeszło coś, co musiało się zdarzyć, ale o czym myśl Klaudia odpychała od siebie najdalej, jak mogła. Okazało się, że jest w ciąży. Na początku brak miesiączki starała sobie tłumaczyć ciągłym stresem i przebywaniem w zamknięciu.

Nie jestem w ciąży... Nie mogę być... – zaklinała rzeczywistość. Przecież po odstawieniu tabletek antykoncepcyjnych nie zachodzi się tak od razu w ciążę.

Czasem się zachodzi. Kiedy była już tego pewna, poprosiła Jusufa, żeby zawołał Raszida. Chłopcy swobodnie przemieszczali się między pomieszczeniami dla kobiet i mężczyzn, więc Klaudia skorzystała z tej najszybszej drogi komunikacji. Raszid przyszedł w przekonaniu, że tym razem to żona ma ochotę na miłosne igraszki. Zadowolony udał się z nią do odosobnionego pokoju.

– Stęskniłaś się? – szepnął zmysłowo, a następnie objął ją i przyciągnął do siebie, żeby ją pocałować.

Klaudia odepchnęła męża z niespotykaną dotychczas siłą.

– Zostaw mnie! – krzyknęła zrozpaczona. – Wiesz, co zrobiłeś? Wiesz, co zrobiłeś?

– Co zrobiłem? – zapytał Raszid zdezorientowany.

– Jestem w ciąży!!! W ciąży, rozumiesz?!!!

Na twarzy mężczyzny pojawił się szeroki uśmiech.

– To świetnie! – ucieszył się.

– Nie świetnie! – wzburzyła się Klaudia. – W ogóle nie świetnie!

– Przecież chciałaś mieć ze mną dziecko. – Raszid nie rozumiał furii żony.

– Właśnie, chciałam mieć z tobą dziecko! – krzyczała Klaudia. – A nie terrorystę!

Raszid na moment zamarł, a później wpadł w furię. Uderzył Klaudię w twarz. A potem drugi, i trzeci, i czwarty. Rzucił ją na ziemię. Kopnął ją raz. A potem drugi, i trzeci, i czwarty. Jego wściekłość sięgnęła zenitu. Bił ją i kopał, kopał i bił. Bez opamiętania. A Klaudia, zaciskając zęby z niewyobrażalnego bólu, myślała tylko o jednym: Niech bije... Niech kopie... Może poronię... Może poronię... Poronię...

Nie poroniła. I każdego następnego dnia rozwijało się w niej i rosło, coraz bardziej i bardziej, dziecko terrorysty, które już w zarodku było przyszłym bezwzględnym mordercą. Chciała krzyczeć, chciała płakać, chciała wyć. Chciała umrzeć. Ale nie umarła. Śmierć nie przychodzi na zawołanie. Jest zbyt okrutna.

* * *

A później było jeszcze gorzej. Zbliżał się termin porodu Elizy, która była prawie nieprzytomna ze strachu o siebie i dziecko. Zaczynało brakować pieniędzy na jedzenie, więc wszyscy prawie cały czas chodzili głodni i źli. Klaudia oddawała część swoich małych porcji jedzenia Elizie, przez co czuła się osłabiona i wycieńczona.

Pewnego popołudnia do pomieszczenia dla kobiet przyszedł Raszid i stanął przed Elizą.

– Nie mamy już pieniędzy na jedzenie – oznajmił zimno. – Daj mi swój pierścionek z diamentem.

A w tym diamencie i Marrakesz, i Casablanca, i As-Suwajra. I ocean szumiący, kojący, i miłość na wieczność zaklęta.

– Nie dam ci go – odpowiedziała Klaudia. – To mój pierścionek.

– Nie dyskutuj ze mną, tylko natychmiast mi go daj! – ryknął.

– Nie dam!

Chwycił dłoń Klaudii i próbował ściągnąć pierścionek, ale nie mógł tego tak łatwo zrobić, bo zginała serdeczny palec. Nie dawał za wygraną i ostatecznie, siłując się z żoną i z oporną materią, zerwał z jej palca pierścionek z diamentem. Klaudia poczuła się tak, jakby mężczyzna własnymi rękoma wyrwał z jej piersi wciąż bijące serce.

Rozdział X

Przerażający horror

Biologiczny dżihad, zwany również demograficznym albo populacyjnym, oznacza proces, w którym muzułmanie przez narodziny dzieci w obcym kraju sprawiają, że stają się one obywatelami danego państwa, zwiększając w ten sposób liczbę mieszkających w nim ludzi wyznających islam. Niektórzy definiują to zjawisko jako osiedlanie się muzułmanów w ważnych krajach świata – przede wszystkim w państwach europejskich oraz w Stanach Zjednoczonych – i posiadanie przez nich tak dużej liczby dzieci, jak tylko jest to możliwe.

O wielkim sukcesie biologicznego dżihadu w Wielkiej Brytanii świadczy fakt, że w dwa tysiące siedemnastym roku, według oficjalnych statystyk, na pierwszym miejscu najbardziej popularnych imion męskich nadawanych noworodkom pojawił się Muhammad, pokonując Olivera, a do pierwszej setki dołączyły takie imiona jak Ahmad, Syed i Abdul. W tym samym roku Muhammad był najbardziej popularnym imieniem w stolicy Belgii, Brukseli, gdzie nazwano tak ponad osiemnaście tysięcy noworodków płci męskiej. Taki sam trend obserwuje się w Austrii, gdzie w Wiedniu Muhammad z piątego miejsca przesunął się na trzecie, oraz w Niemczech, gdzie zaledwie w ciągu niecałej dekady z dziewięćdziesiątego siódmego miejsca awansował do pierwszej trzydziestki.

Według ekspertów biologiczny dżihad może przynieść taki skutek, że do dwa tysiące pięćdziesiątego roku liczba muzułmanów w niektórych krajach europejskich potroi się, co sprawi, że Europę będzie zamieszkiwało ponad trzydzieści milionów wyznawców islamu, z głównymi ich skupiskami we Francji, Wielkiej Brytanii, Niemczech, Włoszech, Hiszpanii, Holandii, Belgii i Szwecji. Profesor Bernard Lewis[1], słynny badacz świata muzułmańskiego, zapytany przez niemiecką gazetę na początku dwudziestego pierwszego wieku, czy pod koniec tego wieku Europa będzie supermocarstwem, odpowiedział:

– Europa będzie częścią arabskiego zachodu, Maghrebu.

W Birmingham, drugim pod względem liczby ludności po Londynie ośrodku metropolitalnym Wielkiej Brytanii, już teraz więcej dzieci zarejestrowanych jest jako muzułmanie, a nie chrześcijanie. Podobnie jest w innych brytyjskich miastach, na przykład w Leicester i Bradford, oraz w niektórych gminach wschodniego Londynu. W czerwcu dwa tysiące osiemnastego roku w Birmingham odbyła się największa w Europie celebracja Święta Zakończenia Postu, Id al-Fitr, która zgromadziła w jednym z publicznych parków ponad sto czterdzieści tysięcy muzułmanów. W grupowej modlitwie głos prowadzącego wzmacniany był przez system nagłaśniający, a ustawieni w równych rządkach wierni, często ubrani w tradycyjne stroje, wykonywali skłony i bili pokłony na ziemi w stronę Ka'aby w Mekce.

W mieście znajduje się ponad sto sześćdziesiąt meczetów i wiele szkółek religijnych, madras, do których rodzice posyłają

[1] Bernard Lewis (1916–2018) – brytyjski i amerykański historyk, profesor Uniwersytetu Princeton; doradca republikańskich prezydentów Stanów Zjednoczonych od spraw świata muzułmańskiego.

swoje dzieci, żeby w wolnym czasie uczyły się sztuki recytacji Koranu oraz zapoznawały z objaśnieniami poszczególnych sur. Jednak nawet szkoły finansowane przez państwo dostosowują się do wymagań religijnych muzułmanów, pozwalając na południową modlitwę, skracając lekcje w czasie ramadanu oraz zezwalając na noszenie przez dziewczynki chust na głowach. W sklepach sprzedających abaje i hidżaby można usłyszeć melodyjną recytację Koranu podkreślającą jego piękne rymy. Do władz wpływają petycje postulujące, żeby z dominujących nad miastem minaretów przynajmniej trzy razy dziennie rozlegały się z głośników wezwania do modlitwy.

Choć w Birmingham mieszka dużo spokojnych rodzin muzułmańskich, które dostosowują się do brytyjskiego prawa i nie mają wrogich zamiarów, to miasto nazywane jest stolicą terroryzmu Wielkiej Brytanii. W mieście urodziło się lub było z nim powiązanych wielu dżihadystów, poczynając od pierwszego skazanego w tym kraju na dwadzieścia lat więzienia zainspirowanego Al-Kaidą terrorysty, który przekształcił swój dom z tarasem w fabrykę bomb, gromadząc sto kilogramów materiałów wybuchowych. W Birmingham rezydowała jedna z osób finansujących spektakularne zamachy z jedenastego września dwa tysiące pierwszego roku. W parku w tym mieście zostały przekazane pieniądze terroryście powiązanemu z krwawymi atakami w Paryżu w dwa tysiące piętnastym roku i rok później w Brukseli. Przykłady można by mnożyć, włączając wstrząsający skandal oddolnych procesów islamizacji programów nauczania w brytyjskich szkołach i zastępowania nauczycieli innych wyznań muzułmanami.

Operacja nazwana „Koń trojański" była zorganizowaną próbą silnej indoktrynacji uczniów w wielu szkołach w Birmingham. Mówiono o tym, że muzułmanie dążą do zniesienia koedukacji i wprowadzenia obligatoryjnego języka arabskiego, proponują zapraszanie osobistości z meczetów, aby przemawiały do uczniów, oraz zmierzają do przejmowania nadzoru nad placówkami, a w przyszłości rozszerzenia programu na inne miasta. Władze pod wpływem niepokojących sygnałów przeprowadziły trwającą parę miesięcy kontrolę, która przyniosła przerażające rezultaty.

W opublikowanym raporcie stwierdzono, że w szkołach rozwieszano plakaty straszące dzieci, że jeżeli nie będą się modliły, to pójdą do piekła. Nauczycielki uczyły, że dobre muzułmanki muszą wiązać włosy i nosić hidżab. Dziewczętom wpajano, że nie mogą odmawiać seksu swoim mężom, a jeżeli tak zrobią, to czeka je straszna kara wymierzana przez anioły „od zmierzchu do świtu".

Odnotowano incydent, który później zgłoszono policji antyterrorystycznej, że jeden z nauczycieli zalecał uczniom:

– Nie powinniście słuchać chrześcijan, bo oni wszyscy są kłamcami.

Następny głosił:

– Macie szczęście, że jesteście muzułmanami, a nie ignorantami, tak jak chrześcijanie i żydzi.

W jednej ze szkół wprowadzono zgromadzenia propagujące islam, jednocześnie odwołując uroczystości związane z obchodzeniem Bożego Narodzenia i hinduistycznego święta światła Diwali. Przewidziane przez program lekcje języka francuskiego zostały zastąpione nauką języka arabskiego. W innej placówce pytano dzieci:

– Wierzycie w Boże Narodzenie?

– Nie, my nie! – uczono je skandować.

Zdarzało się również, że uczniom wyświetlano filmy o brutalnym ekstremizmie, a przez szkolne megafony płynęło wezwanie do modlitwy. Zakazano dzieciom gry na instrumentach muzycznych, a z programu usunięto lekcje dramy. Nauczycielom zabroniono pokazywać na zajęciach obrazy, które przedstawiały ludzkie twarze lub postrzegane były jako nieskromne, takie jak na przykład prace Gustava Klimta.

Rezultatem dokładnej kontroli była konkluzja, że w ponad dwudziestu szkołach przeprowadzono spiskową próbę narzucenia dzieciom skoordynowanego programu nauczania fundamentalistycznej doktryny islamu sunnickiego, która wywodzi się z salafizmu[1].

Na podstawie raportu „The Guardian" wyróżnił następujące objawy ekstremizmu występującego w szkołach w Birmingham:

- retoryka antyzachodnia, przede wszystkim antyamerykańska i antyizraelska;

- dzielenie świata na „my" i „oni", gdzie „oni" to wszyscy niemuzułmanie, a nawet muzułmanie, którzy nie hołdują ideologii fundamentalistycznej;

- postrzeganie światowego spisku przeciw muzułmanom;

- próby narzucenia swoich poglądów i praktyk innym osobom;

- nietolerancja na różnice, czy to świeckie, czy religijne, włączając innych muzułmanów.

Mimo że w operacji brały udział służby antyterrorystyczne, a jej rezultatem było zawieszenie w obowiązkach blisko stu nauczycieli, to wielu uważało, że problem „Konia trojańskiego" nie został do końca rozwiązany i tak naprawdę był on tylko wierzchołkiem góry lodowej. Dowodem na to miał być fakt, że w szkołach, w których głoszono liberalne poglądy, zdarzały się incydenty takie jak wieszanie martwych psów na furtkach lub ogrodzeniach i podrzucenie rozczłonkowanego kota na plac zabaw.

[1] Salafizm (arab. *salafija*, od arab. *salaf* - przodkowie) - ruch religijny i polityczny, który postuluje odrodzenie islamu poprzez powrót do jego pierwotnych źródeł, tzn. religii przodków. Salafizm oparty jest na surowej wykładni pierwszych muzułmanów i prezentuje ultrakonserwatywny prąd myślowy.

Media przytaczały słowa jednej z nauczycielek: „Przypuszczam, że martwe zwierzęta były po to, żeby zastraszyć ludzi i wywołać w nich przerażenie".

Ta sama kobieta wyznała, że dostawała śmiertelne groźby, ponieważ otwarcie występowała przeciwko homofobii. Inni nauczyciele, którzy propagowali takie brytyjskie wartości jak demokracja i tolerancja, dostawali pełne nienawiści listy.

– Zgnij w piekle! – anonimowi nadawcy nie przebierali w słowach.

Na początku dwa tysiące osiemnastego roku zatrzymano pochodzącego z Birmingham szesnastolatka, który miał wykupiony bilet do Stambułu, skąd zamierzał przedostać się do Syrii i dołączyć do grup ekstremistycznych. W sądzie nastolatek przyznał się do odbycia treningu terrorystycznego oraz posiadania publikacji ekstremistycznych i przedmiotów potrzebnych do przeprowadzenia zamachu. Ujawniono, że chłopak założył kanał internetowy i umieszczał na nim samouczki z instrukcjami, jak się dostać do dark webu, ukrytej ciemnej strony internetu, z której korzystało tak zwane Państwo Islamskie, oraz jak się włamać do komputerów innych ludzi i zdalnie przejąć nad nimi kontrolę. Uczył również, jak wykonać bombę benzynową, i pokazywał nagrania z brutalnych egzekucji. Wśród umieszczonych przez niego filmów wiele gloryfikowało ISIS.

Możliwe, że przypadek ten był pokłosiem ujawnionego kilka lat temu skandalu „Konia trojańskiego" i związanego z nim efektywnego procesu radykalizacji dzieci w szkołach.

Ekstremiści muzułmańscy nie przestają dążyć do podboju świata i stworzenia globalnego kalifatu. I głęboko wierzą, że kiedyś to nastąpi.

* * *

– Gdzie jest Mariam? – Klaudia zapytała Elizy, bo od dłuższego czasu nie widziała dziewczynki w pomieszczeniu dla kobiet.

– Nie wiem. – Eliza trzymała się za duży, wyraźnie już obniżony brzuch.

– Nie sądzisz, że Mariam jest ostatnio jakaś dziwna?

– Co masz na myśli?

– Raz jest jakoś tak nadmiernie pobudzona i się śmieje, a innym razem zapada się w sobie i widzę wtedy w jej oczach głęboki lęk...

– Uważam, że to jeszcze trauma po tragicznej stracie matki... – stwierdziła Eliza. – I odnoszę wrażenie, że ten straszny wybuch pojawia się w jej snach, bo gdy się budzę w nocy, a zdarza mi się to dosyć często, to widzę, jak się rzuca na swoim materacu, a czasem nawet krzyczy...

– Masz rację, nawet mnie parę razy zbudziła...

– Poza tym nie wiem, czy Aisza dobrze robi, dając jej nadzieję, że jej ojciec wróci...

– Mówi tak, bo podobno Ahmad się dowiedział od kogoś, kiedy wyszedł do miasta, że Nabil gdzieś się ukrywa...

– To czemu tu nie przyjdzie?

– Może się obawia, że służby mają go na celowniku i tylko czekają, kiedy je doprowadzi do naszej kryjówki? – wyraziła przypuszczenia Klaudia.

– Też tak może być... – zgodziła się Eliza. – A ty jak się dzisiaj czujesz?

– Nawet nie pytaj...

Wczoraj, dzisiaj, jutro... Ta ciąża... Klaudia próbowała o niej nie myśleć, jakby ten naiwny sposób jej zaprzeczania mógł spowodować, że faktycznie zniknie. Ciąża poczęta z kolejnego gwałtu teraz sama zadawała gwałt jej ciału. Klaudia, zmuszona do przebywania z członkami siatki terrorystycznej, całkowicie ograbiona z prywatności, poczucia bezpieczeństwa i ciepła ze strony męża, bardzo źle znosiła odmienny stan. Nękały ją nudności i duże bóle głowy oraz obawa, co będzie za kilka miesięcy. Widziała, jak bardzo męczy się Eliza, która z każdym dniem popadała w większą panikę i przygnębienie. Klaudii, która sama była w coraz podlejszym nastroju, nawet trudno było znaleźć dla przyjaciółki słowa pocieszenia.

– Tak źle? – Eliza zapytała z empatią po odpowiedzi Klaudii.

– A może być gorzej? – Z głosu Klaudii przebijał wielki smutek.

Może... – pomyślała Eliza. Może być znacznie gorzej... Kiedy mój synuś tu będzie, a oni...

– Ja nie rozumiem jednego... – Grobowy ton Elizy odzwierciedlał stan jej ducha. – Nie rozumiem, jak oni mogą tu żyć tak prawie normalnie... Może jedynie czasami niepokoją się, że ktoś ich nakryje... A poza tym... Spójrz na nasze... – Eliza przerwała, bo nie przeszło jej przez gardło słowo „koleżanki". – Popatrz na kobiety... Po codziennej krzątaninie i pięciokrotnych modlitwach czytają Koran, uczą dzieci na pamięć jego kolejnych fragmentów albo recytacji, ciągle oglądają te propagandowe filmy ISIS, żywo o czymś rozmawiają, a my nawet nie wiemy o czym...

– Może to lepiej...

– Co masz na myśli?

– Wiadomo, co knują? Nie zauważyłaś, że ostatnio wszyscy są czymś bardzo zaabsorbowani...

– To prawda...

– Aisza często znika z Ahmadem...

– Sądziłam, że wiesz... – Eliza znacząco spojrzała na przyjaciółkę. – Takie mają temperamenty...

– Codziennie? – Klaudia zapytała sceptycznie. – Poza tym czasami Aisza bierze ze sobą dzieci.

– Myślałam, że zabiera je do pomieszczenia dla mężczyzn...

Klaudia zastanowiła się, czy Eliza wie o arsenale znajdującym się w ich kryjówce. Przed jej oczami stanęły kałasznikowy, pistolety, noże z ostrymi ostrzami i pasy szahida.

– O czym myślisz? – Eliza uważnie spojrzała na przyjaciółkę.

– O… – Klaudia się zawahała. – O Mariam… Ona też chodzi z Aiszą.

– Raczej z chłopcami, przecież od pewnego czasu się z nimi bawi.

– A co innego to biedne dziecko może robić? – Klaudia ciężko westchnęła. – Zamknięte, bez rodziców, pozbawione powietrza, koleżanek, lalek, zabawek… Pod nieustającym surowym okiem Aiszy i Umm Osamy…

Nagle pobladła twarz Elizy sprawiła, że Klaudia pożałowała, że wypowiedziała te słowa.

– No właśnie… – W oczach Elizy pojawiły się łzy. – Jaka przyszłość czeka mojego małego Kamilka?

Myśl, że jej synek od razu będzie skazany na brak odpowiednich warunków do normalnego rozwoju, przerażała Elizę jeszcze bardziej niż poród, a przecież nie przekonywały jej zapewnienia Umm Osamy, że w kalifacie nie raz pomagała rodzącym, kiedy akuszerka nie mogła do nich dotrzeć.

– Kamilek? – podchwyciła Klaudia, żeby tylko rozpędzić czarne myśli przyjaciółki. – To już wybraliście imię?

– Prawie…

– Jak to prawie?

– Salah jeszcze ostatecznie nie zdecydował.

– Z tego, co pamiętam, to miał być Dżamal i… – Klaudia przerwała. – Podpowiedz mi, bo zapomniałam.

– Fahd. – Eliza westchnęła ciężko. – Fahd znaczy leopard i dlatego Salah jeszcze się nad nim zastanawia.

– A Dżamal?

– Dżamal już odpadł.

– Leopard... Brzmi groźnie... – zauważyła Klaudia.

– Mój synek będzie miał na imię Kamil! – Eliza krzyknęła desperacko, a Klaudia po raz kolejny pomyślała, że powinna się ugryźć w język, zanim się odezwie do zestresowanej przyjaciółki.

– Oczywiście, będzie Kamilek – poparła ją szybko.

Polki zamilkły, bo z korytarza wyłoniła się Aisza, za którą w karnym rządku szły kolejno dzieci: Osama, Faris, Jusuf, a na końcu Mariam. Za nimi kroczyła wyprostowana Umm Osama. Dzieci z poważnymi minami zatrzymały się w momencie, gdy zrobiła to Aisza, i stanęły przed nią w równym szeregu.

– Usiądźcie – zarządziła Aisza i dzieci posłusznie wykonały polecenie.

Syryjka usiadła na swoim materacu, a po chwili dołączyła do niej Umm Osama. Dżihadystki na zmianę, dobitnie wypowiadając każde zdanie, tłumaczyły coś wpatrzonym w nie dzieciom. Jessica, która po skończeniu sprzątania pomieszczenia również znalazła się blisko nich, z dumą przyglądała się swojemu synkowi, który z takim samym przejęciem jak starsze od niego dzieci uważnie słuchał, potakując od czasu do czasu swoją małą główką.

– Nie wytrzymam tego dłużej. – Eliza tak mocno przygryzła wargi, że Klaudia bała się, że zaraz popłynie z nich krew.

– Wytrzymasz, kochana, wytrzymasz... – zapewniła Klaudia, jednak głos jej zadrżał, bo pomyślała to samo, co przyjaciółka: To jest obóz dzieci-terrorystów.

– Nie... Nie dam rady... – Eliza powiedziała głucho.

Klaudia zwróciła oczy w stronę dżihadystek, na których twarzach malował się błogi wyraz dobrze spełnianej misji. Aisza powiedziała numer sury i wersu, a następnie zaczęła recytację Koranu:

W imię Boga Miłościwego, Litościwego!
I zabijajcie ich, gdziekolwiek ich spotkacie
i wypędzajcie ich,
skąd oni was wypędzili.[1]

Umm Osama, Jessica i dzieci przyłączyły się do recytacji. Eliza zrobiła się biała jak ściana i Klaudia miała wrażenie, że jej przyjaciółka zaraz zemdleje.

Gdziekolwiek oni będą walczyć przeciw wam, zabijajcie ich!
– Taka jest odpłata niewiernym![2]

Głośne dziecięce głosiki z namaszczeniem podkreślały każde słowo. Eliza złapała się za brzuch.

– Boli cię? – Klaudia się przestraszyła.

– Nie... Rusza się... – Eliza naciągnęła materiał obszernej dżellaby i pokazała niewielkie wybrzuszenie.

– To stópka czy rączka? – zapytała Klaudia, nie mogąc powstrzymać zatrważającej myśli, że może ta mała dłoń uruchomi kiedyś mechanizm detonacyjny w pasie szahida.

– Stópka.

Dzieci nadal recytowały Koran, a Eliza bardzo intensywnie się nad czymś zastanawiała.

– Ucieknijmy... – powiedziała tak cicho, że Klaudia ledwo ją zrozumiała.

– Co? – Myślała, że się przesłyszała.

– Ucieknijmy... – powtórzyła Eliza.

[1] Koran, op. cit., sura II, wers 191.
[2] Koran, op. cit., sura II, wers 191.

– Ale jak? – Klaudia zniżyła głos, mimo że mówiła po polsku. – Przecież oni zamykają drzwi na wszystkie spusty. Nawet nie wiem, gdzie są klucze...

– Zazwyczaj są u Ahmada – oświadczyła Eliza. – A jeżeli on się wymyka, to przekazuje je Abu Osamie.

– Skąd to wiesz? – Klaudia zapytała zdziwiona.

– Obserwowałam to od wielu tygodni. Drzwi wychodzącemu mężczyźnie zawsze otwiera Ahmad. A jeśli on opuszcza schronienie, to odprowadza go Abu Osama.

Eliza zaskoczyła Klaudię. Dokładne informacje świadczyły o tym, że na pomysł ucieczki przyjaciółka nie wpadła w tym momencie, ale musiała go w sobie nosić od dawna. Ale dlaczego nie wspomniała o tym wcześniej?

– Nie ma szans, żebyśmy mogły któremuś z nich wykraść klucze – Klaudia wyraziła swoje zdanie, bo szczególnie Abu Osama wzbudzał w niej ogromny lęk.

– To chcesz tu zostać, urodzić i oddać im dziecko? – Klarowne pytanie przyjaciółki wprawiło Klaudię w jeszcze większe zdumienie.

Teraz rozumiem, dlaczego Eliza była ostatnio taka podminowana. Pewnie planowała ucieczkę, żeby ocalić swojego synka, myśli lotem błyskawicy przemykały przez głowę Klaudii. Nie chciała urodzić terrorysty... A ja... Klaudię przeszył zimny, nieprzyjemny prąd. Może będzie dziewczynka... – spojrzała na Mariam, która razem z innymi z zaangażowaniem recytowała kolejną surę Koranu.

Kiedy więc spotkacie tych, którzy nie wierzą,
to uderzcie ich mieczem po szyi.[1]

[1] Koran, op. cit., sura XLVII, wers 4.

– Chcesz oddać im dziecko? – Eliza z mocą powtórzyła swoje pytanie.

– Nie... nie chcę... – Klaudia odwróciła głowę od rzędu małych dżihadystów.

– To ucieknijmy! – Policzki Elizy zapłonęły, jakby miała wysoką gorączkę.

– Ale gdzie? Jak? Przecież za chwilę rodzisz? Nie poradzimy sobie tylko we dwie... Ja nigdy nie przyjmowałam porodu...

– Zgłosimy się.

– Aresztują nas.

– To nic... Ale Kamilek przyjdzie na świat w ludzkich warunkach...

– Zabiorą ci go...

– Będzie bezpieczny...

– Posiedzisz długie lata w więzieniu...

– To nic... To wszystko nic...

– Mogą ci go nigdy nie oddać.

– Ale nie zostanie terrorystą. – Dla Elizy w tej chwili najważniejsze było dziecko.

Pomysł jest bardzo ryzykowny. Klaudia biła się z myślami. Jak wykraść klucze? A jak nas złapią? Zabiją nas, na pewno nas zabiją... Albo poczekają, jak urodzimy, wezmą dzieci i wtedy... Klaudia poczuła za plecami oddech śmierci.

Kobiety z dziećmi skończyły recytację Koranu, więc Mariam wstała i przybiegła do Klaudii.

– Ciociu, ładnie recytowałam? – Dziewczynka czekała na pochwałę.

– Ładnie... – z trudem przeszło Klaudii przez gardło.

Mariam uśmiechnęła się szeroko i przytuliła do Klaudii.

– Ciociu, a ty będziesz miała chłopca czy dziewczynkę? – Mariam powtórzyła frazę, którą podsłuchała kiedyś podczas rozmowy Aiszy i Umm Osama rozważających płeć dziecka Klaudii.

– Nie wiem jeszcze...

– Ja bym wolała, żebyś miała dziewczynkę... Mogłabym się z nią bawić... – rozmarzyła się Mariam. – Bo tu są sami chłopcy.

– Może będzie dziewczynka.

– Jak będzie miała na imię?

– Nie wiem, nie zastanawiałam się nad tym.

– Mariam! – Umm Osama zawołała dziewczynkę. Nie lubiła, kiedy długo rozmawiała z niewiernymi.

– Muszę iść. – Mariam posłusznie oderwała się od Klaudii i poszła do ubranej na czarno dżihadystki.

– Czemu mi wcześniej nie powiedziałaś, że myślisz o ucieczce? – Klaudia zwróciła się do przyjaciółki, gdy tylko dziewczynka się oddaliła.

– Sama nie byłam pewna, czy to dobre rozwiązanie – przyznała Eliza.

– Na pewno bardzo niebezpieczne.

– Wiem, i dlatego długo się wahałam...

– I co cię przekonało?

– On... Kamilek... Teraz już myślę tylko o nim... – Eliza z czułością pogładziła swój brzuch. – Pomyśl, jak niebezpieczny dla niego jest sam poród w tych warunkach...

– Nie da się ukryć...

– A jeśli uciekniemy, to nawet w więzieniu będzie miał zapewnioną profesjonalną opiekę i w czasie rozwiązania, i kiedy tylko przyjdzie na świat.

– Pewnie tak...

– Sama widzisz...

– Jak chcesz wykraść te klucze?

– Ahmad kładzie je czasem na podłodze obok swojego materaca.

– Skąd wiesz?

– Ja teraz często w nocy chodzę do toalety. Ten brzuch tak naciska... W korytarzu jest światło, a oni czasem zostawiają drzwi otwarte. Tylu mężczyzn, a miejsca mało... Nie ma powietrza...

– Tak na wierzchu kładzie te klucze?

– A dlaczego nie?

– Nie boi się, że ktoś je weźmie?

– Kto ma je wziąć? Dżihadystki nie uciekną.

– A my?

– Tyle już tu z nimi siedzimy... Jesteśmy w ciąży... Grozi nam więzienie... – przekonywała Eliza. – Nawet im do głowy nie przyjdzie, że możemy coś kombinować.

– Masz rację – przyznała Klaudia.

– Musimy zdobyć te klucze...

Klaudia nic nie powiedziała, bo nie była do końca przekonana ani co do słuszności całej akcji, ani co do szans jej powodzenia.

– Tylko jest mały problem... – Eliza kontynuowała niezrażona milczeniem przyjaciółki.

– Jaki?

– Mnie z tym brzuchem będzie trudno, więc gdybyś ty mogła...

– Ja mam wykraść te klucze? – Klaudię na samą myśl, że ma się skradać przy Abu Osamie, przeszły dreszcze strachu.

– Tam trzeba się schylić... Ja nie dam rady...

A ja mam dać? – Klaudia zadała sobie w duchu pytanie. Mam zadzierać z bezwzględnymi terrorystami?

– Proszę cię! – Policzki Elizy ponownie zapłonęły. – Pomyśl o moim synku! I o swoim dziecku! Błagam cię!

Niezwykle ekspresyjny ton Elizy zwrócił uwagę Umm Osamy, której czujnemu oku nic nie umknęło. Od razu się poderwała i zbliżyła do niej.

– Zaczyna się? – zapytała, patrząc na brzuch.

– Nie, jeszcze nie... – Eliza starała się trochę ochłonąć, bo miała wrażenie, że Umm Osama czyta w jej myślach.

– Jesteś jakaś taka rozpalona... – dżihadystka popatrzyła podejrzliwie na Polkę.

– Nie, nic mi nie jest... Tylko myślę o tym porodzie... – tłumaczyła się Eliza. – Boję się... I nic tu nie mamy dla dziecka...

– Mówiłam ci już tyle razy, że nie ma się czego bać. Kobiety przez wieki rodziły, to i ty urodzisz – powiedziała z irytacją Umm Osama.

– A mały? Nic jeszcze nie mam... – Zabrzmiało to trochę jak wyrzut, bo dżihadystka wcześniej obiecała, że Abu Osama dostarczy podstawowe rzeczy dla niemowlaka.

– Gdy mój mąż wyjdzie, to ci wszystko przyniesie! Ty wiesz, jak on się naraża, opuszczając kryjówkę! – rzuciła ze złością Umm Osama i wróciła do Aiszy, z którą zaraz zaczęła z przejęciem o czymś rozmawiać.

Klaudię ogarnęły jeszcze większe wątpliwości co do planu przyjaciółki. Umm Osama była wyczulona na każde odbiegające od normy zachowanie mieszkańców podziemia. Jak zdołają się wymknąć nawet w nocy? Dżihadystka po pobycie w pełnym niebezpieczeństw tak zwanym kalifacie na pewno miała czujny sen.

– Obiecali, że zaopatrzą maluszka w wyprawkę, a tu co?! Nic! Nawet pieluszek nie mam! Jak ja się zajmę moim Kamilkiem?! – wykrzyczała przyjaciółka.

Eliza jest w bardzo złym stanie psychicznym, stwierdziła Klaudia z olbrzymim niepokojem. Myśli o ucieczce, a zarazem martwi się, jak się zaopiekuje swoim maluszkiem w kryjówce. I tak dobrze, że mamy tu co jeść... Pewnie mężczyznom ktoś pomaga z zewnątrz, bo na przykład wymiana butli z gazem trwa tylko kilka minut, więc ktoś musi ją tu dowozić... Pieniądze raz są, a raz nie ma, więc na pewno ktoś ich finansuje. Złotej biżuterii kobiet, którą im zabierają, kiedy brakuje środków, nie starczyłoby na długo. Tylko może nie zawsze jest możliwość kontaktu z innymi dżihadystami, bo wszyscy są ostrożni ze względu na służby... I dlatego nie ma jeszcze wyprawki dla małego. Bo przecież mężczyźni nie będą sami kupowali pieluszek i ciuszków, tym bardziej że wychodzą w nocy. A Eliza... Jest bardzo niestabilna...

– Musimy uciec! – Eliza ostro przerwała szybki potok myśli Klaudii. – Obiecujesz, że wykradniesz te klucze?! – W oczach Elizy pojawiła się straszliwa desperacja.

– Obiecuję – potwierdziła Klaudia, bo nic innego nie mogła w tym momencie powiedzieć.

Przez następne dni przyjaciółki próbowały ukryć zdenerwowanie przed dżihadystkami. Eliza ze względu na swój zaawansowany stan nie uczestniczyła w codziennych zajęciach związanych z gotowaniem i sprzątaniem, a Klaudia, pomagając kobietom, starała się przełamać w sobie lęk przed zakradzeniem się do gniazda terrorystów, jak w myślach nazywała akcję zdobycia kluczy.

– Idź dzisiaj w nocy – namawiała ją co wieczór Eliza.

– Dobrze, spróbuję – deklarowała Klaudia, ale później nie mogła znaleźć w sobie wystarczającej odwagi, żeby to zrobić.

Kiedy pewnego popołudnia dżihadystki jak zwykle zniknęły z dziećmi w czeluściach podziemia, Eliza wybuchnęła.

– Czas ucieka, a my ciągle tutaj! Ciągle mówisz, że pójdziesz, a ty nawet nie próbujesz! – wyrzucała przyjaciółce.

– Boję się – wyznała Klaudia. – Bardzo się boję.

– Ja też się boję! – Eliza się rozpłakała. – Umieram ze strachu! O siebie, o Kamilka! I o ciebie też! I o twoje dziecko!

– Nie płacz... – Klaudia objęła Elizę, bo zdała sobie sprawę, że gdyby ona wkrótce miała rodzić, to też by wpadła w panikę. – Dzisiejszej nocy spróbuję.

– Codziennie tak mówisz. – Eliza szlochała żałośnie. – Codziennie...

– Dzisiaj na pewno...

– Błagam cię, zrób to!

– Dobrze... Ale już nie płacz... Nie płacz...

Czy może być bardziej przygnębiający widok niż zawodząca, nieszczęśliwa kobieta w zaawansowanej ciąży?

– Jeżeli ty nie pójdziesz, to ja to zrobię! – zagroziła Eliza. – Ja już dłużej nie wytrzymam!

– Uspokój się! – Klaudia się przestraszyła, bo Eliza, której każdy ruch sprawiał trudność, na pewno nie nadawała się do wymagającej dużej baczności i zręczności akcji. – Dziś w nocy spróbuję.

– Jeśli ty tego nie zrobisz, to ja...

– Wiem. – Klaudia położyła dłoń na wystającym brzuchu przyjaciółki. – Uspokój się, żeby Umm Osama znowu się do ciebie nie przyczepiła, bo wtedy nie spuści z nas oka.

– Dobrze. – Eliza otarła łzy. – Tylko przynieś jak najszybciej te klucze.

– Przyniosę.

Klaudia zebrała w sobie wszystkie siły, aby w nocy wykonać swoje zadanie. Uspokoiła przyjaciółkę, bo się bała, że jej rozdrażnienie wzbudzi podejrzenia dżihadystek. Pomagała przy kolacji, a później przy sprzątaniu. Zajęła się Mariam i posiedziała przy niej, dopóki nie zasnęła. Porozmawiała z Elizą, a następnie położyła się na swoim materacu i czekała, aż wszyscy pogrążą się w nieprzerwanym śnie.

Długo leżała, czuwając, ale wyglądało na to, że pogrążone w zajmującej dyskusji dżihadystki nie zamierzają się tak szybko udać na spoczynek. Chłopcy oglądali filmy propagandowe ISIS i co chwilę zrywali się, naśladując ujrzane na ekranie obrazy.

Klaudia walczyła z ogarniającą ją sennością, aż w końcu znużona niekończącym się oczekiwaniem wpadła w ramiona Morfeusza.

Ocknęła się w środku nocy. W pozbawionym okien pomieszczeniu zawsze paliło się nikłe światło, żeby często wstającej do toalety Elizie łatwiej się było poruszać. Klaudia powiodła wzrokiem po nieruchomych sylwetkach. Umm Osama, Aisza, Jessica... Wyglądało na to, że głęboko śpią wyczerpane długim dniem. Chłopcy również padli po intensywnych aktywnościach. Eliza leżała na boku z zamkniętymi oczami, płytko oddychając. Mariam... Gdzie jest Mariam? Klaudia nie mogła dostrzec dziewczynki na jej zwykłym miejscu. Starając się nie robić hałasu, zsunęła się ze swojego posłania i podpełzła na kolanach do materaca Mariam. Odkryła koc, bo miała nadzieję, że dziewczynka śpi pod nim cała przykryta. Jednak zobaczyła tylko pusty materac.

Gdzie jest Mariam?! – przeleciało jej przez głowę niepokojące pytanie. Rzadko chodzi w nocy do toalety... I zawsze mnie budzi, żebym z nią poszła...

Jeszcze raz sprawdziła ręką całe posłanie w nadziei, że dziewczynka nagle cudownie się odnajdzie. Ale jej naprawdę nie było.

Czyżby Abu Osama? – nasunęło się jej zatrważające przypuszczenie, bo bezwiednie przypomniała sobie lubieżne spojrzenie mężczyzny, które jej kiedyś rzucił na korytarzu. Nie, nie, to niemożliwe... – próbowała uspokoić samą siebie, ale w jej głowie jak dzwonek alarmowy brzmiał fakt barbarzyńskiego seksualnego wykorzystywania małych dziewczynek na terenie tak zwanego kalifatu, które dżihadyści traktowali jako coś zupełnie normalnego.

Umm Osama się poruszyła i Klaudia szybko wróciła na swój materac. Dżihadystka mamrotała coś przez sen, a z jej słów wybijało się *Allahu akbar! Allahu akbar!* Klaudia poczekała, aż Umm Osama zamilknie i ponownie pogrąży się w głębokim śnie. Kiedy usłyszała równomierny oddech dżihadystki, na kolanach przemieściła się do prowadzącego do wewnętrznych pomieszczeń korytarza.

Wstała cicho i poszła wzdłuż ściany. Dotarła do sali, w której spali mężczyźni. Wytężyła wzrok i z trwogą stwierdziła, że nie ma wśród nich Abu Osamy. Zrobiła parę kroków dalej i ze składu broni dobiegły ją przyciszone głosy dżihadysty i Mariam.

Co ten dorosły mężczyzna robi tam sam z małą dziewczynką? – znowu ogarnęła ją groza.

Mimo przeraźliwego strachu Klaudia zdecydowała się wejść do środka, bo nie mogła zostawić dziecka na pastwę Abu Osamy. Otworzyła drzwi i zastygła w jeszcze większym przerażeniu.

Mariam stała z podniesionymi do góry rączkami, a dżihadysta kucał przy niej, mocując wokół jej talii pas szahida. Dziewczynka zobaczyła Klaudię i szeroko się uśmiechnęła.

– Ciociu, ciociu, ja pójdę do mamusi! – zawołała, a na jej twarzy odmalowało się prawdziwe szczęście.

Klaudia zapragnęła zerwać z dziewczynki pas dżihadysty, porwać ją, uciec, uciec daleko, jak najdalej, i dać jej do zabawy duży, kolorowy, wielopiętrowy domek dla lalek.

– Niedługo będę z mamusią! – Mariam po raz drugi podzieliła się z ciocią radosną wiadomością.

Lily... Obok dziewczynki pojawił się obraz ładnej Brytyjki z niebieskimi oczami, która serdecznie witała się z Klaudią podczas ich pierwszej wspólnej kolacji.

Co tę pełną życia kobietę doprowadziło do tak tragicznej śmierci? Miłość? Ta prawdziwa miłość, która każe zapomnieć o sobie i porywa w nieznane przestworza, gdzie euforyczny wir uczuć i przeżyć nie zostawia miejsca na choćby odrobinę troski o siebie?

– Mariam, ty nie możesz... – Klaudia zwróciła się do dziewczynki, ale zamilkła pod demonicznym spojrzeniem Abu Osamy.

– Natychmiast stąd wyjdź! – rozkazał groźnie. – I zapomnij o tym, co tu widziałaś.

Twarz Mariam nadal jaśniała szczęściem. Klaudia stała jak skamieniała.

– Wynoś się stąd! – Abu Osama zakomenderował lodowatym tonem i ostrzegawczo przeniósł wzrok na zapełniające pomieszczenie kałasznikowy, pistolety i noże.

Klaudia wycofała się i po przejściu kilku metrów oparła się o ścianę. Zimne dreszcze wstrząsnęły jej całym ciałem. Złapała się za brzuch. Terroryści… Zrobiło się jej słabo i o mało nie straciła przytomności. Wzięła parę głębokich oddechów. Opierając się o ścianę, wolnymi krokami wróciła na swój materac. Prawie do świtu nie zmrużyła oka. Nad ranem zapadła w ciężki sen, a mroczne zmory przedstawiły małą, roześmianą dziewczynkę, która opasana pasem szahida, ozdobionym różową kokardką, wysadza w powietrze duży sklep z zabawkami, gdzie tłum matek i dzieci zamienia się gwałtownie w jedną wielką, poszarpaną, krwawą masę. A pozytywka ze smukłą baleriną wciąż się kręci, wygrywając cichą melodię.

– Klaudia! Klaudia! – Eliza próbowała obudzić przyjaciółkę.

– Co? Co się stało? – Klaudia walczyła z sennością.

– Byłaś tam? Wykradłaś klucze?

– Co?

– No obudź się wreszcie! – Eliza się zniecierpliwiła.

– Dobrze… – Klaudia otworzyła oczy i zobaczyła siedzącą przy niej Mariam, która szybko położyła paluszek na ustach.

– Ciiiii… – dziewczynka wyszeptała konspiracyjnie.

– Byłaś tam? Masz klucze? – Eliza pytała gorączkowo.

– Tak… Nie…

– To byłaś czy nie byłaś? – denerwowała się Eliza.

– Byłam, ale nie znalazłam kluczy.

– Pójdziesz znowu dzisiaj w nocy?

– Pójdę.

– Na pewno?

– Na pewno.

Pójdę na pewno, bo oni przygotowują zamach terrorystyczny, dopowiedziała w myślach Klaudia. Musimy stąd uciec.

W nocy powtórzyła się sytuacja z poprzedniego dnia. Klaudia upewniła się, że wszyscy śpią, a potem poszła spróbować wykraść klucze. Z duszą na ramieniu przebyła korytarz i zajrzała do sypialni mężczyzn. Serce jej biło jak szalone, kiedy wokół materaca Ahmada wzrokiem szukała kluczy, które były dla niej drogą do wolności. Spostrzegłszy je, nie mogła uwierzyć własnemu szczęściu.

Są! Naprawdę są! – rozradowana powtarzała w duchu. Wstrzymała oddech i skupiając się na kluczach, cicho zakradła się w ich stronę. Odczekała chwilę, po czym sięgnęła po nie ręką. Już miała je chwycić, gdy nagle ktoś silnie złapał ją za nadgarstek.

Abu Osama, pomyślała, zamykając z przerażenia oczy.

Mężczyzna wyciągnął ją z pomieszczenia i zawlókł do miejsca, gdzie odbywały się spotkania intymne. Klaudia podniosła powieki i zobaczyła swojego męża.

– Zwariowałaś, kobieto?! – Raszid syczał przez zaciśnięte zęby. – Zupełnie oszalałaś! Dobrze, że to ja cię złapałem. Gdyby obudził się Abu Osama albo Ahmad, już byś nie żyła.

Klaudia trzęsła się jak w febrze.

– Nigdy stąd sama nie wyjdziesz! Rozumiesz?! Nigdy! – Raszid zbliżył swoją twarz do twarzy żony. – Wbij to sobie na zawsze do tej głupiej głowy!

Rozwścieczony mężczyzna zostawił żonę samą, jakby nie mógł na nią patrzeć po tym wyraźnym akcie nieposłuszeństwa. Rozdygotana i zrezygnowana Klaudia skierowała się w kierunku głównej sali. Nagle zobaczyła Elizę, która niespodziewanie wyszła z łazienki na korytarz.

– Słyszałaś? – zapytała Klaudia.

– Co?

– Raszid…

– Nic nie słyszałam – odpowiedziała szybko przyjaciółka.

Klaudia jej nie uwierzyła. Eliza błyskawicznie się oddaliła i nie zapytała nawet o klucze.

Następnego dnia rano Umm Osama z wielką torbą przyszła do Elizy.

– Spójrz, co dotarło do nas o samym świcie. – Otworzyła torbę i od razu zbliżyły się do niej zaciekawione Aisza i Jessica.

– Nareszcie masz swoją wyprawkę – stwierdziła z satysfakcją Aisza.

Umm Osama zaczęła po kolei wyjmować rzeczy niezbędne dla noworodka: ubranka, kosmetyki, ręczniki, pieluchy, kilka opakowań mleka modyfikowanego, butelki, smoczki, a na koniec maleńkie ubranko dżihadysty.

To nie był mięciutki, biały szlafroczek ze skrzydełkami aniołka. To był mały wojskowy mundurek w panterkę z czarną naszewką, na której wyszyto napis: Lwy kalifatu.

– Zobacz, tak jak obiecałam, masz wszystko, co twojemu synkowi jest potrzebne – ekscytowała się Umm Osama. – Wszystko! – podkreśliła. – Cieszysz się?

Eliza nic nie mówiła.

– Powiedz, cieszysz się? – naciskała Umm Osama.

– Cieszę się… – Eliza położyła się na materacu i odwróciła do ściany.

– Jakoś tego nie widać… – Umm Osama, obrażona, że Eliza nie doceniła jej starań, poszła czytać Koran, a za nią podążyły Aisza i Jessica.

Maleńkie ubranko dżihadysty leżało na samej górze wszystkich podstawowych rzeczy dla noworodka. Przyjaciółki do końca dnia nie były w stanie rozmawiać ani ze sobą, ani z nikim innym.

Kiedy Klaudia obudziła się w środku nocy, zauważyła, że Elizy nie ma na jej posłaniu. Pomyślała, że przyjaciółka poszła do toalety. Jednak gdy Eliza nie wracała przez następne parę minut, Klaudia, tknięta złym przeczuciem, postanowiła po nią pójść.

Może już zaczął się poród? – pomyślała, spiesząc w stronę korytarza.

Łazienka była pusta. Pokój do spotkań intymnych również. Klaudia pobiegła do pomieszczenia, gdzie składowano broń.

– O matko! – wyrwało się z jej ust na straszliwy widok.

Eliza leżała na podłodze z podciętymi żyłami. Jeszcze oddychała. Klaudia pochyliła się nad przyjaciółką.

– Ja go tak bardzo... – Eliza zamknęła oczy i Klaudia pomyślała, że wyznanie płynące z głębi brutalnie poharatanego serca zabierze do wieczności.

Czerwona krew płynęła strumieniem oddania.

– Kochałam... – szepnęła Eliza i odeszła do aniołów.

– Eliza! Eliza! – Zrozpaczona Klaudia zalała się łzami. – Ty musisz żyć! Musisz! Rozumiesz! – Złapała martwą przyjaciółkę za ramiona i zaczęła mocno potrząsać. – Dla swojego synusia! Dla małego aniołka! Dla Kamilka! – zawyła w bezmiernej żałości.

Krzyk lamentującej Klaudii obudził śpiących dżihadystów. Pierwsi przybiegli mężczyźni.

– Żyje? – zapytał Salah.

– Nie... nie... – zawodziła Klaudia.

Rozległy się szybkie kroki kobiet i dzieci.

– Co się dzieje? – Aisza weszła do pomieszczenia, a za nią Umm Osama, Jessica, chłopcy i Mariam.

– Eliza... – powiedział Salah.

Krwawiące zwłoki nie zrobiły na nikim żadnego wrażenia, nawet na dzieciach. Dżihadyści i dżihadystki zaczęli nagle głośno rozmawiać, wyrzucając z siebie żarliwie mnóstwo słów, z których Klaudia zrozumiała tylko jedno.

– *Walad*[1]*! Walad!* – wybijało się ponad wszystkie inne.

– Trzeba wyciągnąć z niej Fahda! – Salah ryknął głosem lwa.

Potężny Abu Osama wyciągnął ze składu broni największy nóż, odepchnął Klaudię i stanął nad nieżywą ciężarną jak kat nad więźniem w tak zwanym Państwie Islamskim. Odsłonił jej duży brzuch, na którym uwypukliła się piąstka chłopca. Pochylił się z długim ostrzem wymierzonym wprost w napiętą skórę.

– Nieeee!!! – zawyła Klaudia i rzuciła się na przyjaciółkę, pragnąc ocalić jej dziecko od czekającego je horroru.

[1] *Walad* (arab.) – chłopiec.

Rozdział XI

Szerzenie terroru

Klaudia wiedziała, że koszmar tej tragicznej nocy straszył ją będzie jak najbardziej makabryczny horror do końca jej dni. Obraz przyjaciółki, która w dramatyczny sposób odebrała sobie życie, aby uchronić swojego synka przed losem małego terrorysty samobójcy, wciąż stawał przed jej oczami. Eliza leżała w kałuży krwi płynącej z jej obu podciętych w kilku miejscach nadgarstków wśród opartych o ścianę kałasznikowów, różnej wielkości pistoletów, noży z długimi ostrzami oraz dużych i małych pasów szahida. Na jej bladej twarzy malowały się nieopisany ból miłosnego zawodu oraz głębokie cierpienie wywołane ciężkimi przeżyciami ostatnich miesięcy i okrutną świadomością, że nigdy nie zobaczy swojego synka.

Gwałtowna reakcja terrorystów, którzy chcieli wydostać dziecko z łona matki, żeby nie stracić kolejnego dżihadysty, wzbudzała u Klaudii wiele sprzecznych uczuć, z którymi zupełnie nie mogła sobie poradzić. Kiedy impulsywnie rzuciła się na brzuch przyjaciółki, żeby osłonić go przed ostrym nożem trzymanym przez Abu Osamę, poczuła delikatne ruchy Kamilka. Wtedy przez ułamek sekundy pomyślała, że trzeba ratować to dziecko, które z ufnością aniołka czekało, żeby przyjść na świat. A zaraz potem, widząc poranioną, krwawiącą rękę Elizy, uzmysłowiła sobie, że jego matka nie chciała, żeby pojawiło się na takim świecie. Świecie terroru. I gotowa była ponieść za to najwyższą cenę.

– Weźcie ją stąd! – huknął Abu Osama, kiedy Klaudia zasłoniła swoim ciałem brzuch Elizy.

– Nie! Nie! Zostawcie mnie! – Klaudia broniła się rozpaczliwie, gdy Ahmad i Raszid ściągali ją z ciała Elizy.

Mężczyźni, nie zważając na jej desperacki opór, wywlekli ją na korytarz, a następnie zaciągnęli do pomieszczenia, w którym odbywały się spotkania intymne. Tam zamknęli ją na klucz.

Dygocąca ze strachu i żałości Klaudia położyła się na materacu, przyciągając kolana do siebie. Objęła je rękoma i poczuła na dłoniach coś lepkiego.

To krew! – dotarła do niej straszliwa prawda. Krew mojej przyjaciółki...

Trzęsła się i szlochała, słysząc dochodzące z korytarza urywane głosy terrorystów.

Czy dżihadyści zdołają wyjąć bezpiecznie synka Elizy z jej brzucha? A nawet jeśli się im to uda, to czy jest szansa, że przeżyje? W takich warunkach? Bez specjalistycznej opieki? Bez matki? Matki, która wolała umrzeć, niż wydać go na świat? Myśli w głowie Klaudii przychodziły, grzmiały i błyskały jak burza. Kamilek... Eliza na początku tak się na niego cieszyła... Urządzała mu pokoik... Czekała... Tak bardzo czekała... Może zaraz ja usłyszę jego pierwszy płacz...

Jednak to nie nastąpiło. Okazało się, że uratowanie dziecka z martwej ciężarnej było dużo trudniejsze niż obcinanie głów niewiernym. Abu Osama, rozcinając ostrym nożem brzuch Elizy, mocno ranił jej synka. Kamilek umarł.

Zawiedzeni dżihadyści i dżihadystki razem z dziećmi poszli do głównego pomieszczenia, zostawiając zmasakrowane zwłoki w składzie broni. O Klaudii w tym momencie zapomnieli.

Kobiety zrobiły kawę i cała grupa usiadła, zastanawiając się, co dalej robić. Prym w dyskusji wiódł Abu Osama.

– Trzeba przyspieszyć akcję – stwierdził stanowczym głosem.

– Dzieci nie są jeszcze gotowe – zaoponowała Aisza.

– Mariam doskonale sobie radzi. – Abu Osama pochwalił dziewczynkę, która uśmiechnęła się bardzo z siebie zadowolona.

– Ja bym nie przyspieszał ataku – powiedział Raszid. – Przecież jeszcze na coś czekamy.

– Tylko nie wiadomo, czy to na pewno do nas dotrze – wyraził wątpliwość Ahmad.

– Dotrze – zapewnił Raszid. – Obiecali mi, gdy byłem w Maroku.

– To nie jest łatwo tak po prostu przemycić – zauważył Ahmad.

– Jeśli co roku do Europy przerzuca się tony marihuany i haszyszu, to wszystko można przemycić. – Raszid się zaśmiał.

– Ale jeżeli to za długo potrwa... – Ahmad nadal był sceptyczny. – Służby mogą nas tu namierzyć w każdym momencie...

– Kiedy możemy to mieć? – Abu Osama zwrócił się do Raszida.

– Z tego, co usłyszałem ostatnio, będąc w mieście, to już wkrótce – odpowiedział Raszid.

– I uważasz, że to prawdopodobne? – upewniał się Abu Osama.

– Myślę, że tak – potwierdził Raszid.

– W takim razie czekamy – Abu Osama zdecydował głosem nieznoszącym sprzeciwu. – Broń chemiczna przyniesie tyle ofiar, że niewierni... – Na jego twarzy pojawił się wyraz triumfu.

– *Allahu akbar!* – krzyknął Raszid.

– *Allahu akbar!* – powtórzyli za nim dżihadyści i dżihadystki, nie wyłączając tych najmłodszych.

* * *

W dwa tysiące szesnastym roku na jaw wyszła szokująca wiadomość. Szef walki z terroryzmem w Maroku ujawnił, że w lutym służby zapobiegły brutalnemu atakowi w czterech miastach, gdzie dżihadyści planowali użycie gazu musztardowego. Ponadto zamach miał przeprowadzić szesnastoletni zamachowiec samobójca, którego zadaniem było zdetonowanie bomby samochodowej albo w kurorcie turystycznym, albo w budynku rządowym.

– Jest bardzo możliwe, że Daesh[1] posłuży się taką samą metodą ataku na cele w Wielkiej Brytanii i w innych państwach europejskich – powiedział dziennikowi „The Sun" szef walki z terroryzmem w Maroku. – Daesh ma już brygady dzieci i wiemy, że szkoli je w swoich obozach, żeby wykorzystać w atakach terrorystycznych w Europie. Jeśli chodzi o broń chemiczną, to widzieliśmy na tym przykładzie, jak łatwo ją przygotować.

Marokańskie służby zapobiegły śmiercionośnemu zamachowi zaledwie dzień przed jego zamierzoną realizacją.

– Jedna z substancji chemicznych była tak niebezpieczna, że zabiłaby każdego, kto by jej dotknął – oznajmił Marokańczyk. – Wystarczyło posmarować nią klamkę drzwi samochodu...

Aresztowano dziesięciu terrorystów, a w domu, który zajmowali, znaleziono cztery karabiny maszynowe, kilkanaście bomb z gazem łzawiącym, znaczną ilość amunicji i flagę ISIS.

– To był atak przewidziany na sianie przerażenia i paniki – podkreślały służby. – Gdyby zamach doszedł do skutku, to ofiar byłoby minimum kilkadziesiąt, a jest wielce prawdopodobne, że znacznie więcej.

[1] Daesh – angielski akronim arabskiej nazwy tak zwanego Państwa Islamskiego – Ad-Daula al-Islamijja fi al-Irak wa-asz-Szam, czyli Państwo Islamskie Iraku i Lewantu.

Rządy europejskie nie mają wątpliwości co do tego, że zagrożenie atakiem chemicznym na ich kraje przez ISIS jest bardzo duże. Co więcej, wskazują na niebezpieczeństwo użycia przez terrorystów bomb biologicznych lub wykorzystania tak zwanej brudnej bomby, czyli śmiercionośnej kombinacji ładunku konwencjonalnego z dodatkiem materiału radioaktywnego, który doprowadzi do promieniotwórczego skażenia dużego obszaru. Istnieją potwierdzone informacje, że dżihadyści interesowali się materiałami radioaktywnymi, które są dostępne na czarnym rynku.

Rok po udanej akcji służb antyterrorystycznych w Maroku minister do spraw bezpieczeństwa narodowego Wielkiej Brytanii w wywiadzie dla gazety „The Sunday Times" mówił wprost o nieuniknionych zagrożeniach.

– Ambicją ISIS jest niewątpliwie przeprowadzenie zamachów obliczonych na dużą liczbę ofiar. Bojownicy nie mają żadnych skrupułów przed stosowaniem broni chemicznej wobec ludzi i jeśli tylko nadarzy się okazja, wykorzystają ją również w tym kraju.

Równie złowieszczo zabrzmiało ostrzeżenie ministra przed terrorystami i cyberoszustami, którzy podjęli wiele prób rekrutowania swoich agentów w kluczowych sferach biznesu, rządzie, a nawet siłach zbrojnych.

– Tacy zdrajcy istnieją. Musimy się mieć na baczności przed wrogiem wewnętrznym. Zagrożenie jest realne i może zostać wykorzystane przez ludzi podejmujących określone działania. Jeśli trudno jest dostać się gdzieś głównym wejściem, podejmowane są próby umieszczenia wewnątrz swoich ludzi.

Ponadto minister poinformował, że ISIS używało już wcześniej broni chemicznej w Syrii i Iraku, więc w związku z zagrożeniem, którego jego kraj „najbardziej się obawia", kierownictwo służb wywiadowczych przeprowadziło symulację działań, jakie należałoby podjąć w przypadku wystąpienia niebezpieczeństwa.

Organizacja do spraw Zakazu Broni Chemicznej stwierdziła, że w dwa tysiące piętnastym roku gaz musztardowy został użyty przez ISIS w Syrii w ataku na miasto Marea na północ od Aleppo. Ofiary cierpiały na trudności z oddychaniem, a na ich skórze pojawiły się pęcherze. Zabójcza substancja doprowadziła również do śmierci małego dziecka.

Iperyt siarkowy, zwany gazem musztardowym, to bojowy środek trujący z grupy parzących, który działa na oczy, skórę, błony śluzowe układu oddechowego oraz ogólnie na inne układy: pokarmowy, sercowo-naczyniowy i nerwowy. Powoduje zaburzenia oddychania i krążenia, ślinienie, brak łaknienia, wymioty, łzawienie oraz bardzo złe samopoczucie. Jest oleistą cieczą koloru ciemnobrunatnego, która łatwo i głęboko wsiąka w skórę, co sprawia duże trudności przy odkażaniu. Ma słaby zapach czosnku lub musztardy.

Ta trująca substancja użyta w dużym stężeniu w straszliwy sposób sieje zniszczenie i śmierć. Pali ziemię oraz zabija rośliny i wszystkie żywe istoty, do których się przyklei. Ludziom wypala oczy i pokrywa skórę ogromnymi pęcherzami wypełnionymi żółtawym płynem. Kiedy pęcherze pękają, skóra odchodzi wielkimi płatami, odkrywając jej kolejne warstwy, a następnie mięśnie i kości. Tereny skażone gazem musztardowym przedstawiają przerażający widok – zalegające dziesiątkami i setkami pokiereszowane ludzkie zwłoki i umierające w koszmarnych męczarniach ofiary.

Wielka Brytania nie jest jedynym krajem europejskim, który niezwykle poważnie traktuje możliwość ataku chemicznego lub biologicznego ze strony ISIS. Francuska armia, tuż po serii krwawych ataków terrorystycznych, które miały miejsce w dwa tysiące piętnastym roku w Paryżu i Saint-Denis, gdzie życie straciło sto trzydzieści osób, a ponad trzysta zostało rannych, strzegła obiektów wodnych wkoło stolicy z obawy przed atakiem bioterrorystycznym tak zwanego Państwa Islamskiego. Środki bezpieczeństwa zostały wzmożone po tym, gdy z paryskiego szpitala zginęło dwanaście kombinezonów ochronnych zabezpieczających ludzi przed zgubnym działaniem substancji chemicznych oraz przed groźnymi wirusami takimi jak na przykład ebola. Skradziono ponadto trzydzieści par butów wykonanych z odpornego na chemikalia polietylenu wraz z rękawiczkami i maseczkami antybakteryjnymi.

Premier Francji, przemawiając w parlamencie, odniósł się do kierujących atakami terrorystycznymi i ostrzegł:

– Makabryczna wyobraźnia przywódców jest nieograniczona.

W celu podniesienia stopnia bezpieczeństwa zwiększono ilość chloru dodawanego do wody w pięciu najważniejszych miejscach zaopatrzenia, a paryskim szpitalom i pogotowiu po raz pierwszy dostarczono antidotum na sarin – silnie toksyczny związek chemiczny, który może być stosowany jako bojowy środek trujący, zaliczany do grupy środków paralityczno-drgawkowych.

– Nie wolno nam niczego wykluczać – przekonywał w parlamencie premier Francji. – Wiemy i pamiętamy, że istnieje również ryzyko użycia broni chemicznej lub bakteriologicznej.

Wyjątkowo groźnie zabrzmiało następujące stwierdzenie premiera dotyczące aktywności terrorystycznej ISIS:

– Co nowego, to sposoby działania – sposoby ataku i zabijania ewoluują cały czas.

Tak samo wstrząsające były wypowiedzi amerykańskiego dziennikarza, który porwany przez dżihadystów z Frontu an-Nusra[1]

[1] Front an-Nusra (znany też jako Dżabhat an-Nusra) – salaficka zbrojna organizacja dżihadystyczna, której celem jest obalenie reżimu Hafiza al-Asada w Syrii i zastąpienie go rządem sunnickim. Front an-Nusra był jedynym oficjalnym partnerem Al-Kaidy w Syrii.

na pograniczu turecko-syryjskim spędził dwa lata w niewoli, a następnie został uwolniony dzięki katarskim tajnym służbom. W dwa tysiące siedemnastym roku udzielił ekskluzywnego wywiadu ogólnoświatowej telewizji RT, w którym przestrzega przed nowym zagrożeniem ze strony dżihadystów.

– Coś bardzo niebezpiecznego i alarmującego pojawiło się w północno-zachodniej Syrii, a jest to powstanie drugiego Państwa Islamskiego.

Według niego tworzą je pokonani rebelianci, którzy ściągają w jedno miejsce ze wszystkich stron Syrii.

– Zachód jest ślepy i nie widzi tego, co się dzieje na miejscu – uważa dziennikarz.

Nowe ugrupowanie terrorystyczne, składające się z pokonanych rebeliantów w miastach Aleppo, Homs, Dara oraz na przedmieściach Damaszku, posiada mnóstwo broni i jest szczególnie aktywne w prowincji Idlib.

– Panuje tam prawo muzułmańskie, szariat, które obejmuje strzelanie do ludzi na ulicy. Jako ktoś, kto był sądzony według szariatu, dokładnie wiem, jak to jest – wyjawił dziennikarz. – To nie jest dokładnie sprawiedliwość, to nie demokracja, nie tego chcemy, to nie jest dokładnie sprawiedliwość – powtórzył Amerykanin. – To nie jest to, czego chcemy dla naszych bliźnich. Powinniśmy żałować kobiet i dzieci – podkreślił z emfazą.

Dziennikarz płynnie mówi po arabsku, ponieważ przed porwaniem przebywał w Jemenie, gdzie zapisał się do szkoły religijnej popularnej wśród muzułmanów, którzy marzyli o powrocie pierwotnej wersji islamu.

– Chciałem zrozumieć świat, w którym Zachód często tracił swoją orientację – napisał później na łamach dziennika „The New York Times".

Po uprowadzeniu przez związaną z Al-Kaidą grupę rebeliantów Front an-Nusra był przetrzymywany w wielu więzieniach, gdzie dżihadyści upokarzali go i torturowali, jednocześnie namawiając do przejścia na islam.

W udzielonym wywiadzie telewizyjnym zwrócił szczególną uwagę na to, że drugie Państwo Islamskie działa w pobliżu granic europejskich.

– Jest tuż przy granicy tureckiej – wyjaśnił. – Aby dostać się do tego drugiego Państwa Islamskiego z dowolnego kraju europejskiego, wystarczy spędzić w autobusie tylko kilka dni. Młode dzieciaki przyjeżdżają każdego dnia. Mieszkańcy Syrii mówią mi: „Och, tak, codziennie mamy nowych Francuzów, nowych Anglików".

Na pytanie dziennikarki, jak widzi dalszy rozwój wypadków, stwierdził:

– Będziemy o tym wiedzieć, kiedy pojawią się w Paryżu lub Londynie z kałasznikowami.

* * *

Osama, Faris i Jusuf, ożywieni niedawnym widokiem pokiereszowanych zwłok i płynącej krwi, biegali gorączkowo w głównym pomieszczeniu, naśladując najbardziej potworne fragmenty filmów propagandowych ISIS. Wrzeszczeli na siebie tak głośno i walczyli ze sobą tak agresywnie, jakby chcieli, żeby za chwilę polała się nowa krew.

– Uspokójcie się! – Aisza po raz pierwszy od wielu miesięcy zwróciła im uwagę. – Nie widzicie, że rozmawiamy?!

Ahmad skierował w stronę chłopców swój surowy wzrok i pod jego wpływem wszyscy trzej od razu usiedli posłusznie na jednym z materacy. Kończyła się długa noc, podczas której zrozpaczona Eliza popełniła samobójstwo. Mężczyźni omawiali strategię na najbliższy czas i zastanawiali się, co zrobić z ciałem.

– Nie możemy go tak po prostu wynieść na zewnątrz – Salah powiedział głośno to, o czym wszyscy myśleli.

– Ale jeśli je tu zostawimy... – Raszid skrzywił się, jakby już poczuł odór rozkładających się zwłok.

– Może ktoś tu podjedzie i je weźmie? – podsunął Samir.

– Teraz tak szybko nie podjadą – stwierdził Ahmad. – Przecież dopiero co przywieźli rzeczy potrzebne dziecku.

Salah spojrzał w stronę materaca tragicznie zmarłej żony, gdzie nadal leżała wyprawka dla jego synka z maleńkim ubrankiem dżihadysty na samej górze. W jego oczach pojawił się żal, ale nie wiadomo było, czy ubolewa nad stratą swojego dziecka, czy małego samobójcy terrorysty.

– To może ktoś z nas wyjdzie wcześniej i powie, jaka jest sytuacja? – zaproponował Samir.

– Tak byłoby najlepiej – przytaknął Raszid.

– Mówiłem przecież, że teraz trudno będzie się z nimi spotkać – powtórzył Ahmad.

– Ahmad ma rację – Abu Osama poparł dżihadystę. – Pamiętajmy o podstawowej zasadzie, że nie kontaktujemy się za często. To dla nas zbyt niebezpieczne.

Zapanowała pełna napięcia cisza.

– To jak to rozwiążemy? – zapytał Samir.

– Niech każdy pomyśli, co możemy zrobić – Abu Osama zarządził po krótkiej chwili. – A później razem jeszcze raz porozmawiamy na ten temat.

– Dobrze – zgodził się Ahmad. – To dobry pomysł. A teraz wróćmy do naszych planów.

Na twarzach mężczyzn pojawiło się podekscytowanie, bo zaczęli na nowo omawiać taktykę związaną z masowym atakiem terrorystycznym oraz zastanawiać się nad jego celami i całą logistyką. Przejęci koncepcją kilku jednoczesnych zamachów przeprowadzonych w różny sposób, włączając użycie broni chemicznej, snuli wizję masakry, która wstrząsnęłaby nie tylko Wielką Brytanią, ale i całą Europą, a może nawet i światem.

– To będą setki ofiar, setki... – Abu Osama powtarzał z błyszczącymi złowrogo oczami.

– Dzieci pójdą z kobietami... – Ahmad dopracowywał szczegóły.

– Ale później muszą się rozdzielić – wtrącił Salah. – Kobiety też założą pasy szahida, więc trzeba zrobić tak, żeby było jak najwięcej eksplozji w różnych miejscach.

– Zrobią to w ostatniej chwili – zdecydował Ahmad. – Małe dzieci, które chodziłyby same bez opieki, na pewno szybko zwróciłyby czyjąś uwagę.

– To prawda – przyznał Raszid. – Gdzie zaatakują kobiety? – dopytywał żywiołowo. – Zostajemy przy pierwotnej koncepcji domów towarowych przy Oxford Street?

– Tak, tam zawsze są tłumy – potwierdził Ahmad. – Dwie kobiety z dziećmi wejdą do różnych sklepów, a jedna z synem spowodują wybuchy na ulicy.

– Chłopcy pójdą z matkami, a co z Mariam? – chciał wiedzieć Salah.

– Może iść ze mną – zaoferowała Aisza.

– Ja chcę iść z ciocią Klaudią – powiedziała przysłuchująca się rozmowie Mariam.

Zapadło głuche milczenie.

– No właśnie, co zrobimy z Klaudią? – zapytał Samir.

– Ja pójdę z ciocią – upierała się dziewczynka.

Dżihadyści spojrzeli po sobie.

– Ja się tym zajmę – odezwał się Raszid.

– Co zrobisz z żoną? – Abu Osama zwrócił się do Raszida.

– Wezmę ją ze sobą.

– No tak, jest w ciąży, a nam potrzebni są nowi bojownicy. – Abu Osama przystał na pomysł Raszida.

– Ale jeżeli ma przeżyć, to potrzebny nam będzie jeszcze jeden kombinezon ochronny – zauważył Ahmad. – Zamówiliśmy tylko pięć, a nie wiadomo, czy naszym braciom w islamie uda się zdobyć dodatkowo jeszcze jeden.

– Czyli jednak ktoś musi wyjść, żeby się z nimi skontaktować – zauważył Samir.

Dżihadyści przez chwilę zastanawiali się w ciszy nad dalszą strategią, bo nagła śmierć Elizy dość mocno skomplikowała ich pierwotne plany.

– To co robimy? – Ahmad przerwał milczenie.

– Chyba trzeba będzie wyjść... – Abu Osama musiał przyznać z niechęcią.

– W takim razie poprosimy też o pomoc w pozbyciu się ciała – powiedział Samir.

– Tak zrobimy – zgodził się Abu Osama, ale był zły, że samobójstwo niewiernej nie tylko zmieniło uprzednią koncepcję ataków, ale przysporzyło kłopotu z wyniesieniem zwłok.

– Kto pójdzie? – zapytał Ahmad.

– Ja pójdę. – Abu Osama wziął na siebie odpowiedzialność za powodzenie całej operacji. – W tym momencie to niebezpieczna misja, a ja mam doświadczenie z kalifatu.

– Dobrze. – Ahmad był pewien, że dżihadysta wyszkolony na terenach ISIS najlepiej sobie poradzi. – Kiedy wyjdziesz?

– Dzisiaj w nocy – odpowiedział Abu Osama. – Nie ma co zwlekać.

– Skoro już wszystko ustaliliśmy, to chodźmy spać – zaproponował Samir. – Przesiedzieliśmy całą noc.

– Tak, trzeba odpocząć. – Abu Osama podniósł się, a za nim pozostali mężczyźni.

Do Raszida podbiegła Mariam.

– Wujku, gdzie jest ciocia Klaudia? – zapytała, podnosząc główkę.

– Ciocia Klaudia... – Raszid spojrzał na dziewczynkę, uzmysławiając sobie, że jego żona nadal jest zamknięta. – Zaraz tu przyjdzie...

Mężczyźni skierowali się w stronę korytarza.

– Słuchajcie... – zaczął Ahmad... – Te zwłoki... Nie możemy ich tam zostawić... To pomieszczenie jest nam potrzebne. Trzymamy w nim broń i szkolimy dzieci...

– To co chcesz z nimi teraz zrobić? – zapytał Abu Osama.

– Przenieść – odpowiedział Ahmad.

– Gdzie? – spytał Salah głosem pozbawionym emocji.

– Gdziekolwiek... – Ahmad doszedł już do składu broni i pchnął prowadzące do niego drzwi.

Makabryczny widok nieżywej ciężarnej z rozciętym brzuchem, w którym znajdowało się poranione martwe dziecko, nie wzbudził w dżihadystach żadnych szczególnych emocji. Tylko Salah dłużej popatrzył na swojego nienarodzonego synka.

– Szkoda chłopaka – powiedział tylko.

– Bierzemy ją? – Abu Osama stanął przy głowie Elizy.

– Tak. – Ahmad dołączył do Abu Osamy. – My ją weźmiemy z tej strony, a wy z drugiej... – polecił, patrząc na Raszida i Samira.

Czterech terrorystów podniosło martwą kobietę i wyniosło ją na korytarz. Salah przytrzymywał dziecko, żeby nie wypadło z jej rozprutego brzucha.

– Położymy ją na samym końcu korytarza. – Ahmad skierował się w stronę najdalszej części kryjówki. – Tam jest taki ślepy zakręt, gdzie nikt nie chodzi.

Po dotarciu na miejsce mężczyźni rzucili ciało pod ścianę, a następnie udali się na spoczynek do swojego pokoju. Po drodze Raszid przekręcił klucz w zamku drzwi do pomieszczenia, gdzie znajdowała się Klaudia. Do zamkniętej od wielu godzin żony nawet nie zajrzał.

Klaudia trzęsła się z przerażenia i rozpaczy. Nie usłyszała płaczu noworodka, z czego wywnioskowała, że Kamilek nie przeżył.

– Spoczywaj w spokoju, aniołku. – Otuliła nienarodzone maleństwo płynącą z głębi jej serca formułą. – Spoczywaj w spokoju.

Później opłakiwała Elizę, która odeszła, nie mając możliwości zaznania szczęścia macierzyństwa. Opłakiwała jej zawiedzioną miłość. Opłakiwała swoją miłość. Czarną jak flaga ISIS.

Spazmy żałości raz po raz wstrząsały jej ciałem.

– Wypłaczę te łzy, wypłaczę do końca. – Sądziła, że brak łez złagodzi cierpienie.

Łez się nigdy nie da wypłakać.

– Są oceanem – przypomniała sobie nad ranem.

Usłyszała przekręcany w zamku klucz. Zaciągnęła koc na głowę.

– Niech tu nie przychodzi, niech tu nie przychodzi – powtarzała, myśląc o Raszidzie. – To nie Eliza sama się zabiła, to oni ją zabili. – Wpadła w nieprzerwany szloch.

Po paru minutach usłyszała wołanie dziewczynki.

– Ciociu! Ciociu!

Mariam... Dopiero teraz w pełni rozumiem, co to dziecko musiało przeżywać... Ja straciłam przyjaciółkę, a ona matkę... Jak ona to wszystko zniosła? Klaudia odrzuciła koc, otarła łzy, po czym z wielkim wysiłkiem podniosła się i otworzyła drzwi.

Mariam rzuciła się w jej objęcia.

– Ciociu! Ciociu, chodź do nas. – Mariam pociągnęła Klaudię korytarzem w stronę głównego pomieszczenia.

Drzwi składu broni były otwarte i Klaudia zajrzała do środka. Na podłodze leżały rzucone trzy zakrwawione noże.

Tego największego używał Abu Osama... – przebiegło Klaudii przez głowę. A te dwa? Eliza? Próbowała, który jest ostrzejszy? Co oni zrobili z jej ciałem?

Świat terroru. Świat horroru.

– Ciociu, mogę tu z tobą zostać? – zapytała Mariam, kiedy Klaudia weszła do głównej sali i usiadła na swoim posłaniu.

– Oczywiście, kochanie.

Dziewczynka zwinęła się w kłębek i momentalnie zasnęła. Klaudia przebiegła wzrokiem pozostałe materace. Kobiety i dzieci pogrążone były w głębokim śnie.

Pewnie spiskowali całą noc... – domyśliła się. Chciała się też położyć, ale jej posłanie zajmowała Mariam. Klaudia posiedziała moment przy dziewczynce, a następnie przeniosła się na materac Elizy, przy którym piętrzyła się wyprawka Kamilka.

To wszystko nie tak, to wszystko nie tak miało być... Ponownie ogarnął ją straszny żal. Rozpłakała się w głos, nie mogąc poradzić sobie z rozdzierającą jej serce żałobą.

– Nie rozpaczaj tak! – krzyknęła Umm Osama, którą obudził płacz niewiernej. – Chcemy spać.

Klaudia nakryła się cała kocem i pogrążyła w ponurych rozmyślaniach. Przypomniała sobie barbarzyńskie propagandowe filmy tak zwanego Państwa Islamskiego, które z zapałem oglądali dżihadyści. Przed oczami przewijały się jej przerażające sceny, jakie widziała na ekranie.

Oglądała zatrwożonego więźnia w pomarańczowym stroju, który kopał na pustyni swój własny grób. Odrzucał na boki żółty piasek, robiąc dużą dziurę, a wokół niego krążył samochód terenowy z powiewającą flagą ISIS. Po pewnym czasie więzień, żeby kontynuować kopanie, musiał wejść do środka dołu. Stojąc we wnętrzu swojej mogiły, przez pewien czas wyrzucał jeszcze z niej piasek. Później dżihadyści zmusili go, żeby wyszedł i klęknął na brzegu. Z zawziętością odcięli mu głowę.

Widziała mężczyzn ukrzyżowanych, zalanych krwią. Widziała rząd odciętych głów wbitych jedna przy drugiej na ostre zakończenia metalowych ogrodzeń. Widziała ludzi zrzucanych z wysokich budynków. Mężczyznę uznanego za szpiega, który poniósł koszmarną śmierć przez ciągnięcie na linie za jadącym samochodem. Więźnia, którego przejechał czołg. Pilota spalonego żywcem w klatce. I dzieci, które się temu przyglądały.

– Podobało ci się? – ktoś zapytał małego chłopca, kiedy ten skończył oglądać potworne męki palonego pilota.

– Bardzo! – Na twarzy dziecka zagościł szeroki uśmiech. – Wszystkich ich tak zabijemy! Wszystkich naszych wrogów! – chłopiec zadeklarował z przekonaniem.

A kiedyś wcześniej widziała reportaż telewizji CBC, w którym pokazywano miasto śmierci – Rakkę – po wyparciu z niego dżihadystów. Ruiny i zgliszcza domów. Stosy gruzów. Puste ulice. Sale tortur, gdzie na umocowanych do sufitu grubych łańcuchach w nienaturalnych pozach wisieli dręczeni wcześniej przez bojowników ISIS jeńcy. Papiery pełne wyroków śmierci. Puste opakowania po tramadolu. Leku, który należy do kategorii leków opioidowych takich jak morfina. Dżihadyści zażywali go w ogromnych ilościach. Duże dawki powodowały wysokie pobudzenie i zdolność torturowania więźniów aż do ich zakatowania.

Śmierć... Wiedziała, że jest codziennością w bestialskim samozwańczym kalifacie. Wiedziała, że tam nie szokuje, nie zatrważa, nie zasmuca. A nawet cieszy. Bardzo cieszy. To wszystko wiedziała. Kiedy jednak śmierć przyszła do nich, do ich wspólnej kryjówki, to nie mogła się pogodzić z tym, że nikt nie zadrżał, nie jęknął i nie westchnął cicho. Nawet dzieci.

* * *

Klaudia się obudziła i lekko uchyliła koc. Dżihadystki czytały Koran. Dzieci bawiły się w żołnierzy kalifatu i ich więźniów. Na małej kuchence gotował się późny obiad. Wszystko toczyło się normalnie. Tylko Elizy nie było.

Podniosła się i poszła do toalety. Nadal nie wiedziała, co się stało ze zwłokami przyjaciółki, ale na razie nie była w stanie o to pytać. Cokolwiek się stało, na pewno nie był to godny pochówek ciężarnej kobiety i jej nienarodzonego synka. Na pewno nie.

Kiedy wróciła do głównego pomieszczenia, dżihadystki żywo o czymś rozmawiały. Po tragicznym odejściu przyjaciółki Klaudia zdała sobie sprawę z tego, że została sama. Zupełnie sama.

Wiedziona wewnętrzną potrzebą dyskretnego, powolnego żegnania się z Elizą ponownie poszła na jej materac. Spojrzała na maleńki mundurek dżihadysty w panterkę z napisem „Lwy kalifatu". Wzięła go do ręki, bo chciała go gdzieś głęboko schować. Nie mogła na niego patrzeć.

– To teraz jest dla twojego dziecka – powiedziała do niej Aisza. – Weź sobie to ubranie i całą resztę.

Klaudia bez słowa wepchnęła uniform pod zgromadzone rzeczy.

– Chodź, zaraz trzeba wydać obiad – zawołała ją Aisza.

Kobiety wraz z Klaudią zakrzątnęły się przy kuchni, nakładając jedzenie dla mężczyzn i dzieci. Jessica zaniosła posiłek dżihadystom, a Umm Osama i Aisza z pełnymi talerzami usiadły razem, żeby zjeść obiad. Klaudia wróciła na materac Elizy.

– Chodź tu do nas – Aisza zaprosiła ją do wspólnego posiłku.

– Nie, dziękuję – odpowiedziała Klaudia.

– Nie będziesz jadła? – zapytała Umm Osama.

– Nie. – Klaudia położyła się na posłaniu Elizy i odwróciła tyłem.

Nie mogła jeść, nie mogła z nimi siedzieć, nie mogła żyć. Zrozumiała desperacki czyn Elizy.

Po obiedzie dżihadystki poleciły Klaudii posprzątać i pozmywać wszystkie naczynia. Nie pomagały jej, bo zajęły się dziećmi, którym coś zapamiętale tłumaczyły. Później mali terroryści, przygotowywani do samobójczych ataków, zniknęli razem z Umm Osamą, Aiszą i Jessicą we wnętrzu podziemia. Klaudia odniosła nieodparte wrażenie, że szykuje się jakaś większa akcja.

Kiedy uporała się ze stosem naczyń, usiadła na materacu Elizy, wspominając ją z bezmiernym smutkiem.

Przecież tu była, jeszcze wczoraj tu była. Oczy Klaudii wypełniły się łzami. Czy człowiek może tak po prostu znienacka odejść?

Powiodła wzrokiem po upchniętych w nogach posłania niewielu rzeczach, które Eliza zdołała zabrać z domu, gdy nagle musiała w nocy uciekać. Dwie sukienki ciążowe, spodnie, bluza, osobiste drobiazgi. Spod małego stosiku wystawał pasek torebki Elizy. Klaudia ją wyjęła i długo obracała w dłoniach. Przypomniały jej się ich wspólne zakupy przy Oxford Street, na których wzruszona Eliza po raz pierwszy wspomniała, że może spodziewać się dziecka. A później pełen radości telefon, kiedy test potwierdził jej przypuszczenia. Zapominając o powitaniu, wykrzyknęła wówczas:

– Jestem w ciąży!

Następnie były barwne zaślubiny, które celebrowały razem. Klaudia wiedziała, że Eliza nosi w torebce ich wspólne zdjęcie z tej uroczystości. Obie promieniują na nim bezmiernym szczęściem. Eliza w prześlicznej, wyszywanej nitką koloru złota, zielonej sukni, a ona w kreacji o przepięknej barwie blue Majorelle. A teraz zbezczeszczone zwłoki przyjaciółki leżą nie wiadomo gdzie. I Eliza nie ma nawet sukienki żałobnej.

Klaudia odłożyła torebkę, traktując ją jako cenną pamiątkę po zmarłej przyjaciółce. Jeszcze nie była gotowa, żeby do niej zajrzeć.

Do głównego pomieszczenia wróciły kobiety z dziećmi. Idąc karnie w równym rządku, wyglądały jak mały oddział dziecięcej armii. Klaudia położyła rękę na brzuchu i ogarnął ją przeraźliwy strach. Pomyślała, że kiedyś w nocy spali czekający na jej dziecko mały mundurek dżihadysty.

Wieczorem wszyscy poszli spać, ale Klaudia długo jeszcze leżała z otwartymi oczami. Wciąż nie mogła otrząsnąć się z bolesnych przeżyć. Żałowała, że Eliza nie powiedziała jej wcześniej o planie ucieczki. Wtedy miałyby więcej czasu i może by im się udało...

Przed północą usłyszała dobiegające z korytarza męskie głosy. Po chwili przez główne pomieszczenie przeszli Abu Osama i Ahmad.

Abu Osama wychodzi... – przeleciało Klaudii przez myśl. Oni z pewnością coś knują...

Następnego dnia w największej sali zgromadzili się razem dżihadyści i dżihadystki, co tylko utwierdziło ją w przekonaniu, że szykuje się wielka akcja terrorystyczna. Klaudia czuła się dziwnie, bo siedziała sama odizolowana od wszystkich. Tamci z zapałem o czymś dyskutowali. Przede wszystkim głos zabierał Abu Osama, co dowodziło tego, że przyniósł z miasta jakieś ważne wiadomości. Wpatrzony w grupę oskarżający wzrok Klaudii po pewnym czasie zirytował Abu Osamę, który nagle poderwał się i do niej podszedł.

– Co się tak gapisz?! – krzyknął zezłoszczony. – Nie masz co robić?! To ja cię zaraz czymś zajmę! – Udał się szybkim krokiem w głąb podziemia, żeby za parę minut wrócić z poplamioną kartką papieru. – Przeczytaj to! – Rzucił ją w stronę Klaudii. – Może się czegoś nauczysz!

Abu Osama wrócił do grupy, ale od czasu do czasu kierował swoje groźne spojrzenie na Klaudię, sprawdzając, czy dostosowała się do jego polecenia. Chcąc nie chcąc, Klaudia sięgnęła po kartkę, na której widniał arabski tekst i jego tłumaczenie na angielski.

„Fiqh al-dima - Jurysprudencja krwi[1]" - głosił nagłówek. Niżej był początek rozdziału zatytułowanego „Losowe zabijanie walczących niewiernych".

Zabij ich, walcz z nimi wszelkimi środkami, które mogą wyrwać ich dusze, wypędzić ich jestestwo z ich ciał, oczyszczając ziemię z ich nieczystości i usuwając ich plagę z ludzkości, cokolwiek to znaczy.

Klaudię przeszył zimny prąd. Żarliwe słowa buchały nienawiścią i wzywały do bezlitosnego zabijania niewiernych. A tutaj niewierną była tylko ona. Podniosła wzrok znad kartki, bo nie miała siły czytać więcej ziejących niezmierzoną wrogością i zawiścią zdań. Abu Osama odwrócił głowę w jej stronę i jego upiorny wyraz twarzy zmusił ją do powrotu do tekstu.

Głównym celem, do którego dążymy - a robimy to z całą dostępną siłą - jest zdobywanie broni, broni masowego rażenia, ponieważ nie ma ucieczki od obowiązku obrony przed tymi wyzywającymi zboczeńcami wiary i zakończenia agresji tego cuchnącego brudu, który występuje przeciwko islamowi i jego ludziom.

[1] *Fiqh ad-dima* (arab.) - Jurysprudencja krwi - podręcznik salaficko-dżihadystyczny, liczący pięćset siedemdziesiąt dziewięć stron, którego autorem jest ideolog ISIS, Abu Abdullah al-Muhajir. Ten podstawowy podręcznik zwolenników ISIS legitymizuje barbarzyńskie akty dżihadystów, w tym ścięcia głowy, okaleczanie ciał, handel ludzkimi narządami, zabijanie dzieci oraz globalne ataki terrorystyczne.

Czyżby oni chcieli zdobyć broń masowego rażenia?! – Klaudia z przerażeniem zadała sobie w duchu pytanie.

Do jej uszu dobiegły słowa „broń chemiczna" i Klaudia wytężyła słuch, żeby zrozumieć Aiszę, która tłumaczyła Jessice z arabskiego na angielski wypowiedzi Abu Osamy.

– Zwiększyli kontrolę na statkach i promach pływających przez kanał La Manche z Francji do Wielkiej Brytanii – mówiła Aisza za Abu Osamą. – Chyba dostali jakieś sygnały, bo oficjalnie ogłosili, że może dojść do przemytu materiałów wybuchowych i broni chemicznej.

– To co teraz robimy? – zapytał Ahmad po arabsku i to Klaudia zrozumiała sama.

Potem mężczyźni znowu zaczęli rozmawiać po arabsku, szybko wypowiadając słowa, i Klaudia już się nic więcej nie dowiedziała.

Przez następne dni w kryjówce panowała nerwowa atmosfera. Dżihadyści i dżihadystki byli wściekli, że śmierć niewiernej, która ważyła się targnąć na własne życie, pokrzyżowała ich wcześniejsze plany, które teraz zmuszeni byli ciągle na nowo weryfikować. Ich rozjuszenie odbiło się na Klaudii, która teraz sama musiała wszystkich obsługiwać.

– My mamy ważniejsze sprawy na głowie – oświadczyła jej Aisza.

W kryjówce zaczął się roznosić bardzo nieprzyjemny odór, co początkowo Klaudia kładła na karb tego, że musząc sama gotować i utrzymywać czystość, nie bardzo ze wszystkim dawała sobie radę. Do pomieszczenia, gdzie spali mężczyźni, w ogóle nie wchodziła, bo uważała, że chociaż tam powinny sprzątać Umm Osama i Aisza, tak jak to robiły do tej pory. Składzikiem broni nie była w stanie się zająć, bo na podłodze wciąż były tam wyraźnie widoczne duże plamy krwi. Z utrzymaniem porządku w łazience, przy tak dużej ilości ludzi, sama nie nadążała. Starała się czyścić ją jak najczęściej, ale uciążliwy zapach nie ustępował, a nawet wyraźnie stawał się mocniejszy.

Pewnej nocy wstała, ponieważ uporczywy słodko-ostry odór wbijał się w jej nozdrza i nie pozwalał zasnąć. Wzięła z kuchni latarkę, bo przyszło jej do głowy, że bawiący się czasem w zakamarkach podziemia chłopcy zanieśli gdzieś jakieś jedzenie, które teraz się psuło. Włączyła lampkę i podążyła za drażniącym fetorem.

Kiedy przechodziła koło składu broni, ciarki przeszły jej po plecach, bo usłyszała jakieś szmery i piski. Pomimo lęku szła dalej, ponieważ wstrętna woń robiła się coraz silniejsza i silniejsza. W pewnym momencie musiała sobie zatykać nos, gdyż odór był nie do wytrzymania.

Dotarła do końca korytarza i skierowała światło latarki w jego ślepy zaułek.

– Aaaaaaaa! – Jej przeraźliwy krzyk głośnym echem odbił się od ścian ciemnego korytarza.

Stado olbrzymich, brunatnobrązowych szczurów pożywiało się zwłokami Elizy i jej nienarodzonego synka. Na krzyk Klaudii rozpierzchło się, przebiegając pod jej nogami i wzbudzając w niej jeszcze większą grozę. Klaudia zobaczyła wygryzione w wielu miejscach ciało przyjaciółki, która prawie nie miała twarzy i mózgu, a z rąk i nóg zostały niemal tylko kości. Z dziecka prawie nic nie zostało.

– Aaaaaa! – Klaudia rzuciła latarkę i wpadła w histerię. – Aaaaaaaa! Aaaaaaa!

Szczury biegały i biegały, nagle nie wiadomo skąd zrobiły się ich setki. Pędziły po korytarzu i wpadały do wszystkich pomieszczeń, szukając jedzenia. Ludzi, którzy wstawali zobaczyć, co się dzieje, w ogóle się nie bały.

– Zamknij się! – Abu Osama huknął nad uchem Klaudii, która nie przestawała wrzeszczeć.

– Aaaaaaa! – wrzeszczała Klaudia.

– Ucisz ją! – Abu Osama rozkazał Raszidowi.

Raszid zatkał Klaudii usta dłonią tak mocno, że nie mogła oddychać. Później zaciągnął ją do głównego pomieszczenia, w którym ponownie wszyscy się zebrali. Tym razem mężczyźni trzymali w rękach kałasznikowy i pistolety. Kobiety również wyposażone były w karabiny. Chłopcy trzymali w ręku noże.

I Mariam też.

Wszyscy byli uzbrojeni. Obudzeni w środku nocy przerażającym krzykiem Klaudii i dziwnym hałasem wywołanym przez pędzące szczury, chwycili za broń w obawie przed akcją antyterrorystów. Ich strach był tym bardziej uzasadniony, że Abu Osama po powrocie z ostatniego wyjścia ostrzegał, że robi się coraz bardziej niebezpiecznie. Służby węszyły wkoło ich towarzyszy, którzy im pomagali, więc przynajmniej przez jakiś czas nie mogło być mowy o pozbyciu się ciała. Wiązało się to ze zbyt dużym ryzykiem.

Obrzydliwe szczury wielkości kotów właziły na materace i w każdy zakamarek. Obsiadły worki z żywnością i na nic się zdało ich przeganianie. Wgryzały się we wszystko, co się dało, a z każdą minutą robiło się ich coraz więcej i więcej. Dżihadyści po raz kolejny zmuszeni byli do zastanowienia się, co dalej robić.

Po długiej naradzie mężczyźni zdecydowali o opuszczeniu całą grupą kryjówki i ukryciu się w innym miejscu. Wiązało się to z dużym zagrożeniem, ale wyglądało na to, że nie mają wyboru. Jeżeli ewakuują się teraz, to mogą gdzieś się schować i na nowo zorganizować. Mężczyźni wcześniej wychodzili już tyle razy i zawsze bezpiecznie wracali.

– Na pewno uda nam się gdzieś zaszyć – powiedział zaprawiony w walkach z wrogiem w kalifacie Abu Osama, prowadząc całą grupę w stronę wyjścia.

Klaudia w ostatniej chwili złapała torebkę Elizy. Jedyną pamiątkę po swojej zmarłej tragicznie przyjaciółce.

Abu Osama wyszedł na ulicę, uważnie rozejrzał się wkoło i dał znak pozostałym, że droga wolna. Potem wszyscy po kolei w milczeniu wychodzili na zewnątrz, zachowując dużą ostrożność. Grupę zamykał Ahmad, który pojawił się na dworze jako ostatni.

Klaudia po raz pierwszy od wielu miesięcy oddychała świeżym powietrzem. Wciągała je głębokimi haustami, co przyprawiło ją o lekki zawrót głowy. Mariam też zdawała się być oszołomiona niespodziewanym wyjściem z podziemia. Trzymała się blisko cioci, trzymając w swojej rączce duży nóż.

Dżihadyści stali chwilę, wypatrując i nasłuchując, czy w pobliżu nie ma czegoś niepokojącego. Wydawało się, że jest bezpiecznie, i Abu Osama ruszył, żeby w znajdujących się w pobliżu opuszczonych budynkach znaleźć następne schronienie. Grupa podążyła za nim, wierząc, że zaraz znajdą się w nowej kryjówce. I wtedy rozpętało się piekło.

Czujny Abu Osama nagle dostrzegł wroga i od razu otworzył do niego ogień. Czający się w pobliżu domu antyterroryści odpowiedzieli tym samym. Samir padł martwy, a Jessica zaczęła głośno krzyczeć. Jusuf rozpłakał się, trzymając mocno tatę za rękę. Służby przerwały ogień, bo zorientowały się, że w grupie są małe dzieci. Raszid wykorzystał ten moment i pociągnął za sobą Klaudię z Mariam w stronę pobliskich ruin. Widać było, że doskonale zna teren. Biegł tak szybko, że Klaudia z dziewczynką ledwie mogły za nim nadążyć. Raptem Mariam przewróciła się i mocno raniła nożem. Popłynęła krew.

– Raszid, poczekaj, ona jest ranna. – Klaudia zatrzymała męża. – Ona nie pobiegnie dalej.

– Zostaw ją – powiedział szybko Raszid. – Musimy uciekać.

– Nie zostawię jej tutaj samej.

– Ciociu, ciociu... – szlochała dziewczynka.

– Chodź ze mną! – Raszid krzyknął do żony.

– Ciociu, boli...

Marokańczyk wytężył wzrok i zobaczył w oddali zbliżającą się do nich ciemną sylwetkę.

– Chodź! – Raszid mocno złapał dłoń Klaudii i zmusił ją do ucieczki.

Klaudia wyrwała się jednak mężowi i ruszyła w inną stronę. W pierwszym momencie Raszid chciał ją ścigać, ale mając na karku służby, nie mógł zajmować się nieposłuszną żoną.

– Pamiętaj, że wszędzie cię znajdę! – krzyknął za nią złowrogo. – Wszędzie! Masz moje dziecko! Znajdę cię! – Mąż Klaudii rozpłynął się w ciemnościach Londynu, wymykając się brytyjskim służbom.

Klaudia biegła przed siebie, szukając w panice jakiegoś schronienia. Wpadła do rozwalonego domu, chcąc tam przeczekać najgorsze chwile. Jednak wyglądało na to, że rudera jest już zajęta przez kilku bezdomnych.

– Tu nie ma miejsca. – Nieogolony mężczyzna podniósł się z podłogi, dając Klaudii do zrozumienia, że nie jest mile widziana.

– Jestem w ciąży – powiedziała Klaudia.

– Nie ma miejsca – powtórzył mężczyzna niewzruszony jej odmiennym stanem.

Trzęsąca się ze strachu Klaudia zdjęła z palca obrączkę z białego złota i podała ją bezdomnemu. Mężczyzna bez słowa wskazał jej miejsce w kącie. Mogła zostać.

Kiedy usiadła, wielkie łzy zaczęły jej płynąć po policzkach. Gorączkowo myślała, co dalej z nią będzie. I z jej dzieckiem. Z dala od dżihadystów poczuła, że to jest jej dziecko. Jej maleństwo. Pierwszy raz, od kiedy była w ciąży, ogarnęły ją ciepłe uczucia do rozwijającego się w niej maluszka. To było teraz jej dziecko. Tylko jej. I musi o nie walczyć.

Otworzyła torebkę Elizy w nadziei, że znajdzie tam jakieś drobne pieniądze. Znalazła więcej, niż myślała. Pięć banknotów dwudziestofuntowych pozwoli jej trochę przetrwać. W torebce był też telefon. Nie było w nim karty, ale miała pieniądze, więc mogła kupić nową.

Rano dała bezdomnemu, u którego wkupiła się złotą obrączką, dwadzieścia funtów z prośbą o zakup jedzenia i karty do telefonu. Poprosiła go też, żeby gdzieś naładował jej aparat. Niebawem przeglądała już pamięć telefonu Elizy.

Aisza, Isabelle, Jessica, Lily… – rzuciło jej się w oczy. Isabelle… Kto to jest Isabelle? – zastanowiła się. I nagle w jej głowie zabrzmiały słowa, które poważnym tonem wypowiedziała cała zakryta na czarno Polka w ekskluzywnym sklepie przy Oxford Street.

– Troski też są, i to czasami większe, niż ktokolwiek mógłby sobie wyobrazić.

Isabelle… To była jej jedyna szansa ratunku. Wybrała numer. Po kilku sygnałach odezwał się kobiecy głos.

– Halo!

– Isabelle?

– Tak, słucham.

– Isabelle! Potrzebuję pomocy! – Klaudia krzyknęła pełnym rozpaczy tonem.

Rozdział XII

Misja Isabelle

Emanująca klasycznym dostojeństwem biblioteka jak zwykle dawała mi poczucie przytulności i bezpieczeństwa. To było moje ulubione miejsce w ogromnym pałacu, gdzie spędzałam najwięcej czasu, czytając i pracując nad swoimi kolejnymi powieściami. Przed moim mężem, Salimem, szejkiem ze Zjednoczonych Emiratów Arabskich, nadal udawało mi się ukrywać moją największą życiową pasję. Pisanie stało się sposobem na przetrwanie w pełnym ostrych kontrastów świecie Bliskiego Wschodu, gdzie miłość, namiętność, ból i rozpacz były tak ogromne jak ociekające ropą i złotem bogactwo. W bibliotecznej ciszy przelewałam na papier przerażające historie, które raniły moją duszę i serce. Świat musiał się o nich dowiedzieć.

* * *

Zbierając materiały do kolejnych powieści, oglądałam wstrząsający materiał telewizji BBC o nastoletniej Jazydce, która została porwana przez dżihadystów, a następnie sprzedana za sto dolarów jako seksualna niewolnica. Później udało jej się z mamą i bratem uciec do Niemiec i tam, ku jej największej zgrozie, spotkała swojego bestialskiego oprawcę z tak zwanego Państwa Islamskiego.

Na ekranie zobaczyłam ładną dziewczynę, której duże, ciemne oczy wyrażały bezbrzeżną rozpacz.

– Wyszłam na chwilę ze szkoły do supermarketu na lunch – opowiadała dziewczyna. – A kiedy wracałam do szkoły, zatrzymał się przy mnie samochód. On siedział na przednim siedzeniu.

– Czy ty jesteś Ashwaq? – zapytał, po niemiecku wymawiając moje imię.

Tak bardzo się przestraszyłam, że zaczęłam się cała trząść – wyznawała Jazydka.

– Nie, a ty kim jesteś? – odpowiedziała.

– Wiem, że jesteś Ashwaq, a ja jestem Abu Humam.

Abu Humam był właśnie tym dżihadystą, któremu Jazydka została wcześniej sprzedana w tak zwanym Państwie Islamskim.

– Później zaczął do mnie mówić po arabsku, przestrzegając mnie, żebym nie kłamała – wspominała dziewczyna.

– Znam cię – mówił Abu Human. – I wiem, gdzie mieszkasz i z kim mieszkasz.

– On wiedział wszystko o moim życiu w Niemczech – Jazydka z wielkim smutkiem ciągnęła swoją opowieść.

– Bałaś się? – zapytała dziennikarka.

– Oczywiście, że się bałam. – Twarz Ashwaq oblekło wielkie cierpienie. – Nikt, kto przez to nie przeszedł, nie jest w stanie tego zrozumieć. Naprawdę. I nie mnie jedną to spotkało. Mam na myśli wiele innych jazydzkich dziewcząt, które musiały skonfrontować się ze swoimi byłymi oprawcami z ISIS. To samo zdarzyło się w Stuttgarcie.

Ashwaq miała czternaście lat, kiedy do północnego Iraku, gdzie mieszkali Jazydzi, wtargnęli bojownicy tak zwanego Państwa Islamskiego. Uprowadzili tysiące kobiet i dziewcząt, które później sprzedawali na targu jako seksualne niewolnice. Ashwaq, która podzieliła ich los, była wielokrotnie bita i brutalnie gwałcona. Po trzech miesiącach udało jej się uciec i wyjechać z rodziną do Niemiec, gdzie niespodziewanie zaczepił ją jej dawny ciemięzca.

– Rozpoznałam jego głos bardzo dobrze. Nawet gdyby minęło tysiąc lat, to zawsze bym go rozpoznała – Jazydka wyznawała z przejęciem. – I tę twarz... Rozpoznałabym ją wszędzie... On był z nami dwadzieścia cztery godziny na dobę, bijąc nas i patrząc na nas. Dlatego wiedziałam, że to jest on.

W przepełnionych boleścią słowach i ekspresyjnej mimice można było odczytać dramat nastolatki, która sprzedana jako seksualna niewolnica przeżyła piekło.

– Nigdy w życiu nie uwierzyłabym, że coś takiego przydarzy mi się w Niemczech – zwierzała się zrozpaczona dziewczyna. – Opuściłam moją rodzinę i mój kraj, i przyjechałam do Niemiec, żeby zapomnieć o biciu i bólu. Ostatnią rzeczą, której oczekiwałam, było spotkanie z moim prześladowcą z ISIS i to, że on będzie wiedział o mnie wszystko.

Ashwaq zgłosiła incydent policji, opowiadając przy tym o swoich koszmarnych przeżyciach w Iraku. Funkcjonariusze polecili jej, żeby natychmiast się z nimi skontaktowała, gdy tylko zobaczy Abu Humama.

– Poprosiłam policjantów, żeby sprawdzili monitoring z supermarketu – dodała Jazydka. – Jednak z tego, co wiem, zaniechali tej czynności.

Jazydka czekała miesiąc, ale nie dostała żadnej wiadomości od służb. Obawiając się, że znowu spotka swojego oprawcę, i pragnąc połączyć się ze swoimi czterema siostrami, które zostały oswobodzone z niewoli tak zwanego Państwa Islamskiego, wróciła do Iraku, zostawiając za sobą niemieckie miasto, gdzie miała nadzieję zacząć nowe życie.

– Jeżeli przez to nie przeszedłeś, nie będziesz wiedział, jak to jest... To uderza prosto w twoje serce. – Ashwaq nie mogła się otrząsnąć z upiornych doświadczeń. – Kiedy dziewczyna zostaje zgwałcona przez bojownika ISIS, to nie możesz sobie wyobrazić, jak to jest, gdy znowu zobaczy tego faceta.

Historia Ashwaq nie była odosobniona, bo tak jak sama mówiła i co potwierdziła niemiecka aktywistka walcząca o prawa Jazydów, zdarzyło się też kilka innych przypadków kobiet, które po ucieczce z okrutnej niewoli zobaczyły później swoich gnębicieli, dżihadystów z ISIS, na ulicach w Niemczech.

– Nawet gdyby świat został zniszczony, nigdy nie wrócę do Niemiec – zarzekła się Ashwaq po traumatycznym spotkaniu oko w oko ze swoim wielokrotnym gwałcicielem.

Nastolatka razem z bliskimi przebywa teraz w Iraku w obozie dla Jazydów. Chce się uczyć, więc jej rodzina ubiega się o możliwość pobytu w Australii w ramach specjalnego programu pomocy kobietom, które zostały uprowadzone przez dżihadystów na terenach tak zwanego Państwa Islamskiego.

– Boimy się ludzi z ISIS – powiedział ojciec Ashwaq w wywiadzie dla BBC.

Tragiczny los nastoletniej Jazydki poruszył mnie do głębi. Przerażało mnie to, że nawet w Europie dziewczyny, które przeżyły piekło w niewoli ISIS, nie mogły się uwolnić od swoich prześladowców.

* * *

Usłyszałam delikatne pukanie do drzwi.

– Proszę. – Podniosłam wzrok znad laptopa.

Do biblioteki weszła Malati, moja wierna służąca.

– Proszę, madame. – Postawiła na biurku filiżankę z mocną kawą pachnącą kardamonem.

– Dziękuję. – Z przyjemnością sięgnęłam po małe naczynko ze złotymi ornamentami.

Służąca stała, czekając na dalsze polecenia.

– Możesz odejść, Malati. – Upiłam łyk aromatycznej kawy.

Hinduska opuściła bibliotekę, cicho zamykając za sobą drzwi. Ja powróciłam do pracy.

* * *

Przeglądając internet, natrafiłam na skandal, który miał miejsce kilka lat temu w Wielkiej Brytanii. Otóż imamowie w niektórych meczetach wyrazili gotowość do udzielenia ślubu nieletniej dziewczynce ze starszym od niej mężczyzną. Zanurzyłam się w relacjach z prowokacji, którą przeprowadzili dziennikarze programu telewizyjnego ITV *Exposure*, potajemnie nagrywając wypowiedzi muzułmańskich przywódców religijnych.

– Przymusowe małżeństwo jest prawdopodobnie ostatnią formą niewolnictwa w Wielkiej Brytanii – stwierdził główny prokurator w północno-zachodniej Anglii, kiedy afera wyszła na jaw.

Reporterka i reporter, którzy podawali się za matkę i brata czternastolatki, odwiedzili kilkadziesiąt meczetów, gdzie rozmawiali o możliwości wydania ich krewnej za mąż, podkreślając, że dziewczynka się na to nie zgadza. Na jednym z ukrytych nagrań przywódca religijny w meczecie w Birmingham nie miał żadnych obiekcji co do udzielenia ślubu nieletniej nawet wbrew jej woli.

– Ona nie chce wychodzić za mąż – reporter wprost powiedział imamowi. – Ale jeżeli my to zaaranżujemy, to się zgodzi. Myślimy, że ten związek będzie najlepszym krokiem dla zapewnienia jej pomyślnej przyszłości.

– Tak, będzie – imam zapewnił z pełnym przekonaniem. – Ona ma czternaście lat i w prawie muzułmańskim, *alhamdu lillah*[1], jest legalne, żeby zawarła małżeństwo – przekonywał. – Oczywiście islam ułatwił nam to. Nie ma nic przeciwko temu. Robimy to, ponieważ jest to w porządku dzięki islamowi.

Prawie dwudziestu przywódców religijnych w meczetach przystało na udzielenie ślubu czternastolatce.Wywołało to w mediach burzliwą dyskusję na temat skali zjawiska zawierania związków małżeńskich wbrew brytyjskiemu prawu, które określa minimalny wiek małżonków na osiemnaście lat. W wyjątkowych przypadkach, ale tylko za zgodą rodziców, granica ta wynosi szesnaście lat.

Przybliżone dane mówią, że z ponad tysiąca małżeństw zawieranych co roku pod przymusem w Wielkiej Brytanii jedna czwarta dotyczy dziewczynek poniżej osiemnastego roku życia, z czego więcej niż połowa to dzieci w wieku piętnastu lat i młodsze. Liczby te są z pewnością wyższe, gdyż wiele przypadków nie jest zgłaszanych brytyjskim władzom.

Organizacja charytatywna Karma Nirvana, która pomaga ofiarom przymusowych małżeństw, twierdzi, że miesięcznie odbiera ponad sześćset telefonów z błaganiem o interwencję. Ujawniła też, że zajmowała się nawet przypadkami dziewczynek, które miały zaledwie osiem lat.

W jednej z poprzednich moich powieści zajmowałam się problemem wydawania małych dziewczynek za mąż pod przymusem.

– Gdzie jest niewinność dzieciństwa?![2] – dramatycznie krzyczała jedenastolatka z Jemenu, która uciekła z domu, żeby chronić się przed zaaranżowanym przez jej rodziców małżeństwem z dorosłym mężczyzną.

1 *Alhamdu lillah* (arab.) – dzięki Bogu.

2 Laila Shukri, *Jestem żoną szejka*, Prószyński i S-ka, Warszawa 2016, str. 265.

W innym przypadku piętnastolatkę z Arabii Saudyjskiej zmuszono do związku z mężczyzną, który miał dziewięćdziesiąt lat. Wywołało to olbrzymie oburzenie opinii publicznej i nawet arabskie media w regionie w swoich nagłówkach zadawały wstrząsające pytanie: „Małżeństwo czy gwałt?".

Znając dobrze tragiczne losy nieletnich żon, które nieraz za zaaranżowane małżeństwo płaciły życiem, tak jak zmarła w wyniku licznych urazów narządów płciowych i silnego krwawienia trzynastoletnia Jemenka, trudno mi było przyjąć do wiadomości, że podobny proceder występował również w Wielkiej Brytanii.

Ze zbliżonym problemem borykały się Niemcy, gdzie wśród przybywających do tego kraju imigrantów znajdowało się bardzo dużo niepełnoletnich żon. Według danych niemieckiego Ministerstwa Spraw Wewnętrznych z dwa tysiące szesnastego roku prawie półtora tysiąca dzieci pozostawało w związkach małżeńskich, z czego trzysta sześćdziesiąt jeden nie ukończyło czternastego roku życia. Zdecydowana większość dzieci pochodziła z Syrii, inne zaś z Iraku i Afganistanu oraz z Bułgarii, Rumunii i Grecji, w tym ostatnim przypadku dotyczyło to przede wszystkim mniejszości tureckiej. Prawie osiemdziesiąt procent tych dzieci stanowiły dziewczęta.

Burzę w Niemczech wywołało zalegalizowanie przez sąd apelacyjny w Bambergu małżeństwa między piętnastoletnią Syryjką i jej dwudziestojednoletnim kuzynem. Sąd argumentował, że związek ten został zawarty w Syrii, gdzie był legalny według obowiązującego tam prawa, i został skonsumowany, więc nie należy rozdzielać młodych.

Po decyzji sądu podniosło się wiele krytycznych głosów, które wskazywały na to, że prawo muzułmańskie zostało postawione wyżej od obowiązującego prawa niemieckiego określającego minimalny wiek uprawniający do zawarcia małżeństwa na osiemnaście lat. Zwolnienie z tego wymogu przez sąd opiekuńczy było możliwe, ale tylko w przypadku, jeśli jedno z młodych miało ukończone szesnaście lat, a drugie osiemnaście.

Krytycy przestrzegali, że precedens ten może otworzyć furtkę do żądań stawianych przez niektórych muzułmanów, którzy domagali się legalizacji innych praktyk dozwolonych przez szariat, takich jak na przykład poligamia.

Politycy zwracali zaś uwagę na to, że kilkunastoletnie dziewczynki powinny chodzić do szkoły, a nie funkcjonować w małżeństwie, i należy mieć na względzie przede wszystkim dobro dzieci.

– Usprawiedliwienia religijne albo kulturowe przesłaniają prosty fakt, że starsi, zdemoralizowani mężczyźni wykorzystują seksualnie młode dziewczęta – stwierdził bez ogródek szef związku zawodowego policji niemieckiej.

Szeroka debata zaowocowała tym, że w dwa tysiące siedemnastym roku Bundestag uchwalił ustawę o unieważnieniu wszystkich małżeństw, nawet tych zawartych za granicą, w których jedna z osób ma mniej niż szesnaście lat. Ta sama ustawa przewidywała też kary dla imamów, którzy udzielą ślubu osobom poniżej osiemnastego roku życia. Wprowadzenie zmian legislacyjnych miało na celu zapobieganiu przymusowym małżeństwom nieletnich, w których ofiarami były zazwyczaj kilkunastoletnie dziewczynki.

– Nikt, kto do nas przybywa, nie ma prawa stawiać swoich kulturowych korzeni ani przekonań religijnych ponad naszym prawem – stwierdził niemiecki minister sprawiedliwości w wywiadzie dla dziennika „Bild".

To nie jest takie proste… – pomyślałam ze smutkiem. Uwarunkowania kulturowe i religijne, które często trudno nam zrozumieć, wśród społeczności muzułmańskiej są tak silne…

Przypomniałam sobie pierwszą karczemną awanturę, którą urządził mi mój mąż po powrocie do Dubaju z Portugalii.

Krzyczał na mnie i miał pretensje o moje zachowanie w Europie, a ja zupełnie nie wiedziałam, o co mu chodzi. W końcu okazało się, że wściekłość Salima wywołał fakt zamienienia przeze mnie paru słów z kierowcą taksówki, który wiózł nas na lotnisko. Nie pomogły moje tłumaczenia, że to była tylko grzecznościowa wymiana zdań, i to w dodatku w obecności mojego męża.

– Isabelle... – mówił Salim rozjuszony. – Twój głos... jest bardzo kobiecy... i nadzwyczaj zmysłowy... kiedy mówisz, to uwodzisz...

Zakazał mi wtedy rozmawiać z innymi mężczyznami. Pamiętam, jak bardzo przeżyłam to szorstkie potraktowanie mnie przez męża, który do momentu tego incydentu był bardzo czuły i opiekuńczy.

Zastanawiałam się nad tym, jak trudna jest sytuacja muzułmańskich dziewcząt i kobiet w Europie – z jednej strony mieszkają w krajach pełnych swobód, a z drugiej strony muszą się dostosowywać do wielu restrykcyjnych zakazów i nakazów ze strony swoich tradycyjnych rodzin. Czasem może to prowadzić do koszmarnych tragedii, takich jak zabójstwa honorowe, które również zdarzają się w Europie. Stare wschodnie powiedzenie mówi, że honor mężczyzny znajduje się między nogami kobiety. I w imię tego honoru ojcowie, bracia i mężowie popełniają najokrutniejsze zbrodnie. Plamę dyshonoru może zmyć tylko krew.

W brytyjskich mediach szeroko przedstawiano historię urodzonej w Bradford siedemnastolatki o imieniu Shafilea, którą zamordowali jej pochodzący z Pakistanu rodzice. Nastolatka chciała w przyszłości zostać adwokatką i dokonywać własnych wyborów życiowych, jednak konserwatywna rodzina jej na to nie pozwalała. Swój dramat wrażliwa dziewczyna przedstawiała w pisanej przez siebie poezji, w której wyrażała głęboką rozpacz, poczucie ignorancji ze strony bliskich i beznadziejności życia. Tytuł jej wiersza *Czuję się uwięziona* mówił sam za siebie.

Konflikt Shafilei z rodzicami ciągnął się latami i często przybierał bardzo ostre formy. Jej matka potrafiła ją nazwać „dziwką" tylko dlatego, że ufarbowała włosy lub okazjonalnie nałożyła sobie sztuczne paznokcie. Napięte stosunki osiągnęły szczyt, kiedy rodzice postanowili wydać ją za mąż w Pakistanie, a ona stanowczo się temu sprzeciwiła. Silne naciski ze strony bliskich na wyrażenie zgody na zaaranżowane małżeństwo popchnęły nastolatkę do próby samobójczej. W akcie desperacji wypiła wybielacz, który spowodował rozległe obrażenia jej gardła. Po powrocie do Wielkiej Brytanii została z tego powodu objęta regularną opieką medyczną.

Odrzucenie przez Shafileę wybranego dla niej przyszłego małżonka jej bliscy potraktowali jako splamienie honoru rodziny. Shafilea nagle zniknęła, co zostało zauważone przez jej nauczycieli w szkole i personel medyczny, który się nią opiekował. Rodzice nie zgłosili zaginięcia córki. Policja założyła podsłuch w ich domu i zaczęła podejrzewać, że nastolatka mogła zostać zamordowana przez swoich rodziców, którzy powtarzali pozostałym dzieciom, żeby „nic nie mówić" w szkole.

Kilka miesięcy później robotnicy znaleźli szczątki nastolatki nad rzeką, wyrzucone na brzeg przez powódź. Podejrzewani rodzice stanowczo zaprzeczali, że mieli coś wspólnego z jej śmiercią, a nawet udawali w mediach zrozpaczonych i prosili o pomoc w odkryciu prawdy.

Jak rodzice mogli z zimną krwią zamordować własne dziecko? – myślałam, oglądając materiał BBC o tym straszliwym mordzie.

Patrzyłam w oczy matki, która publicznie udawała żałobę, i dostrzegłam w nich jakąś diaboliczną tajemnicę, którą skrywały najgłębsze czeluście jej źrenic. Matka...

Straszliwe fakty wyszły na jaw dopiero po siedmiu latach, kiedy młodsza siostra ofiary zdecydowała się zeznawać. W chwili zabójstwa Shafilei miała piętnaście lat.

Fatalnego dnia doszło do scysji między nastolatką i jej matką. Powodem kłótni było ubranie Shafilei: T-shirt, bluza z kapturem i obcisłe spodnie. Zwykłe ubranie brytyjskiej nastolatki...

Siostra ofiary zeznała, że w domu rodzice popchnęli Shafileę na kanapę, po czym matka powiedziała: „Po prostu zakończ to tutaj". Rodzice wepchnęli plastikową torebkę w usta córki i zabili ją w obecności innych dzieci, z których najmłodsze miało siedem lat.

Shafilea kopała nogami, desperacko próbując złapać oddech, a jej oczy były szeroko otwarte pod wpływem szoku, którego doznała. W pewnym momencie nogi znieruchomiały...

Zatrwożona siostra ofiary pobiegła do swojej sypialni, a później widziała przez okno, jak jej ojciec wynosi do samochodu ciało zawinięte w worki na śmieci. A przedtem... Przedtem obserwowała matkę, która w kuchni wyjmowała duże arkusze w kwiatki, worki na śmieci i taśmę klejącą.

Przerażająca zbrodnia... – pomyślałam wstrząśnięta do głębi.

* * *

Nagle zadzwonił telefon. Spojrzałam na ekran. Numer kierunkowy wskazywał na Wielką Brytanię, ale chociaż często latałam do Londynu na zakupy, to nie miałam tam żadnych znajomych. Odebrałam po paru sygnałach.

– Halo!

– Isabelle? – ktoś załamującym się głosem wymówił moje imię.

– Tak, słucham – odpowiedziałam zdziwiona.

– Isabelle! Potrzebuję pomocy! – kobieta krzyknęła pełnym rozpaczy tonem.

Kto to jest? Skąd zna mój numer? I moje imię? – myśli gorączkowo przebiegały mi przez głowę.

– Kto mówi?

– Klaudia. Jestem w ciąży... Ukrywam się... Boję się... Mój mąż... On może mnie ścigać...

Ofiara przemocy domowej? – zadałam sobie w duchu pytanie.

– Klaudio, spróbuj się uspokoić. Powiedz mi, skąd masz mój numer? – chciałam dowiedzieć się czegoś więcej.

– Dałaś mi go w sklepie przy Oxford Street.

W tym momencie przed oczami stanęły mi dwie Polki, które spotkałam w ekskluzywnym sklepie w Londynie. Od historii z Julią[1], która kiedyś błagała mnie o pomoc, a później tak trudno było mi ją odnaleźć, dawałam kontakt do siebie Polkom, które przypadkowo stanęły na mojej drodze. Nabrałam przekonania, że jeżeli los przecina ścieżki ludzi, to dzieje się to w jakimś określonym celu. Czasem bardzo doniosłym.

– Tak, teraz sobie przypominam, byłaś wtedy z koleżanką. Jak ona miała na imię?

Ponieważ Klaudia milczała, odpowiedziałam za nią, bo nagle z zakamarków pamięci wypłynęło imię drugiej kobiety.

– Eliza, prawda?

Po drugiej stronie telefonu rozległ się żałosny szloch.

– Co się stało?

– Eliza... – Głos ugrzązł Klaudii w gardle.

– Co z nią?

– Ona... Ona nie żyje... – Płacz przybrał na sile.

[1] Historia Julii została przedstawiona w: Laila Shukri, *Byłam kochanką arabskich szejków*, Prószyński i S-ka, Warszawa 2017.

– Jak to nie żyje? – spytałam zaskoczona. – Miała wypadek?

– Nie... Popełniła samobójstwo.

Zrozumiałam, że sytuacja jest bardzo poważna. Jeżeli z dwóch kobiet, które jeszcze kilka miesięcy temu wyglądały na całkiem zadowolone z życia, jedna popełnia samobójstwo, a druga znienacka rozpaczliwie prosi o pomoc, to znaczy, że obie spotkała jakaś straszna tragedia.

Handel ludźmi? – przebiegło mi przez myśl.

– Czego potrzebujesz? – zapytałam, bo wiedziałam, że w takich sytuacjach czas jest na wagę złota.

– Muszę stąd jak najszybciej wyjechać.

– Jesteś w Londynie?

– Tak.

– Ktoś cię więzi?

– Nie.

– Potrzebujesz pieniędzy?

– Tak.

– Jeszcze czegoś?

– Paszportu. Nie mam paszportu.

Położenie kobiety było dużo trudniejsze, niż mi się na początku wydawało.

Ukrywa się, boi się, ściga ją mąż... – szybko analizowałam sytuację. Jej koleżanka targnęła się na życie... Próbowałam znaleźć jakiś klucz, który pozwoliłby mi poznać wszystkie okoliczności jej dramatycznego położenia.

– Kim jest twój mąż?

– To Marokańczyk – Klaudia odpowiedziała szybko. – On jest...

Zamilkła, a ja słyszałam tylko jej przyspieszony oddech.

– Kim jest twój mąż? – zapytałam ponownie.

– To... – Klaudia szukała odpowiedniego słowa, bo nie mogła wprost powiedzieć prawdy. – To... lew... on na mnie poluje.

Nie wiedziałam, co Klaudia chce mi przekazać, ale domyśliłam się, że użyła jakiegoś kodu, który pozwoli mi dotrzeć do sedna sprawy. Usłyszałam kroki Salima na korytarzu.

– Muszę kończyć...

– Isabelle... Proszę cię... Nie rozłączaj się... Nie znam nikogo innego... Tylko ty... – Klaudia zaklinała mnie z determinacją.

Musiałam się rozłączyć. Mój mąż był bardzo podejrzliwy i gdyby zobaczył, że trzymam telefon, to z pewnością zaraz zacząłby mnie wypytywać, z kim rozmawiam. A jeżeli zorientowałby się, że prowadzę konwersację z prawie nieznaną mi osobą, to szpiegowałby mnie później na każdym kroku i już nic nie mogłabym dla Klaudii zrobić. Odłożyłam więc szybko aparat, a następnie podniosłam jedną z powieści, którą zawsze miałam pod ręką, i ją otworzyłam.

Salim zajrzał do biblioteki.

– Co robisz? – zapytał.

– Czytam. – Podniosłam wzrok znad kartek.

– Aha... – Salim spojrzał na książkę. – Wychodzę teraz i wrócę dopiero na kolację.

– Dobrze, będę czekała.

– Później już będę w domu. – Salim uśmiechnął się znacząco.

– To wspaniale. – Odpowiedziałam mu uśmiechem.

– Do zobaczenia.

– Do widzenia.

Ledwo Salim zamknął drzwi, kiedy zadzwonił telefon. Szybko spojrzałam na ekran, obawiając się, czy to nie jest ponownie Klaudia. Na szczęście dzwoniła moja przyjaciółka Linda.

– Halo! – odebrałam telefon.

Mój mąż, tak jak się spodziewałam, po usłyszeniu sygnału telefonu wrócił do biblioteki.

– Kto dzwoni?

– Linda.

Salim stał nieruchomo, czekając, aż zacznę rozmowę z przyjaciółką.

– Cześć, Linda.

– Wszystko w porządku? – zapytała Linda, słysząc mój nieco zmieniony głos.

– Tak, tylko... żegnam się z Salimem.

– To do wieczora – mój mąż powiedział po dłuższej chwili.

– Do wieczora.

Drzwi biblioteki zamknęły się, a ja wróciłam do rozmowy z Lindą.

– Już jestem.

– Salim poszedł?

– Tak.

– Coś nie tak między wami?

– Nie, wszystko świetnie, tylko wiesz, jaki on jest... Już wyszedł, ale gdy usłyszał telefon...

– Rozumiem.

– Co u ciebie?

– Jak zwykle dużo pracy... – Linda zawsze była bardzo zajęta. – Dzwonię, żeby zapytać, czy będziesz dziś wieczorem na spotkaniu w towarzystwie?

Razem z Lindą chodziłyśmy na spotkania stowarzyszenia, które zrzeszało nowo nawrócone muzułmanki. I chociaż ani ja, ani pochodząca ze Stanów Zjednoczonych Linda nie przeszłyśmy na islam, to chętnie brałyśmy udział w spotkaniach, na których można się było dużo dowiedzieć o kulturze arabsko-muzułmańskiej.

– Nie, dzisiaj nie – odpowiedziałam. – Salim zapowiedział, że będzie w domu...

– Szkoda. – Linda się zmartwiła. – Myślałam, że przyjdziesz...

– Następnym razem – obiecałam. – Wiesz, jaki dzisiaj zapowiedziano temat?

– Nie, ale na pewno jak zawsze będzie ciekawie.

– Masz rację, ostatni wykład doktor Teresy bardzo mi się podobał.

– Mnie też – Linda zgodziła się ze mną.

– A co u naszych przyjaciół? – zapytałam, używając znanego mi i Lindzie szyfru.

Telefon Klaudii przypomniał mi o Julii, która sprzedana do arabskiego burdelu przeżyła tam piekło, a później z pomocą Steve' a, dobrego znajomego Lindy, odzyskała wolność. Cała akcja przeprowadzona była w wielkiej tajemnicy i do tej pory nie poznałam jej szczegółów. Nie wiedziałam też dokładnie, co się później stało z Julią, bo Steve, który sporadycznie kontaktował się z Lindą, utrzymywał wszystko w wielkiej tajemnicy.

– Jeśli zadzierasz z handlarzami ludźmi, to musisz się liczyć z tym, że zawsze będziesz ich wrogiem. – Linda powtarzała mi słowa Steve'a. – I tak łatwo o tobie nie zapomną.

Mocno wierzyłam, że kiedyś spotkam Julię i dowiem się, jak potoczyły się jej dalsze losy.

– Nie wiem, Steve już dawno do mnie nie dzwonił – stwierdziła Linda.

– Myślisz, że jemu albo Julii przydarzyło się coś złego? – zaniepokoiłam się.

– Miejmy nadzieję, że nie…

– A wcześniej były dłuższe okresy, kiedy się nie odzywał?

– Tak, to nie pierwszy raz, kiedy tak milczy.

– To nie martwmy się na zapas… Ale daj mi znać, kiedy coś będziesz wiedziała.

– Oczywiście, gdy tylko zadzwoni, to ci powiem.

Pomyślałam o Klaudii. Nie mogłam zlekceważyć jej desperackiego błagania.

– Linda... Przepraszam cię, ale muszę już kończyć.

– Coś się stało?

– Muszę do kogoś zadzwonić.

– Do kogo?

– Później ci powiem. To nie jest na telefon.

– Zaintrygowałaś mnie...

– Powiem ci wszystko, kiedy się spotkamy.

– Dobrze, to do zobaczenia.

– Do widzenia.

Po rozłączeniu się z Lindą zadzwoniłam do Klaudii. Niestety jej numer był niedostępny. Próbowałam kilka razy, ale bez skutku.

Może jeszcze raz do mnie zadzwoni... – pomyślałam, ale czułam, że brak jej odpowiedzi nie wróżył nic dobrego. Uciekała przed mężem i bardzo się bała... A jeśli ją dopadł? Nie chciałam nawet wyobrażać sobie, co mogło się zdarzyć. Dobrze znałam wściekłość i furię arabskich mężczyzn...

Lew... Klaudia powiedziała, że jej mąż to lew. Co mogła przez to rozumieć? – głowiłam się. Rozmyślałam o tym przez dłuższy czas, lecz nie znalazłam żadnego satysfakcjonującego mnie wytłumaczenia. Zadzwoniłam do Klaudii po raz kolejny, ale jej numer nadal był niedostępny. Korzystając więc z tego, że Salim jeszcze przez kilka godzin miał być nieobecny w domu, wróciłam do pracy nad moją kolejną powieścią.

* * *

Makabryczne honorowe zabójstwo siedemnastoletniej Shafilei w Wielkiej Brytanii nie było jedynym przypadkiem tego typu w Europie. Kobiety i dziewczęta, które według ich tradycyjnych rodzin stały się za bardzo zeuropeizowane, w okrutny sposób traciły życie z rąk bliskich, którzy w ten sposób chcieli zmyć haniebną plamę na ich honorze.

W Belgii dwudziestolatka o pakistańskich korzeniach została zastrzelona przez swojego brata, ponieważ odmówiła wyjścia za mąż za kuzyna, którego widziała tylko raz w życiu, i związała się z wybranym przez siebie europejskim mężczyzną. W Szwajcarii ojciec zabił szesnastoletnią córkę, bo nie mógł się pogodzić z jej stylem życia i faktem, że spotykała się z chłopakiem, który był chrześcijaninem. We Włoszech również ojciec śmiertelnie ranił w gardło dużym, kuchennym nożem osiemnastoletnią Marokankę, kiedy siedziała w samochodzie ze swoim chłopakiem, Włochem.

W Norwegii dwudziestodwulatkę z Afganistanu, która miała zagwarantowany azyl, zabił jej mąż – kobieta śmiała schronić się z dwójką ich dzieci w ośrodku dla kobiet w związku z przemocą domową i złożyć pozew o rozwód. Pomimo że adres ośrodka był objęty tajemnicą, to mąż zdołał ją znaleźć i zamordować. Według Afganki została ona wydana za mąż w wieku trzynastu lat, zostając drugą żoną mężczyzny.

W Szwecji okrutną śmierć z rąk brata i kuzyna poniosła pochodząca z Iraku piętnastoletnia Sara. Wedle słów jej matki brat Sary uważał, że „siostra była kurwą, która spała ze szwedzkimi chłopcami". I nie było dla niego żadnym problemem, że on również spał ze szwedzkimi dziewczynami, gdyż według niego to „było zupełnie co innego, bo on był mężczyzną i nigdy by nawet nie pomyślał o spaniu z irackimi dziewczynami, tylko robił to ze szwedzkimi kurwami".

Ta wypowiedź Irakijczyka dobrze ilustrowała mentalność niektórych przybywających do Europy imigrantów, a nawet jej mieszkańców z innych kręgów kulturowych w drugim albo trzecim pokoleniu, którzy często postrzegali Europejki jako łatwe dziwki, jednocześnie uważając, że powinni stać na straży dobrego prowadzenia się, ubioru, sposobu spędzania wolnego czasu oraz wyboru właściwego małżonka swoich kobiet.

Ekstremalnym przykładem takiej postawy było seksualne wykorzystywanie dzieci, głównie dziewczynek, przez muzułmańskie gangi pedofilskie w mieście Rotherham. Proceder trwał przez długich szesnaście lat, poczynając od roku tysiąc dziewięćset dziewięćdziesiątego siódmego. Według ostatnich danych brytyjskiej Narodowej Agencji do spraw Przestępczości ofiarami padło ponad półtora tysiąca dzieci, a ze stu dziesięciu podejrzanych osiemdziesiąt procent stanowili mężczyźni pochodzenia pakistańskiego.

Wykorzystywane seksualnie były przede wszystkim białe brytyjskie dziewczynki w wieku od dwunastu do szesnastu lat, które ich oprawcy nazywali „śmieciami" lub „łatwym mięsem". W raporcie z dwa tysiące czternastego roku profesor Alexis Jay, która badała sprawę, napisała:

„Trudno opisać przerażający charakter nadużyć, na jakie wystawione były ofiary-dzieci. Były gwałcone przez wielu sprawców, przemycane do innych miast i miasteczek na północy Anglii, uprowadzane, bite i zastraszane. Były przypadki dzieci, które oblano benzyną i straszono je podpaleniem, grożono im bronią, dopuszczano się na nich brutalnej przemocy i szantażowano, że jeżeli o tym komuś powiedzą, to będą następne. Dziewczęta w wieku zaledwie jedenastu lat zostały zgwałcone przez dużą liczbę sprawców".

Najbardziej wstrząsający był fakt, że podobne grupy przestępcze działały również w jedenastu innych miastach Wielkiej Brytanii, włączając Oksford, Bristol i Peterborough. Członkowie muzułmańskich gangów, którzy maltretowali białe dziewczynki i kobiety, wprost mówili, że uważają je za „bezwartościowe".

Dziennik „The Independent" przytoczył słowa jednego z oprawców z Newcastle: „Wszystkie białe kobiety są dobre tylko do jednej rzeczy – dla takich mężczyzn jak ja – żeby je pieprzyć i używać jak śmieci".

Ofiarom podawano alkohol lub narkotyki, a następnie gwałcono je, kiedy spały lub były nieprzytomne. Zanotowano przypadek dwunastolatki, która zaszła w ciążę, i innych nastolatek, które zmuszono do aborcji.

W Oksfordzie dziewczynki w wieku od jedenastu do piętnastu lat były odurzane alkoholem i narkotykami, a następnie gwałcone i zmuszane do prostytucji. Co ciekawe, jeden z przywódców muzułmańskich, imam z Oksfordu doktor Taj Hargey, w swoim artykule na łamach „Daily Mail" wyraził opinię, że to niektórzy imamowie byli winni tego strasznego procederu, ponieważ często w meczetach wpajali wiernym opinię, że białe kobiety są mniej warte i zasługują na karę. Doktor Taj Hargey uważa, że mężczyźni uczeni są traktować kobiety jako obywateli drugiej kategorii, którzy są warci niewiele więcej niż ruchomości lub majątek, nad którymi mają absolutną władzę. Przytacza incydent ujawniony w sali sądowej podczas procesu jednego ze sprawców działającego w Oksfordzie. Oskarżony rozgrzał kawałek metalu, żeby oznaczyć dziewczynkę, jakby była krową.

– Teraz, jeżeli będziesz uprawiać seks z kimś innym, to on będzie wiedział, że należysz do mnie – powiedział ofierze brutalny oprawca, prezentując tym samym przekonanie, że kobiety są niczym więcej jak tylko własnością osobistą.

Doktor Taj Hargey dawał ponadto przykłady, jak zatrważający może być stosunek niektórych przywódców muzułmańskich do białych kobiet. Mianowicie zachęcają oni swoich zwolenników, aby wierzyli, że te kobiety zazwyczaj są rozwiązłe, dekadenckie i marne – grzechy, które są tym gorsze, iż kobiety te są *kafirat*[1] – niewierzące. Ich ubiór, od spódniczek mini do bluzek na ramiączkach, odzwierciedla ich nieczysty i niemoralny styl bycia. Zgodnie z tą mentalnością te białe kobiety zasługują na karę za swoje zachowanie poprzez ich wykorzystywanie i degradację.

Jednocześnie muzułmanie sprawują kontrolę nad życiem swoich żeńskich krewnych. Każdego roku wiele kobiet i dziewcząt staje się ofiarami bliskich, którzy nie akceptują tego, że w swoim życiu odważyły się kierować europejskimi wartościami. Trudno jest ocenić skalę tego zjawiska, ale w samej tylko Wielkiej Brytanii odnotowuje się kilkanaście zabójstw honorowych rocznie.

To są liczby… – ogarnął mnie wielki smutek. Ale za nimi stoi niewyobrażalny dramat każdej z ofiar. Tak jak historia szesnastoletniej Heshu z Wielkiej Brytanii, którą ojciec, kurdyjski muzułmanin, dźgnął jedenaście razy nożem i poderżnął jej gardło po tym, gdy odkrył, że spotyka się z chłopakiem chrześcijaninem.

Zamknęłam laptop. Nie byłam w stanie dłużej przeżywać horroru, który był udziałem wielu młodych muzułmanek w Europie.

* * *

Pomyślałam o Klaudii. Zadzwoniłam do niej, ale nadal nie odbierała.

Co się z nią dzieje? – z niepokojem zadałam sobie pytanie. Opuściłam bibliotekę i wyszłam do pałacowego ogrodu. Usiadłam przy trzypoziomowej fontannie, gdzie najchętniej odpoczywałam. U jej podstawy królowały trzy wyniosłe lwy wyrzeźbione w szlachetnym kamieniu. Miały wielkie grzywy i długie ogony, wyraźnie zarysowane mięśnie, a każdy z nich jedną z łap trzymał

[1] *Kafirat* (arab.) – niewierzące; lm. od *kafira* (arab.) – niewierząca.

na dużej kuli. Z ich rozwartych pysków tryskały strumienie wody. Wyglądały imponująco.

To... lew... On na mnie poluje... – zabrzmiały mi w głowie słowa Klaudii. Lew... Lew... – powtarzałam, próbując rozwiązać zagadkę. Co się pod tym kryje?

Zadzwoniłam do Klaudii jeszcze raz i znowu to samo. Numer niedostępny.

Czyżby ten lew ją dopadł? – aż mną wstrząsnęło, gdy o tym pomyślałam. Wstałam, żeby spacerując po ogrodowych alejkach, rozważyć całą sprawę.

Co mam zrobić, jeżeli Klaudia się do mnie nie odezwie? – zastanawiałam się. Przecież nie jestem w stanie jej znaleźć... Nawet gdybym poleciała do Londynu, to jestem bez szans... Prawie dziewięć milionów ludzi i żadnej wskazówki, gdzie może przebywać... Tak trudno było znaleźć Julię w maleńkim Kuwejcie, chociaż miałam trop, że znajduje się w arabskim burdelu. I jej poszukiwaniami zajmował się Steven, który miał doświadczenie w akcjach specjalnych...

Popatrzyłam na ekran aparatu, jakbym w ten sposób mogła sprawić, że Klaudia zadzwoni. Telefon milczał.

– Madame...

Pogrążona w myślach nawet nie zauważyłam, kiedy z tyłu podeszła do mnie Malati.

– Słucham.

– Za godzinę podamy kolację.

– Już niedługo kolacja? – zdziwiłam się.

Czas tego dnia przeleciał mi błyskawicznie.

– Tak, madame.

– Dobrze, zaraz przyjdę.

– Przygotować kąpiel?

– Tak, Malati.

– Dobrze, madame.

Służąca oddaliła się w stronę imponującego budynku. Po paru minutach ja też skierowałam się do pałacu, gdzie się odświeżyłam i wybrałam suknię na wieczór. Mojego męża często nie było w domu, więc każdą chwilę spędzoną razem staraliśmy się celebrować. Malati pomogła mi się ubrać i założyć biżuterię. Spryskałam się orientalnymi perfumami, a następnie poszłam do jadalni, gdzie czekał już na mnie Salim.

– Ślicznie wyglądasz – powiedział, kiedy mnie zobaczył.

– Dziękuję. – Usiadłam przy stole.

Służba uwijała się, podając kolejne potrawy.

– Jak ci minął dzień? – zapytał Salim.

– Dobrze.

– Co robiłaś?

– Czytałam, spacerowałam po ogrodzie...

– A Linda po co dzwoniła?

– Pytała, czy pójdę z nią dzisiaj do towarzystwa.

– I nie poszłaś?

– Chciałam wieczór spędzić z tobą...

Zadowolony Salim obrzucił mnie ciepłym spojrzeniem.

– Mówiłaś, że ostatnie spotkanie w towarzystwie było bardzo interesujące...

– Tak, to prawda – przytaknęłam.

– O czym był wykład?

– Nie mogę powiedzieć...

– Dlaczego?

Spojrzałam wymownie na służbę.

– Teraz powiedz... – zachęcił mnie, kiedy służące poszły do kuchni po następne potrawy.

– Doktor Teresa zaprezentowała nam ciekawą książkę.

– Jaką książkę?

– Podręcznik seksu muzułmanki: *halal*[1] przewodnik po fascynującym seksie[2].

– To musiałyście mieć ciekawą dyskusję... – zaintrygowany Salim spojrzał mi prosto w oczy.

– Tak – przyznałam, uśmiechając się zalotnie. – Tym bardziej że to pierwszy tego typu poradnik dla muzułmanek.

– I co ci się w nim najbardziej podobało?

– Najbardziej... – Zastanowiłam się. – Najbardziej spodobało mi się jedno zdanie.

– Jakie?

– Możesz być czysta jak śnieg i rozpustna w łóżku – szepnęłam mu do ucha, bo służba już wracała.

– Hmm... – Salim mruknął zmysłowo. – Interesujące...

Służące rozstawiły półmiski na stole.

– Co jeszcze w tej książce było ciekawego? – mój mąż zapytał półszeptem.

– Myślę, że wszystko...

– A konkretnie?

– Porady, jak całować... – powiedziałam cichutko.

– I co jeszcze?

– Jak wysyłać sprośne teksty.

– I...

– Seks pod prysznicem.

– I jeszcze?

– Pozycje seksualne.

– Jeszcze coś ciekawego?

– Bondage.

1 *Halal* (arab.) – w islamie określenie wszystkiego, co jest dozwolone według reguł prawa muzułmańskiego.

2 Mowa tu o: Umm Muladhat, *The Muslima Sex Manual: A Halal Guide to Mind Blowing Sex*, 2017.

– Co? – spytał Salim, bo nie usłyszał tego, co powiedziałam.

– Bondage – powtórzyłam. – Sztuka wiązania partnera za pomocą chust i szali...

Szeptaliśmy i lekko chichotaliśmy, gdy służba nieco się oddalała, co dodawało pikanterii naszej zabawie.

Po skończonej kolacji od razu poszliśmy do sypialni.

– Czysta jak śnieg i rozpustna w łóżku... – Salim wyszeptał głębokim, męskim głosem i porwał mnie w swoje silne ramiona.

To była cudna, pełna czułości i namiętności, niezapomniana noc.

Niezapomniana.

Rano zjedliśmy późne śniadanie, a następnie w naszym przepięknie zaaranżowanym ogrodzie, przy szumiącej fontannie, razem wypiliśmy kawę.

Kiedy Salim opuścił pałac, ja poszłam do biblioteki, żeby pracować nad swoją powieścią. Moją uwagę zwróciło pierwsze od prawie roku przesłanie przywódcy tak zwanego Państwa Islamskiego, samozwańczego kalifa Abu Bakra al-Bagdadiego, zatytułowane: *Dobra wiadomość dla wytrwałych*.

„Dla mudżahedinów miara zwycięstwa lub porażki nie zależy od miasta, które zostało skradzione przez tych, którzy mają przewagę lotniczą, pociski międzykontynentalne lub inteligentne bomby. (...) Jeśli wierni porzucą swoją religię, (utracą) swą cierpliwość i (porzucą) dżihad przeciwko wrogowi, zostaną pokonani. Ci, którzy zachowują wiarę, to ci, którym się uda. Jedynym sposobem zweryfikowania tej wiary jest walka" – głosił samozwańczy kalif na nagraniu audio dostępnym na forach dżihadystów.

Abu Bakr al-Bagdadi w owym przesłaniu zachęcał również swoich zwolenników do przeprowadzania samotnych zamachów na Zachodzie z użyciem samochodów, bomb, karabinów i noży.

Jak podkreślali eksperci, tak zwane Państwo Islamskie, mimo że straciło znaczną część swoich terytoriów, nadal pozostawało niezwykle groźne. Jego niebezpieczną siłą było najmłodsze pokolenie dżihadystów, wytrenowane w obozach ISIS, zwane „lwiątkami kalifatu". Dzieci terroryści szkolone do przeprowadzania samobójczych ataków...

Co?!!! – cofnęłam się. Lwiątka kalifatu? „To... lew..." – zabrzmiały mi w głowie słowa Klaudii o jej mężu. Czyżby jej mąż był... terrorystą?! – zamarłam w przerażającym strachu.

Usłyszałam pukanie i do biblioteki zajrzała Malati. Szybko oddaliłam ją ruchem dłoni. Musiałam ochłonąć.

Po kwadransie zadzwonił telefon. To była Klaudia.

– Halo! – Odebrałam od razu.

– Nie dzwoniłam, bo nie mogłam kupić doładowania, kończą mi się pieniądze... – Zdenerwowana Klaudia szybko wyrzucała z siebie kolejne słowa. – Boję się, że mąż mnie znajdzie, a on...

– Wiem, nic nie mów – przerwałam jej.

– Dobrze. – Klaudia oddychała ciężko.

– Pomogę ci, tylko wyślij mi swoje zdjęcie. Ja się zajmę resztą.

– Dobrze.

– Nie dzwoń do mnie, bo ja nie zawsze mogę rozmawiać. A ty musisz oszczędzać kartę.

– To co mam robić?

– Czekaj na mój telefon. Kiedy wszystko zorganizuję, to się odezwę.

– Długo to potrwa? Bo bardzo się boję...

– Nie wiem, odezwę się.

– Będę czekać. Isabelle... Proszę... – Klaudia błagała płaczliwym głosem. – Uratuj mnie... I moje dziecko...

– Zrobię wszystko, co w mojej mocy – obiecałam. – Muszę kończyć.

– Do widzenia.

– Do usłyszenia.

Od lat żyję w ociekającym bogactwem świecie, gdzie lamparty i lwy wożone są w najdroższych samochodach i pływają na najbardziej luksusowych jachtach, krucha porcelana pełni funkcję karoserii pojazdów, a sztab służących, zupełnie pozbawionych swojego prywatnego życia, jest na każde skinienie przez dwadzieścia cztery godziny na dobę siedem dni w tygodniu. I po dramatycznych osobistych przeżyciach, pełnych upokorzeń oraz rozdzierającego duszę i ciało bólu, nauczyłam się od szejków jednego. Za pieniądze można kupić wszystko. Przedmioty warte miliony, wyrafinowane przyjemności, ekscentryczne zachcianki, omijanie prawa, zaspokajanie najbardziej odrażających zboczeń seksualnych i bezkarność po popełnieniu najgorszych zbrodni. Można kupić wszystko.

Kupiłam więc paszport dla Klaudii.

Rozdział XIII

Wyścig z czasem

Isabelle nagle się rozłączyła, a Klaudia wpadła w panikę. Nadzieja, która zaczęła w nią wstępować, kiedy Isabelle odebrała, a później zaczęła zadawać kolejne pytania, nagle prysła jak bańka mydlana.

Nie pomoże mi, nie pomoże... – Klaudia myślała przerażona, bo była przekonana, że Isabelle od razu się domyśliła, że jej mąż jest terrorystą, i dlatego nie chce mieć z nią nic wspólnego. Jeszcze poprosiłam ją o paszport... Kto prosi o takie rzeczy... – zarzucała sobie. Ale tak konkretnie pytała, czego potrzebuję... – biła się z myślami.

Śpiąca obok niej bezdomna kobieta dopiero zaczęła się budzić. Wychyliła się spod łachmanów i nieufnie spojrzała na nową współmieszkankę.

– Co tu robisz? – zapytała.

– Ja... Ja... spałam tu – odpowiedziała Klaudia.

Bezdomna wymamrotała coś pod nosem z niezadowoleniem, a Klaudia zdała sobie sprawę z tego, że nie będzie mogła zagrzać długo miejsca w nowej kryjówce. Mężczyzna, któremu dała obrączkę, gdzieś zniknął po przyniesieniu jej drobnych zakupów i karty, a pozostali mieszkańcy rudery nie patrzyli na nią zbyt życzliwie.

Nie mając innego wyjścia, Klaudia próbowała kilkakrotnie połączyć się z Isabelle, ale jej telefon ciągle był zajęty. Później zorientowała się, że wyczerpała cały limit, który miała na nowej karcie. Postanowiła, że poczeka na mężczyznę, który jej pomógł w nocy, i ponownie poprosi go o taką samą przysługę.

Bezdomna wygrzebała się spod paru warstw brudnych ubrań i usiadła, bezczelnie przyglądając się Klaudii. Wkoło niej zgromadzony był cały jej dobytek: pourywane kawałki kartonów, parę plastikowych reklamówek, mocno zniszczona torba na kółkach, wyliniały brązowy kożuszek, żółte, cienkie przykrycie, które już dawno nie było żółte, wielka torba w biało-niebieską kratę przewiązana sznurkiem, brunatny worek i trzy parasole. Jeden z nich miał całkowicie połamane druty, drugi porozrywany materiał, trzeci zaś, kolorowy, wyglądał jak nowy. Rozłożony, pysznił się przy barłogu bezdomnej, przyciągając wzrok barwami bieli, zieleni i różu, co wyróżniało go na tle całego otoczenia.

Klaudia czuła się nieswojo pod świdrującym okiem ubogiej kobiety. Zerkała co chwilę w stronę wyjścia, licząc na to, że zaraz pojawi się bezdomny, który pozwolił jej nocować w ruderze, ale nadaremnie. Myślała też o Mariam, żywiąc nadzieję, że służby znalazły zranioną dziewczynkę. A co z resztą grupy? Raszidowi na pewno udało się wymknąć, co tylko wzmagało jej zdenerwowanie. Widać było podczas ich ucieczki, że Marokańczyk doskonale orientuje się w terenie, więc jeżeli naprawdę zechce, to nie sprawi mu dużej trudności znalezienie jej.

Muszę jak najszybciej opuścić to miejsce – Klaudia niemalże czuła za sobą groźny oddech Raszida.

Spojrzała na siedzącą obok niej bezdomną, która w tym momencie przeniosła swój wzrok na reklamówkę z jedzeniem. Kobieta o pooranej przykrymi doświadczeniami głodu i chłodu twarzy pożądliwie patrzyła na widoczne w prześwitującej torbie bułki.

Klaudia bez namysłu wyjęła jedną z nich i dała bezdomnej, która od razu zaczęła ją łapczywie jeść.

Pewnie od dawna nie miała nic w ustach... – pomyślała Klaudia, wyjmując z reklamówki następną bułkę i jogurt, które podała kobiecie. Jeżeli szybko nie skontaktuję się z Isabelle, to mnie wkrótce może spotkać ten sam los...

Z niepokojem czekała na powrót mężczyzny, który przyjął ją do rudery, ale niestety bezskutecznie. Doszła do wniosku, że musi poprosić o przysługę innego bezdomnego, jednak żaden z obecnych, podchmielonych już mocno mężczyzn nie wzbudził jej zaufania. Spojrzała na siedzącą obok niej kobietę, której w ciągu dnia podarowała prawie całe swoje jedzenie.

– Posłuchaj... – zwróciła się do niej. – Mam taką prośbę... Jestem w ciąży i muszę do kogoś zadzwonić, więc chciałabym, żebyś ty...

Bezdomna w ogóle nie reagowała na jej słowa. Klaudia zastanowiła się chwilę, po czym wyjęła z torebki banknot dwudziestofuntowy.

– Zobacz! – Pomachała nim bezdomnej przed nosem. – Przyniesiesz mi parę rzeczy, o które poproszę, a reszta będzie twoja.

Oczy kobiety zaświeciły się chciwie. Już miała porwać pieniądze, gdy Klaudia cofnęła rękę.

– Powiem ci przedtem, co mi jest potrzebne. I musisz obiecać, że szybko tu wrócisz.

– Obiecuję – wymamrotała kobieta, wygrzebując się z barłogu.

Klaudia wytłumaczyła bezdomnej, żeby kupiła jej trochę jedzenia, doładowanie do telefonu i parę piw, którymi chciała się wkupić w łaski pozostałych bezdomnych. Nie wyobrażała sobie, co by się z nią stało, gdyby ją wyrzucili i nagle znalazłaby się na ulicy. I jaki los czekałby jej dzieciątko... – dotknęła brzucha, bo czuła coraz większą więź z rozwijającą się w niej małą istotką.

Kobieta wzięła pieniądze, zbliżając banknot do swoich oczu. Na jej twarzy pojawił się chytry uśmieszek. Podniosła z podłogi kolorową parasolkę i kręcąc nią na wszystkie strony, zadowolona opuściła ruderę.

Każda następna minuta dłużyła się Klaudii niemiłosiernie. Minął kwadrans, potem następny, i jeszcze następny. Minęła godzina, jedna, druga, trzecia i następna. Bezdomna nie wracała. Nastał wieczór i Klaudię ogarnęły ogromne przygnębienie i przeraźliwy strach o przyszłość swoją i dziecka. Nie upłynęła doba, a ona nie miała już prawie połowy gotówki znalezionej w torebce Elizy, kobieta, u której kupiła sobie pomoc, rozpłynęła się gdzieś w londyńskiej mgle, a bezdomni zdążyli się całkiem upić i lubieżnie zerkali w jej stronę. Klaudia z poczuciem beznadziejności wpełzła na opuszczony obok barłóg i przykryła się cuchnącymi szmatami kobiety. Próbowała w ten sposób zapewnić sobie bezpieczeństwo, bo łudziła się, że zamroczeni alkoholem mężczyźni wezmą ją za dobrze sobie znaną bezdomną współmieszkankę i zostawią w spokoju. Zatęchłe łachmany kobiety wydzielały odrażającą woń wielu warstw brudu i Klaudia miała wrażenie, że obłazi ją pleniące się wszędzie robactwo. Nie spała prawie całą noc, ocierając wciąż cisnące się do jej oczu palące łzy. Dopiero nad ranem, wyczerpana rozmyślaniem o swoim tragicznym położeniu, zapadła w pełen koszmarów sen.

Śniło jej się, że Eliza, z rozciętym ciążowym brzuchem i twarzą wygryzioną przez szczury, idzie do niej, wyciągając w jej stronę proste kikuty rąk.

– Pomogę ci, pomogę... – szeptała zjawa zniekształconymi przez gryzonie ustami.

Kiedy tylko się do niej zbliżała, zaraz się oddalała i zaczynała swój potworny marsz od początku. Klaudia obudziła się cała zlana zimnym potem. Otrząsnęła się z nocnych koszmarów i urojonego robactwa. Wychyliła się spod szmat, chcąc sprawdzić, czy bezdomna, której dała pieniądze, wróciła. Kobiety nie było, ale za to przyszedł mężczyzna, któremu podarowała obrączkę. Zaraz do niego podeszła, ponownie prosząc go o przysługę.

– Nie, nie chce mi się nigdzie wychodzić, dopiero niedawno tu przyszedłem – wymigiwał się bezdomny.

– Ale ja muszę... muszę gdzieś zadzwonić – błagała Klaudia.

– Nie chce mi się... – mężczyzna nawet się nie podniósł.

– Dam ci pięć funtów. – Klaudia próbowała go przekupić.

– Dziesięć.

– Dobrze, niech będzie – zgodziła się, chociaż pieniądze topniały w zastraszającym tempie.

Wyjęła dwadzieścia funtów i dała je mężczyźnie. Po incydencie z kobietą, która ulotniła się z gotówką, nie była pewna tego, czy bezdomny przyniesie jej doładowanie do telefonu, ale musiała postawić wszystko na jedną kartę.

– Jeszcze kup mi dzisiejszą gazetę! – krzyknęła za nim, gdy był już przy wyjściu. Chciała się dowiedzieć, co się stało z resztą grupy terrorystycznej, a przede wszystkim czy Mariam dostała odpowiednią opiekę. To była duża akcja służb i Klaudia przypuszczała, że media o niej pisały.

Czekając na powrót mężczyzny, Klaudia siedziała jak na szpilkach.

Na szczęście i tym razem jej nie zawiódł, przynosząc drobne zakupy, a przede wszystkim doładowanie.

– Dziękuję. – Odebrała od niego reklamówkę i do niej zajrzała. – A gazeta gdzie?

– Jaka gazeta? – zdziwił się. – Nie mówiłaś nic o gazecie.

– Powiedziałam, gdy wychodziłeś.

– Nie słyszałem. – Mężczyzna usadowił się pod ścianą. – Ale ja już teraz nigdzie nie pójdę – zastrzegł, otwierając przyniesione dla siebie piwo.

– Nie, nie trzeba... – Klaudia pomyślała, że w tym momencie najważniejszy jest telefon do Isabelle.

Kiedy aparat był gotowy do użytku, wybrała numer do żony szejka.

– Halo! – Odebrała od razu.

– Nie dzwoniłam, bo...

Potoczyła się szybka i nerwowa rozmowa.

– Zrobię wszystko, co w mojej mocy – Isabelle obiecała na koniec. – Muszę kończyć. Do widzenia.

– Do usłyszenia.

Klaudii nie pozostało nic innego jak tylko uzbroić się w cierpliwość i czekać. I mocno wierzyć, że Raszid jej nie znajdzie, żeby zabrać ją i swoje dziecko dżihadystę.

* * *

Isabelle z pomocą Lindy zdobyła paszport dla Klaudii, ale to był dopiero początek całej akcji. Należało jeszcze lecieć z Dubaju do Londynu, spotkać się z Klaudią, przekazać jej dokument i pieniądze na bilet. Na początku Isabelle miała nadzieję, że podejmie się tego Linda, ale ze względu na to, że już od dawna miała zaplanowaną służbową podróż do Stanów Zjednoczonych, takie rozwiązanie nie wchodziło w rachubę.

– Może ty pojedziesz? – Linda zasugerowała przyjaciółce.

– Ja? – Isabelle westchnęła. – Wiesz dobrze, że u mnie to nie jest takie proste.

– Przecież latasz do Londynu.

– Najczęściej z Salimem.

– Sama też czasem podróżujesz.

– Bardzo rzadko. I zawsze z ochroną.

– Mimo wszystko sądzę, że powinnaś to rozważyć.

– Nie wiem... – Isabelle się zamyśliła.

– Nie ma tu Steve'a... – westchnęła Linda. – Tak bardzo by się przydał. Na pewno by wiedział, jak to najlepiej zorganizować.

– A właśnie, odezwał się?

– Tak, ale zadzwonił tylko na moment.

– I co u niego?

– Powiem ci szczerze, że trudno wyczuć.

– To znaczy?

– Niby mówił, że wszystko w porządku, ale... – Linda przerwała, głęboko się nad czymś zastanawiając.

– Ale?

– Mam jakieś dziwne przeczucie, jakby nie powiedział mi wszystkiego. – Przyjaciółka podzieliła się swoimi obawami.

– Dlaczego?

– Znam dobrze Steve'a... To znaczy on zawsze doskonale nad sobą panuje, więc nie można nic wyczuć po tonie jego głosu...

– To co cię zaniepokoiło?

– Przede wszystkim bardzo krótka rozmowa. A na dodatek uprzedził mnie, żebym się nie martwiła, gdyby dłużej nie dzwonił.

– To rzeczywiście nie brzmi dobrze... – Isabelle zgodziła się z przyjaciółką. – Pytałaś o Julię?

– Tak.

– I co się z nią dzieje?

– Nie wiem...

– A co powiedział Steve?

– Stwierdził, tak jakoś dziwnie, że wszystko będzie dobrze.

– To brzmi tak, jakby teraz nie było...

– Też tak pomyślałam... – przyznała Linda. – Ale może jesteśmy przewrażliwione ze względu na sprawę Klaudii?

– Może tak... – Isabelle bardzo się o nią martwiła. – Nad Julią przynajmniej czuwa Steve, a Klaudia... Ona miała taki przerażony głos!

– Trzeba ją jak najszybciej stamtąd wydostać! – podkreśliła Linda.

– Tylko jak to zrobić? – Isabelle pytająco spojrzała na przyjaciółkę.

– Może... – Linda chwilę się zastanowiła. – Może po prostu powiedz Salimowi, że chcesz lecieć do Londynu na zakupy – podsunęła. – Przecież wcześniej niejednokrotnie już go o to prosiłaś, więc nie powinien się zdziwić.

– Tylko czy on się zgodzi...

– Trzeba być dobrej myśli. – Linda starała się wesprzeć przyjaciółkę. – Z tego, co wiem, twój mąż lubi cię rozpieszczać.

– Tak... – Isabelle nie mogła zaprzeczyć. – Jednak nawet jeżeli wybiorę się do Londynu, to będzie ze mną Salim albo ochrona... Jak ja się spotkam z Klaudią?

– Na pewno znajdziesz jakiś sposób. – Linda spojrzała na zegarek. – Przepraszam cię, ale na mnie już czas.

– Kiedy wyjeżdżasz?

– Jutro, ale muszę się jeszcze przygotować do podróży. – Linda podniosła się z eleganckiej sofy obitej kosztownym wytłaczanym materiałem.

– Rozumiem. – Isabelle również wstała. – Życzę ci udanego wyjazdu.

– Dziękuję. A ja tobie jak najszybszego rozwiązania sprawy Klaudii.

– Nie dziękuję, żeby nie zapeszać. – Isabelle odprowadziła Lindę z salonu do pałacowych drzwi, wiodąc ją przez duży hol przystrojony kompozycjami ze świeżych białych storczyków.

– Jeżeli mogłabym jakoś pomóc nawet z daleka, to wiesz, że zawsze...

– Wiem. – Klaudia wycałowała przyjaciółkę. – Na ciebie zawsze mogę liczyć.

– Powodzenia. Do zobaczenia po moim powrocie – pożegnała się Linda.

– Do zobaczenia.

Isabelle białymi marmurowymi schodami poszła na piętro, gdzie znajdował się jej azyl, biblioteka. Usiadła w swoim ulubionym, ciemnozielonym fotelu i pomyślała o Klaudii i jej dziecku. Nagle pod powiekami poczuła piekące, gorzkie łzy.

Mnie mojego pierwszego dziecka nie udało się uratować – pomyślała z goryczą. Zostało na pustynnym piasku w kałuży czerwonej krwi. Złapała się za brzuch, bo znowu przeżywała te koszmarne skurcze, które czasami wracały jak ciemne zmory ścigającego ją szejka Hamida, brata Salima.

– Nawet nie śmiej, suko, marzyć, że urodzisz to dziecko[1] – szejk Hamid powiedział do Isabelle głosem pełnym nienawiści, kiedy tylko dowiedział się, że jest w ciąży.

I dopiął swego, mimo ogromnych wysiłków jej męża, żeby do tego nie dopuścić. Nieograniczona władza szejków...

Muszę uratować dziecko Klaudii – Isabelle obiecała sobie z determinacją. Po prostu muszę... Otarła płynące po policzkach łzy. Łzy jej nienarodzonego dziecka, którego pierwszego płaczu nigdy nie usłyszała.

Posiedziała chwilę, ponownie przeżywając żałobę po swoim straconym maleństwie. Ta rana nigdy się nie zagoi. Tym bardziej

[1] Laila Shukri, *Jestem żoną szejka*, op. cit., str. 146.

rozumiała Klaudię, bo dobrze wiedziała, jak to jest umierać ze strachu o siebie i swoje dziecko.

Jeżeli Klaudia określiła, że jej mąż to lew, więc to dziecko... ma być lwiątkiem? Isabelle przeszył nieprzyjemny dreszcz, bo przypomniała sobie jeden ze szkoleniowych filmów ISIS.

* * *

Materiał zatytułowany *Przygotowywanie dzieci do dżihadu* zrealizowany został przez VICE News wkrótce po ustanowieniu w dwa tysiące czternastym roku samozwańczego kalifatu na terytorium Iraku i Syrii.

Jedną ze scen, która do głębi wstrząsnęła Isabelle, była rozmowa przybyłego z Belgii na tereny tak zwanego Państwa Islamskiego brodatego dżihadysty, Abdullaha al-Belgium, ze swoim wyglądającym na sześć lub siedem lat synem. Dialog prowadzony był w języku arabskim, a ojciec z synem stali przed kamerą niedaleko rzeki Eufrat, nad której północnym brzegiem położona jest Rakka.

– Jak masz na imię? – pyta ojciec.

– Na imię mam Abdullah – odpowiada cicho chłopiec.

– Mów głośniej – poucza go ojciec.

– Na imię mam Abdullah – chłopiec posłusznie odpowiada głośniej.

– Jesteś z Belgii czy z Państwa Islamskiego? – reporter pyta małego.

Niepewny odpowiedzi chłopiec podnosi głowę i spogląda na ojca.

– Rozmawiaj z nim – dżihadysta poucza syna. – Powiedz mu, że jesteś z Państwa Islamskiego.

– Z Państwa Islamskiego – odpowiada chłopiec, patrząc na reportera.

– Chcesz wrócić do Belgii? – ojciec pyta syna.

Dziecko przecząco kiwa głową.

– Dlaczego? – dopytuje ojciec.

Chłopiec patrzy na ojca, jakby nie wiedział, co odpowiedzieć.

– Co tam jest, w Belgii? – podpowiada ojciec.

– *Kuffar*[1] – odpowiada dziecko.

– *Kuffar* – powtarza ojciec, żeby syn dobrze zapamiętał.

– A tutaj co mamy?

– Państwo Islamskie – odpowiada chłopiec.

– Państwo Islamskie – powtarza ojciec, utrwalając synowi poprawne odpowiedzi.

– Lubisz Państwo Islamskie?

– Tak.

– Na pewno? – pyta z uśmiechem ojciec.

– Na pewno.

– A kim chciałbyś być? Dżihadystą czy męczennikiem, który przeprowadza zamach samobójczy? – dumny ojciec zadaje synowi ważne pytanie.

– Dżihadystą – odpowiada chłopiec.

– Dżihadystą – powtarza ojciec, wbijając synowi do głowy terrorystyczną ideologię.

Chłopiec, być może zmęczony całą sytuacją, chce usiąść, ale ojciec od razu przy nim kuca i każe mu wstać.

– Dlaczego zabijamy niewiernych? – pyta, patrząc synowi prosto w oczy.

Dziecko wstaje, a ojciec kontynuuje lekcję terroru.

– Co zrobili niewierni?

Chłopiec zastanawia się nad odpowiedzią.

[1] *Kuffar* (arab.) – niewierni; lm. od *kafir* (arab.) – niewierny.

– Co zrobili niewierni? – ojciec powtarza pytanie, chcąc skłonić syna do prawidłowej odpowiedzi.

– Zabijają muzułmanów.

– Ponieważ zabijają muzułmanów – powtarza mężczyzna, odpowiadając na poprzednie pytanie „Dlaczego zabijamy niewiernych". – Wszyscy niewierni?

– Wszyscy niewierni.

– Tak jak niewierni w Europie?

– Niewierni w Europie, wszyscy niewierni – odpowiada dziecko.

Następne ujęcie pokazuje szafirowobłękitne wody Eufratu i kąpiących się w nich mężczyzn i chłopców. Słychać podekscytowane głosy i można by ten obrazek uznać za idylliczny, gdyby nie to, że przedstawia on bojowników ISIS, którzy uczą swoje dzieci bezwzględnego zabijania.

– Dzięki Bogu Państwo Islamskie zostało ustanowione. – Na pierwszym planie pojawia się z przewieszonym przez ramię karabinem Abdullah al-Belgium, który donośnym głosem za pośrednictwem kamery zwraca się bezpośrednio do niewiernych. – I my na was najedziemy tak, jak wy najechaliście na nas. – Abdullah al-Belgium z emfazą podkreśla każde słowo, pomagając sobie wskazującym palcem, którym celuje w oko kamery, a tym samym w niewiernych. – I pojmiemy wasze kobiety tak, jak wy pojmaliście nasze. I osierocimy wasze dzieci tak, jak wy osierociliście nasze – kończy załamującym się głosem.

Emocje sięgają zenitu i Abdullah al-Belgium zasłania twarz dłonią, a następnie ociera z oczu łzy.

– *Takbir!*[1] – słychać głośny głos.

– *Allahu akbar!* – rozlegają się okrzyki, spośród których wybijają się dziecięce głosy.

[1] *Takbir* (arab.) – określenie na formułę *Allahu akbar* (arab.) – „Bóg jest najwyższy" – podkreślającą monoteizm i oddanie Bogu.

– *Takbir!* – powtarza męski głos.

– *Allahu akbar!* – powtarzają dzieci.

Kolejne sceny pokazują Abdullaha al-Belgium, który wchodzi z chłopcem do Eufratu, dołączając do innych ojców, którzy zażywają tam kąpieli ze swoimi synkami.

– My wierzymy, że to pokolenie dzieci jest pokoleniem dzieci kalifatu – następny dżihadysta spokojnym głosem wyjaśnia przed kamerą, a w przebitce Abdullah al-Belgium beztrosko pluszcze się z synem w spokojnie płynących wodach Eufratu. – To jest pierwsze pokolenie, które będzie zwalczać niewiernych i apostatów, Amerykanów i ich sojuszników. Tym dzieciom wszczepiono właściwą doktrynę. Te wszystkie dzieci kochają walczyć o budowanie Państwa Islamskiego w imię Boga – dżihadysta wyjaśnia z uśmiechem.

Następnie reporter rozmawia z chłopcem, który właśnie wyszedł z Eufratu.

– Ile masz lat?

– Dziewięć.

– Dla kogo walczysz?

– Dla Państwa Islamskiego.

– Gdzie jedziesz po ramadanie?

– Do obozu. – Twarz chłopca rozjaśnia się szczęściem.

– Po co?

– Żeby mieć szkolenie.

– Szkolenie w czym?

– W obsłudze kałasznikowa.

– A potem co będziesz robić?

– Będę walczył z Rosjanami… Ameryką… Z niewiernymi.

– Czy nie jesteś na to za mały? – reporter wyraża swoją wątpliwość. – Ty wiesz, jak używać karabinu? Strzelałeś już wcześniej z karabinu?

– Tak.

I znowu ujęcie pławiących się w rzece chłopców i mężczyzn, które w odczuciu Isabelle mogłoby sugerować, że to są takie same dzieci jak wszystkie inne na świecie. Jednak na nieszczęście tych dzieci i świata tak nie jest.

– Dzieci poniżej piętnastego roku życia idą do obozu szariatu, prawa muzułmańskiego, gdzie uczą się podstaw wiary i reguł religijnych. Starsze dzieci otrzymają szkolenie w obozach militarnych – wyjaśnia bojownik tak zwanego Państwa Islamskiego.

Isabelle wiedziała, że dżihadysta, wypowiadając się przed kamerą, nie do końca powiedział prawdę. Przecież parę minut wcześniej zaledwie dziewięciolatek wyjawił, że jedzie do obozu, żeby uczyć się obsługi kałasznikowa. Potwierdził, że z niego już strzelał, i z pewnością nie był jedynym dzieckiem w tym wieku na terenach ISIS, które to robiło.

Filmy propagandowe samozwańczego kalifatu przedstawiały okrucieństwo znacznie młodszych dzieci. Wstrząsające nagranie, w którym trzylatek w kompletnym stroju dżihadysty, na tle czarnych flag ISIS, wielkim nożem z determinacją odrzyna głowę wielkiemu białemu misiowi, długo straszyło Isabelle w sennych marach. Tak samo jak ubrana na czarno mała, może sześcioletnia dziewczynka, która długim ostrzem noża odcięła głowę lalki bobasa. I trzylatek, który z odbezpieczonego przez dorosłego pistoletu, celując w głowę, zabił więźnia. To nie był ani miś, ani lalka. To był żywy człowiek. Żywy do momentu, dopóki trzylatek nie pociągnął za cyngiel.

– Czy te dzieci biorą udział w operacjach militarnych? – reporter pyta dżihadystę.

– Oczywiście, chłopcy, którzy mają ponad szesnaście lat, a wcześniej przeszli przeszkolenie w obozach, mogą brać udział w akcjach militarnych.

Później przed kamerą staje nastolatek, jeszcze mokry po kąpieli w rzece, który z wielką chęcią opowiada reporterowi o sobie.

– W imię Boga! – zaczyna z wielką werwą. – Na imię mam Dawud i mam czternaście lat. Chcę dołączyć do Państwa Islamskiego i walczyć dla niego, bo oni, bojownicy ISIS, zabijają niewiernych i apostatów. Bojownicy Państwa Islamskiego nie zrobili nic złego i, jak Bóg da, nic złego nie zrobią. My wszyscy kochamy Państwo Islamskie.

W Eufracie dżihadyści z chłopcami pryskają na siebie wodą w beztroskiej zabawie.

Następna scena reportażu przedstawia nastolatka, który z zapałem wymachuje flagą ISIS. Jest już noc i w Rakce właśnie trwa wielka celebracja, jedna z wielu w mieście, ustanowienia samozwańczego kalifatu. Dżihadyści z przewieszonymi karabinami rozdają jedzenie i wykorzystują atmosferę festynu do rekrutacji nowych bojowników. Wśród zebranych jest wielu młodych chłopców, którzy z zaciekawieniem przysłuchują się wystąpieniom dżihadystów. Od czasu do czasu na wydzielony plac wychodzi bojownik z wielką flagę ISIS w rękach i zagrzewa zgromadzonych do wspólnych okrzyków.

– *Takbir!* – rozlega się jego donośny głos.

– *Allahu akbar!* – krzyczy tłum.

– Krzyczcie głośniej! – zachęca bojownik ISIS. – *Takbir!*

– *Allahu akbar!* – odpowiada tłum.

– Jesteście dobrzy, niech was Bóg błogosławi! – rozlega się głos z megafonu.

Zbliżenie pokazuje chłopca, który z dużą uwagą aparatem telefonicznym filmuje całe zdarzenie. Dżihadyści mocnymi głosami zaczynają śpiewać swoją pieśń bojowników.

O, Abu Bakrze al-Bagdadi, ty przerażasz wrogów.
Piękne dziewice nas wzywają, rekrutuj mnie jako męczennika.

Wyjątkowo przystojny młody bojownik ISIS z wielką ekspresją i upojeniem w oczach śpiewa słowa nostalgicznej pieśni. Isabelle odniosła wrażenie, że on już widzi te obiecane mu w raju po męczeńskiej śmierci siedemdziesiąt dwie hurysy, wiecznie dziewice, o pięknych oczach i niezwykłej urodzie. One już tam na niego czekają.

Nastoletni chłopiec z uśmiechem na ustach trzyma w wyciągniętych do góry rękach flagę ISIS i faluje nią w rytm przemawiającej do wyobraźni pieśni. Wielka celebracja trwa, przyciągając w szeregi tak zwanego Państwa Islamskiego nowych, całkowicie mu oddanych zwolenników.

* * *

Isabelle zapadła się głębiej w fotelu i zamknęła oczy. Czy od takiej przyszłości Klaudia chciała uchronić swoje dziecko? – myślała. Od wpajania mu od najmłodszych lat, że *kuffar*, niewiernych, trzeba zabijać? A Eliza? Jaka straszna tragedia musiała ją spotkać, skoro popełniła desperacki, nieodwracalny czyn? Klaudia tak bardzo na mnie liczy, podkreślając, że tylko ja mogę jej pomóc. Ale czy zdążę to zrobić? – Isabelle zadała sobie pełne trwogi pytanie.

Wieczorem przy kolacji z Salimem postanowiła poruszyć temat wyjazdu do Londynu.

– Co myślisz o tym, żebyśmy wybrali się w jakąś podróż? – zaczęła, starając się, żeby zabrzmiało to całkiem normalnie.

– Gdzie chciałabyś pojechać? – zapytał Salim, sięgając po pieczywo.

– Nie wiem... – Isabelle udała, że się zastanawia. – Może Wiedeń albo Londyn...

– Proponuję Wiedeń... – od razu zasugerował Salim. – Pamiętasz naszą ostatnią podróż... – obrzucił żonę ognistym spojrzeniem.

– Tak, było wspaniale – przyznała Isabelle, wracając pamięcią do przejażdżek po Wiedniu zaprzężoną w dwa kare konie dorożką oraz romantycznych kolacji przy blasku świec i nastrojowej muzyce, kończących się przepełnionymi namiętnością nocami.

– Nie chciałabyś tego powtórzyć? – Salim delikatnie musnął dłoń Isabelle, co było zupełnie wyjątkowe, bo zazwyczaj nie pozwalał sobie nawet na najmniejsze czułości przy służbie.

– Chciałabym...

– To pojedziemy do Wiednia. – Salim zdecydował zadowolony, że może sprawić swojej żonie przyjemność. – Daj mi tylko kilka dni, bo muszę tutaj skończyć parę ważnych spraw.

Isabelle nic nie powiedziała, gdyż wyobraziła sobie zastraszoną Klaudię w ciąży, która czeka na nią w wielkim Londynie.

– Nie cieszysz się? – Salim cofnął dłoń.

– Cieszę...

Salim spojrzał na żonę ze zdziwieniem, ponieważ oczekiwał z jej strony wybuchu radości.

– Myślałam raczej o Londynie – powiedziała Isabelle z lekko ściśniętym gardłem.

– Mówiłaś też o Wiedniu. – W głosie Salima pojawił się chłodniejszy ton.

– Tak, ale chyba wolałabym Londyn...

Szejk spojrzał nieco podejrzliwie na Isabelle, która stwierdziła, że tego wieczoru lepiej już więcej na ten temat nie rozmawiać.

Nazajutrz, kiedy tylko Salim opuścił pałac, Isabelle udała się do biblioteki, żeby pracować. Zarówno relacje światowych mediów, jak i raporty ekspertów dotyczące „lwiątek kalifatu" były porażające.

* * *

One nadchodzą! – tak można było podsumować liczne opracowania, które wskazywały na poważne zagrożenie, jakim dla Europy były dzieci wytrenowane przez ISIS.

– Te dzieci nie są już dziećmi. One straciły swoją niewinność. W ich oczach jest tylko nienawiść – Belgijka, który wróciła ze swoim dzieckiem z Syrii, wyznała dla stacji RTL France.

Najbardziej przeraziło Isabelle, że dzieci wyszkolone przez ISIS potrafiły obrócić się przeciwko własnym matkom i że ich silna indoktrynacja mogła nastąpić w bardzo krótkim czasie. Tygodnik „The Economist" opisywał historię dwunastoletniego Omara, który po czterdziestodniowym pobycie w obozie ISIS wrócił do swojego syryjskiego domu zupełnie odmieniony.

– Bałam się nosić T-shirt w swoim własnym domu – opowiadała jego matka Amina. – Powiedział mi, że takie ubranie jest zakazane w islamie. Całkowicie wyprali mu mózg.

Omar, który przed treningiem był spokojnym, uwielbiającym kreskówki chłopcem, nagle stał się bardzo agresywny. Powiedział matce, żeby się nie malowała, a sam odmówił przywitania się z jej przyjaciółkami.

Chłopiec zginął w walce krótko po swojej wizycie w domu. Wyszkolony przez ISIS na bojownika oddziału uderzeniowego, którego członkowie wysyłani byli do walki wyposażeni w karabiny i kamizelki samobójcze, został zabity podczas starcia z syryjskimi siłami rządowymi. Bojownicy ISIS pozwolili matce pobyć tylko piętnaście minut z ciałem syna, jednak grobu dziecka, jako kobieta, nie mogła już odwiedzać.

Amina, która aktualnie przebywa w obozie dla uchodźców w Turcji, za śmierć syna wini swojego męża.

– Mój mąż zakochał się w ideologii ISIS wkrótce potem, jak grupa ich bojowników zaatakowała nasze tereny – opowiada Amina. – To on zachęcił syna do przyłączenia się do ekstremistów.

Ponadto mój mąż mi powtarza, że powinnam być szczęśliwa z powodu śmierci Omara, ponieważ on jest teraz w raju. – Po policzkach Aminy spływają łzy. – A ja się czuję, jakby ktoś wyrwał mi duszę.

Tak, śmierć dziecka to na pewno wyrwanie duszy matki – przed oczami Isabelle stanęła plama czerwonej krwi na piasku. Jak to moje dziecko by w tym momencie wyglądało? – ostry ból przeszył jej serce.

Musiała zadzwonić po Malati, która już po chwili pojawiła się w bibliotece.

– Słucham, madame?

– Proszę, zrób mi tę swoją uspokajającą herbatkę.

– Dobrze. Jeszcze coś sobie madame życzy?

– Tak, przynieś mi świeżą wodę z cytryną.

– Oczywiście, madame.

Służąca wyszła, a Isabelle próbowała sama opanować skołatane nerwy. Matki nie powinny tracić dzieci. W żaden sposób. Pomyślała o Klaudii, która gdyby została ze swoim mężem, straciłaby swoje dziecko, jeszcze zanimby je urodziła. Nie chciała nawet wyobrażać sobie horroru, przez który Klaudia musiała przechodzić.

Telefon zadzwonił w tym samym momencie, w którym wróciła Malati, niosąc przed sobą tacę. Isabelle spojrzała na ekran telefonu. To była Klaudia. Isabelle nie mogła z nią rozmawiać przy służącej, a nie chciała odbierać i prosić Klaudię, żeby chwilę poczekała, bo obawiała się, że jej karta nie ma wystarczającego limitu.

– Zostaw to wszystko szybko i wyjdź – Isabelle poleciła służącej.

– Dobrze, madame. – Malati pospiesznie postawiła filiżankę z herbatką, dzbanek z wodą i szklankę na stojącym przy fotelu stoliku.

Telefon ciągle dzwonił. Isabelle odebrała, kiedy służąca była już prawie przy drzwiach, niestety Klaudia już się rozłączyła.

Isabelle zaraz wybrała jej numer, ale były kłopoty z połączeniem. Spróbowała jeszcze raz, lecz bezskutecznie.

Może Klaudia też do mnie dzwoni? – pomyślała i odłożyła aparat. Sięgnęła po filiżankę i wypiła parę łyków gorącego napoju. Odprężające ciepło rozlało się po całym jej ciele. Rozległ się dźwięk telefonu i tym razem Isabelle błyskawicznie odebrała.

– Halo!

– Dzień dobry, tu Klaudia, ja bardzo przepraszam, wiem, że miałam nie dzwonić, ale robi się coraz gorzej, zostało mi tylko dwadzieścia funtów...

Isabelle usłyszała żałosny szloch.

– Zdobyłam już dla ciebie to, o czym rozmawiałyśmy – powiedziała, chcąc pocieszyć Klaudię.

– Naprawdę?! To kiedy przyjedziesz? Bo ja mam takie dziwne przeczucie, że on może się tu pojawić w każdej chwili...

– Rozumiem... – Isabelle dobrze pamiętała, jak straciła poczucie bezpieczeństwa we własnym pałacu, bo bała się niespodziewanego najścia groźnego szejka Hamida. – Postaram się przylecieć do Londynu jak najszybciej...

– To jeszcze nie wiadomo kiedy?

– Nie wszystko zależy ode mnie, dlatego prosiłam cię, żebyś nie dzwoniła.

– Przepraszam...

– Dzisiaj akurat mogłam odebrać, ale nie zawsze tak jest...

– Tylko ja się tak strasznie boję... – Klaudia ponownie zaczęła płakać.

– Przylecę... – zapewniła Isabelle. – Skończmy już teraz, bo masz mało pieniędzy i nie możesz marnować karty. Wkrótce się odezwę.

– Błagam cię, przyleć, bo moje dziecko…

– Wiem, wszystko wiem… Bądź silna. Czekaj na mój telefon.

– Dobrze. Do usłyszenia.

– Do usłyszenia.

Jak przekonać Salima do podróży do Londynu? – Isabelle zaczęła się zastanawiać, gdy tylko odłożyła aparat. Niepotrzebnie powiedziałam o tym Wiedniu… Ale jeślibym wspomniała tylko o Londynie, to Salim mógłby coś podejrzewać… Tylko że on ciągle coś podejrzewa z wyjątkiem chwil, kiedy nie wyściubiam nosa z pałacu… – stwierdziła gorzko w duchu.

Dopiła uspokajającą herbatkę i zadzwoniła po Malati, żeby jej zrobiła następną. Czekały ją ciężkie dni. Bardzo ciężkie.

Odprężający napój zadziałał i po godzinie mogła wrócić do pracy.

* * *

Następny materiał, który przykuł jej uwagę, był tak samo apokaliptyczny jak wszystkie inne poświęcone dzieciom terrorystom.

„Kiedy ISIS rekrutuje dzieci jako zabójców, to jak trudno jest odwrócić proces prania mózgu?" – pytanie zawarte pod reportażem amerykańskiej telewizji informacyjnej CBS News wstrząsnęło Isabelle.

„Gdy ISIS się wycofuje, to pozostawia po sobie wiele indoktrynowanych dzieci wyszkolonych do zabijania. Czy można je przeprogramować, aby uniknąć tego, że staną się one Al-Kaidą 3.0?" – komentarz zamieszczony poniżej był równie zatrważający.

„ISIS wyprało mózg tysiącom dzieci, żeby stały się zabójcami. Teraz te «lwiątka kalifatu» wracają do domu" – głosiły pierwsze napisy emitowanego materiału.

– Nie trzeba dużo czasu, żeby zaszczepić dzieci ideę, że obcięcie komuś głowy przyniesie im nagrodę w raju – mówiła komentatorka.

Wykorzystanie dzieci jako żołnierzy w walkach nie było niczym nowym, ale stopień okrucieństwa, jaki prezentowali bojownicy tak zwanego Państwa Islamskiego, sprawił, że nikt nie był w stanie przewidzieć, co zdarzy się później – wynikało z reportażu, który relacjonował udział dzieci w straszliwych egzekucjach i torturach więźniów.

Reporter przeglądał również podręcznik do pierwszej klasy, czyli dla dzieci w wieku pięciu, sześciu lat.

Umiem strzelać. Tak, umiesz.

On umie bombardować. Tak, on umie.

To były jedne z pierwszych zdań, których dzieci się uczyły. Tarczę zegara przy ćwiczeniach nauki czasu umieszczono na bombie, a zadania z matematyki dotyczyły dodawania i odejmowania karabinów, czołgów, pistoletów i noży.

W dalszej części reportażu przedstawiono Jazydkę, którą bojownicy ISIS porwali razem z jej trzema synami. Przez trzy lata kobieta była niewolnicą seksualną, a jej dzieci, teraz w wieku czterech, sześciu i ośmiu lat, zostały zmuszone do przejścia na islam.

– Czy widziałaś swoje dzieci, jak praktykują obcinanie głowy? – zapytał reporter.

– Tak, używają do tego lalek i zabawek – odpowiedziała Jazydka. – ISIS mówiło im: „Jeżeli wysadzisz siebie w powietrze, to zabijesz tych niewiernych". ISIS mówiło im: „Twoja matka jest *kafira*, niewierna".

– Czy bałaś się wtedy swoich dzieci?

– Rozmawiałam ze swoimi dziećmi tak, jak rozmawiałam z bojownikami ISIS.

– Czy wierzysz, że twoje dzieci będą kiedyś normalne?

– Nie wiem – Jazydka mówiła smutnym głosem. – Nie sądzę, żeby kiedykolwiek zapomniały o tym, co się im przydarzyło.

Dwóch młodszych chłopców, z których jeden siedział na kolanach Jazydki, zaczęło się okładać pięściami. Później starszy z nich z dużą siłą bił brata, nie zważając na strofującą go matkę oraz obecność reportera, ekipy telewizyjnej i kamer.

Kiedy ekipa opuszczała dom Jazydki, reporter chciał się pożegnać z chłopcami, jednak oni go całkowicie ignorowali.

– Czy te dzieci kiedykolwiek będą normalne po tym, co widziały i co robiły? Jak były trenowane? – reporter zapytał z powątpiewaniem. – Ten chłopiec w ogóle się nie uśmiecha – zauważył, patrząc na czterolatka.

Następnie ekipa dotarła do nastolatka, który był szkolony przez ISIS, a teraz mieszkał z rodzicami. Zikran miał szesnaście lat, kiedy zabrało go ISIS. Chłopak pokazał reporterowi w telefonie komórkowym swoje zdjęcia w stroju bojownika – w mundurze w panterkę i zawoju z czarnego materiału zakrywającym całą jego głowę i twarz. Widać mu było tylko oczy.

– To nadal jest część ciebie – stwierdził reporter.

– Z pewnością – odpowiedział chłopak.

– Nigdy nie możesz skasować tych zdjęć.

– Oczywiście, że nie.

Potem Zikran opowiadał reporterowi, jak wyglądało szkolenie w obozie ISIS.

– Nauczyciel przychodził do klasy i pytał, kto chce iść i wysadzić się w powietrze. I wszystkie dzieci się zgłaszały i krzyczały: „Ja chcę! Ja chcę!".

– Wierzyłeś w to, że masz walczyć dla ISIS?

– Wierzyliśmy we wszystko, co nam mówili... Szczerze wierzyliśmy, że oni mają rację... że to są dobrzy ludzie...

– Wiesz, że powinieneś otrzymać profesjonalną pomoc, żeby sprawdzić, czy wszystko teraz jest z tobą w porządku? – zasugerował reporter, wskazując na głowę.

– Nie sądzę. Ja siebie kontroluję – odpowiedział nastolatek.

Na koniec reporter doszedł do brutalnego wniosku.

– Zawsze kiedy rozmawiasz z takim młodym człowiekiem, musisz zmierzyć się z faktem, że to jest wytrenowany zabójca.

Czy takiego zabójcę miała urodzić Klaudia? – wstrząsnęła się Isabelle.

* * *

Do wieczora żona szejka zastanawiała się, jakich argumentów powinna użyć, żeby przekonać męża do wyjazdu do Londynu. Kolejny rozpaczliwy telefon Klaudii tylko utwierdził ją w przekonaniu, że nie może z tym zwlekać. Isabelle wiedziała, że dwadzieścia funtów nie starczy kobiecie na długo.

Trzeba działać, trzeba działać... – powtarzała w myślach jak mantrę.

Przy kolacji ponownie poruszyła temat podróży.

– To kiedy lecimy do Wiednia? – zapytała męża.

Salim spojrzał na nią uważnie.

– Mówiłaś, że wolałabyś jechać do Londynu?

– Tak, ale ty zdecydowałeś, że lecimy do Wiednia.

– Bo wiem, że uwielbiasz Wiedeń...

– To prawda, ale Londyn też lubię.

– Czyli gdzie w końcu chcesz lecieć?

– Sama nie wiem... Każde z tych miast jest piękne... I Wiedeń, i Londyn...

Szejk popatrzył na żonę jak na rozkapryszone dziecko.

– To najlepiej pojechać i tu, i tu... – powiedział z uśmiechem.

– Naprawdę?! – Twarz Isabelle się rozjaśniła. – Moglibyśmy tak zrobić?

– Jeżeli ma to ci przynieść radość...

– Przyniesie mi wielką radość! – zapewniła.

– W takim razie postanowione.

– Dziękuję – szepnęła Isabelle, uśmiechając się zalotnie.

– To pierwszy będzie Wiedeń czy Londyn?

– Londyn, a w nim zakupy w Harrodsie, a później Wiedeń i moja ulubiona kawa z czekoladowym likierem Mozart...

Salim obserwował tryskającą szczęściem żonę.

– Jutro powiem ci dokładnie, kiedy wylatujemy – powiedział zadowolony.

– Dziękuję... Myślisz, że kiedy to może być?

– Za jakieś dwa... trzy dni.

– Fantastycznie!

Następnego dnia po wyjściu Salima z pałacu Isabelle od razu zadzwoniła do Klaudii ze świetną wiadomością.

– Będę w Londynie za dwa, trzy dni!

W słuchawce zaległa cisza i Isabelle sądziła, że połączenie zostało przerwane.

– Halo! Klaudio! Jesteś tam! Halo! Halo! – wołała Isabelle.

– Jestem, jestem... – odpowiedziała wzruszona Klaudia. – Tylko nie mogę uwierzyć...

– Uwierz... – Isabelle się zaśmiała. – Za parę dni się widzimy. Powiedz mi tylko, czego jeszcze potrzebujesz.

– Ubrań na drogę. W ogóle nie mam ubrań oprócz abai...

– Masz czarną abaję?

– Tak.

– To świetnie! – Isabelle się ucieszyła. – Powiem ochronie, że jesteś moją koleżanką, szejką. Masz zasłonę na twarz?

– Nie, tylko chustę na włosy.

– To dobrze, zasłoń sobie nią twarz, gdy się spotkamy. A ja ci przywiozę z Dubaju nową abaję, hidżab i nikab.

– Nikab? – Klaudia nie zrozumiała.

– Zasłonę na twarz. Możemy iść gdzieś do parku na spacer i porozmawiać, ale nie chcę, żeby ochrona cię widziała.

– Oczywiście.

– Muszę kończyć. Zadzwonię niedługo i się dokładnie umówimy.

– Już nie mogę się doczekać. Do zobaczenia.

– Do zobaczenia.

Klaudia nie zdążyła się nacieszyć dobrą nowiną, kiedy zamarła z przerażenia. Usłyszała bowiem głos Raszida spierającego się z mężczyzną, któremu dała swoją obrączkę.

– Muszę tu wejść! – wrzeszczał.

– Tu nie ma już miejsca.

– Nie chcę tu spać! – darł się jej mąż. – Szukam kogoś.

– Nie ma tu nikogo – przekonywał bezdomny.

– Jak to nie ma?! Widzę jakichś ludzi. – Raszid próbował zajrzeć do środka.

Klaudia osunęła się z przerażenia na podłogę.

– Chodź, chodź tu do mnie. – Bezdomna gestem dłoni pokazała jej swój barłóg.

Klaudia przeczołgała się pod stertę szmat, a kobieta przykryła ją dokładnie łachmanami. Na wierzchu położyła rozpiętą kolorową parasolkę. Sama zwinęła się obok pod kożuchem.

Raszid odepchnął bezdomnego i wpadł na salę. Rozejrzał się wkoło, ale zobaczył samych mężczyzn.

– A tam? – zapytał, wskazując barłóg pod ścianą. – Kto tam jest?

– To wariatka.

Marokańczyk zrobił krok naprzód, żeby zobaczyć, czy pod łachmanami nie ukrywa się jego ciężarna żona.

Znajdzie mnie i moje dziecko. Klaudia ledwo mogła oddychać i cała trzęsła się ze strachu.

– Lepiej tam nie chodź – uprzedził bezdomny. – Ona jest chora.

Raszid, nie zważając na przestrogę mężczyzny, z impetem ruszył do przodu. Zatrzymał się raptownie, kiedy spod szmat wychyliła się bezdomna kobieta. Z poczochranymi włosami i rozpaloną, czerwoną twarzą wyglądała okropnie. Zaczęła obrzucać Marokańczyka najgorszymi przekleństwami, każąc mu się wynosić. Wybuch wściekłości przerwał jej atak potwornego kaszlu, tak intensywny, że co chwilę pluła brudną śliną.

– Mówiłem ci, że jest chora. – Bezdomny też mocno zakasłał. – My chyba wszyscy już się zaraziliśmy.

Siedzący pod ścianami mężczyźni zaczęli kasłać, plując na wszystkie strony. Raszid stał przez chwilę niezdecydowany, rzucił okiem na piętrzącą się stertę szmat, po czym rozzłoszczony wybiegł z rudery. Nie mógł ryzykować złapania jakiejś zakaźnej choroby.

Dopiero po kwadransie Klaudia odważyła się wysunąć spod szmat. Zaczęła dziękować bezdomnym, ale oni nie widzieli w tym, co zrobili, niczego nadzwyczajnego. Ciężarna mieszkała z nimi już od jakiegoś czasu, była jedną z nich. Zrobili to, co powinni.

Bezdomna pamiętała też, że Klaudia nigdy się nie upomniała o dwadzieścia funtów, które sobie przywłaszczyła. I zawsze dzieliła się z nią jedzeniem.

Po trzech dniach Klaudia opuściła kryjówkę i udała się na spotkanie z Isabelle. Przemierzała ulice z duszą na ramieniu, bo z gazet dostarczonych jej przez bezdomnych dowiedziała się, że służby nadal szukają członków rozbitej siatki terrorystycznej, która planowała zmasowane ataki na Londyn, w tym z użyciem broni chemicznej i wykorzystaniem dzieci samobójców.

Z doniesień prasowych wywnioskowała, że Jessica została zatrzymana, również Ahmad z Aiszą wpadli w ręce służb. Dżihadystom odebrano obu chłopców – Jusufa i Farisa. Ranną Mariam odnaleziono i otoczono właściwą opieką. Natomiast Abu Osama i Umm Osama z synem zdołali uciec. Raszid także nadal był na wolności...

Ekskluzywna limuzyna z przyciemnianymi szybami zatrzymała się tuż przy Klaudii, która zaraz wsiadła do środka. Sytuacja była tak wyjątkowa i pełna napięcia, że kobiety nic nie mówiły. Isabelle przekazała Klaudii luksusową torebkę z paszportem i pieniędzmi. Później Klaudia przebrała się w europejskie ubranie przywiezione przez Isabelle, a na to założyła abaję, hidżab i nikab. Następnie obie kobiety, całe zakryte na czarno, udały się do rozległego Regent's Park, gdzie Klaudia opowiedziała Isabelle całą swoją historię. Towarzyszyła im ochrona i obie wyglądały jak żony szejków, które przyjechały znad Zatoki, żeby zrelaksować się w Londynie.

* * *

Po rozstaniu się z Isabelle Klaudia pojechała na lotnisko i kupiła bilet do jednego z europejskich krajów. Nie chciała wracać do Polski, bo bała się, że Raszid mógłby ją łatwo znaleźć i upomnieć się o swoje dziecko dżihadystę. Na szczęście, dzięki środkom finansowym przekazanym jej przez Isabelle, mogła wybrać dowolny kraj. Żona szejka zapewniła ją również, że będzie z nią w stałym kontakcie i że będzie dalej jej pomagać, jeżeli tylko zajdzie taka potrzeba.

Klaudia obawiała się trochę, kiedy miała przejść przez kontrolę paszportową, ale obyło się bez problemów. Pieniądze żony szejka mogą wszystko.

Udało się, udało... – Klaudia powtarzała w duchu, kiedy samolot kołował na lotnisku Heathrow. Urządzę mojemu maluszkowi najsłodszy pokoik dziecinny na świecie – snuła plany na najbliższą przyszłość. A ty, maleństwo... – Klaudia położyła rękę na brzuchu. Jesteś moim aniołkiem.

Spis treści

POLECAMY

Miłość, namiętność i odwieczne prawa Wschodu.
LAILA SHUKRI
Perska miłość
Prószyński i S-ka

POLECAMY

POLECAMY

POLECAMY

Nowa książka autorki bestselleru *Byłam kochanką arabskich szejków.*
LAILA SHUKRI
Perska nienawiść
Prószyński i S-ka

POLECAMY

WSTRZĄSAJĄCA
HISTORIA
BIEDNEJ
HINDUSKI
Laila
SHUKRI
BYŁAM
SŁUŻĄCĄ
W ARABSKICH PAŁACACH
Prószyński i S-ka

POLECAMY

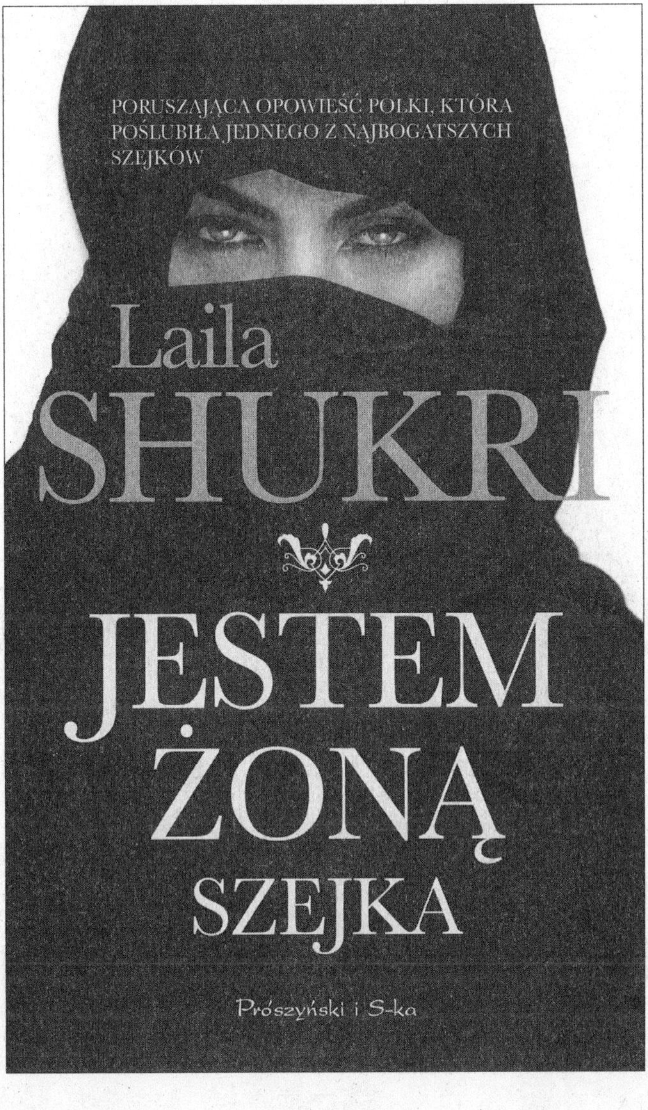
PORUSZAJĄCA OPOWIEŚĆ POLKI, KTÓRA POŚLUBIŁA JEDNEGO Z NAJBOGATSZYCH SZEJKÓW
Laila
SHUKRI
JESTEM ŻONĄ SZEJKA
Prószyński i S-ka

POLECAMY

WSTRZĄSAJĄCA
HISTORIA POLKI,
KTÓRĄ ROZKOCHANO,
ABY SPRZEDAĆ...
Laila
SHUKRI
BYŁAM
KOCHANKĄ
ARABSKICH SZEJKÓW
Prószyński i S-ka